세종대왕께서 말씀하시길,

"그대의 자질은 아름답다.
그런 자질을 가지고 아무것도 하지 않겠다 해도 내 뭐라 할 수 없지만,
그대가 만약 온 마음과 힘을 다해 노력한다면
무슨 일인들 해내지 못하겠는가."

知汝質美 不爲則已 若用心力 何事不能也

−세종 22년(1440) 7월 21일

정조께서 말씀하시길,

"모든 일에 있어서, 시간이 부족하지 않을까를 걱정하지 말고,
다만 내가 마음을 바쳐 최선을 다할 수 있을지, 그것을 걱정하라."

做事不患日力不足 但患心力不逮耳

—『홍재전서』175권

설민석의 조선왕조실록

설민석의

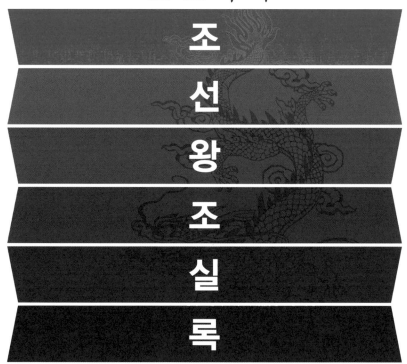

조
선
왕
조
실
록

대한민국이 선택한 역사 이야기

세계사

|프|롤|로|그|

쉽고 재미있는 역사, 설민석이 함께합니다

몇 년 전, 흥미로운 기사를 읽었습니다. '우리나라에서 가장 많이 판매되고 있는 책은 무엇일까?' 라는 내용이었죠. 과연, 어떤 책이 많이 팔릴지 짐작이 되나요? 물론 전 세계적으로 가장 많이 팔린 책은 『성경』으로 알려졌지만, 이것은 전 세계적인 수치이고요. 혹자는 '『수학의 정석』이 아닐까?' 라고 생각하겠지요. 정답은 바로 『자동차운전면허 예상문제집』입니다.

정말 놀랍지 않나요?

한 번 읽고 다시는 펴보지 않는 책이 아닌, 내 삶에 진정한 도움이 되는 책은 어떤 책일까요? 최근 서점가에는 인문학 돌풍이 불고 있습니다만, 그럼에도 역사 분야는 아직 관심이 적은 분야일 것입니다. '가까이하기엔 너무 먼 당신!' 그것이 바로, 역사가 아닐까요. 저 역시 역사가 어려운 사람 중 하나였습니다. 특히 학창 시절 학교에서 배운 역사는 이른바 시험용 역사였기 때문에 역사적 사실과 연도를 외우는 데 급급했지요. 하지만 성인이 된 이후, 역사가 새롭게 다가왔습니다. '앞으로 어떻게 살아가야 하는가?' 라는 고민을 하고 있던 시점에, 지루하고 따분한 것이라고 여겨왔던 역사를 통해 선조들의 삶을 살펴보게 된 것이지요. 그리고 지금, 역사는 제게 '앞으로 어떻게 살아가야 하는가?' 에 대한 방향을 제시해줍니다.

저는 여러분에게 한국사란 '미래를 대비하는 학문'이라고 말하고 싶습니다. 과거를 돌이켜 현재를 마주할 수 있게 하는 한국사! 대한민국 국민이라면 누구나 인식하고 있어야 할 삶의 밑거름인 것이지요. 하지만, 안타깝게도 한국사를 이해하는 것은 절대 호락호락하지 않습니다. 역사를 포함하여, 인문학이라는 학문 자체가 본질적으로 한 번에 깨달을 수 없고 날마다 익히고 익혀야 개개인의 마음과 몸에 익숙해질 수 있기 때문입니다. 게다가 그 '첫걸음'이라는 것을 내딛는 데는 많은 용기가 필요하지요.

저는 지난 21년 동안 한국사의 '첫걸음'에 동행했습니다. 강의와 강연, 인터넷과 TV 방송을 통해 한국사가 익숙하지 않은 분들께 보다 쉽고 재미있게 한국사를 전달하고자 노력했고, 그 결과 『설민석의 조선왕조실록』이 탄생했습니다.

사실, 『조선왕조실록』은 우리에게 친숙하지만, 실제로 이것을 다 읽어본 사람은 거의 없습니다. 보통 사람이 하루에 100쪽씩 열심히 읽어도 무려 4년 3개월이 걸리는 방대한 분량의 책인 데다가 당대에 기록된 1차 사료(史料)이기 때문에 이것을 원전 그대로 이해하는 것은 한국사 초심자들에게 쉽지 않은 일이지요.

6

이러한 고민을 해결하기 위해 저의 시선으로 27명의 조선왕 이야기를 전하고자 합니다. 각 왕의 특징은 무엇이며, 당대 주요한 사건은 무엇이었는지를 정리하는 데 주력했습니다. 또 『조선왕조실록』에서는 실제 이 내용을 어떻게 기록하고 있는지 전하기 위해 원전을 그대로 실었습니다.

또한 저는 여러분께서 이 책을 통해 단순히 역사적 사건에 대한 지식만을 얻길 바라지 않습니다. 우리 조상들의 모습, 역사의 변화를 통해 배신, 감동, 사랑 등 다양한 인생의 교훈을 얻으시길 바라는 마음에서 이 책을 만들었습니다. 이러한 교훈을 통해 앞으로 여러분이 인생을 살아가면서 나아가야 할 방향이나, 닥친 상황에 대처하는 현명한 처세술도 익히셨으면 좋겠습니다.

마지막으로 『설민석의 조선왕조실록』을 통해, 518년 조선의 역사가 보다 생생하게 많은 분에게 전해지고 역사에 관심을 두고 책을 읽는 사람들이 많아지길 기대해 봅니다.

2016년 '한국사의 대중화'를 꿈꾸며
설민석

일러두기

1. 구어체의 표현으로 인해 일부 맞춤법에 어긋난 표현이 있습니다. 널리 양해를 구합니다.
2. 내용의 재미와 이해를 돕기위해 '금수저' '흙수저' 등의 유행어를 사용하였음을 미리 밝힙니다.
3. 저작권자의 요청에 따라 3쇄부터는 일부의 내용이 변경되었고, 오탈자를 바로잡았음을 알려드립니다.

임금조차 볼 수 없었던, 가장 내밀한 기록

『조선왕조실록』은 유네스코 세계기록유산 등재 기준 2,077책으로 이루어진 기록물입니다. 한 책의 두께가 1.7㎝인데, 이것을 차례로 쫙 쌓아 올리면 무려 아파트 12층 높이가 되는 양이에요. 어마어마하지요? 전부 다 읽으려면 하루 100쪽씩 읽어도 4년 3개월이란 긴 시간이 흐른답니다. 『조선왕조실록』은 만드는 과정에서 굉장한 정확성이 요구되지요. 그만큼 사료적 가치가 높습니다.

그럼 『조선왕조실록』과 같은 기록은 우리나라에만 있을까요? 정답은 No!

다른 나라에도 실록과 같은 기록물들이 있습니다. 일본에는 『문덕황제실록(文德皇帝實錄)』・『삼대실록(三代實錄)』이 있고요, 베트남에는 『대남식록(大南寔錄)』, 중국에는 『대명실록(大明實錄)』과 『청실록(淸實錄)』이 있지요.

하지만 중국·일본·베트남의 실록은 주로 왕실에서 일어난 정치 내용만을 다루고 있는 반면에 『조선왕조실록』은 민초들의 다양한 삶까지 세세하게 기록하고 있어요. 그래서 사료적 가치가 훨씬 더 높다고 볼 수 있지요.

자, 그럼 『조선왕조실록』은 어떻게 만들어졌을까요? 『조선왕조실록』은 왕이 생존했을 때 만들어지지 않고, 승하[1]하고 난 뒤에 편찬이 시작되지

---

1 승하(昇遐) : 임금이 세상을 떠남을 높여 이르는 말.

요. 조선시대 때 역사기록을 담당하는 관청을 뭐라고 할까요? 맞습니다, 바로 춘추관(春秋館)이라고 불러요.

임금이 승하하면 춘추관에서는 실록 편찬을 위한 임시 관청인 '실록청'을 만들고, 이곳에서 사초(史草), 『승정원일기』, 『시정기(時政記)』, 상소문, 개인 문집 등과 같은 여러 자료를 모았어요. 『승정원일기』는 조선시대 왕명의 출납을 관장하던 승정원에서 매일 취급한 문서와 왕명의 전달 등을 정리해서 기록한 일기이고요. 사초는 사관(史官)이 임금이 말할 때, 기침하고 화낼 때, 심지어 화내고 눈물 흘리는 것까지 옆에서 속기한 걸 다시 정리한 기록이랍니다. 또, 『시정기』는 정부 각 기관에서 보고한 문서 등을 정리한 것입니다. 이외에도 일반 선비부터 재상까지 왕에게 간언[2]했던 상소문도 포함되고요.

그런 다음 실록청에서는 역대 선왕들과 관련된 모든 자료를 모아 함께 의논합니다. 그렇게 뺄 것은 빼고, 더 넣을 건 넣어서 종합 편집해 만든 것이 바로 『조선왕조실록』이라고 보면 된답니다.

이 과정은 성경책을 만드는 것과 비슷하다고 볼 수 있어요. 니케아 공의회에서 성직자들이 모여서 서로 의논하여 '○○복음'으로 정리한 게 성경이듯이, 사관들이 열띤 논의와 검증을 거쳐 만든 게 『조선왕조실록』이지요.

이처럼 엄격히 만들어졌지만, 때때로 그 공정성을 위협받기도 합니다. 보통 왕조국가의 특징이 아버지, 아들, 손자 순으로 왕위를 이어가니, 혹여 '우리 아버지를 이상한 사람이라고 쓰지 않았을까? 업적을 폄하하지

---

2 간언(諫言) : 임금의 옳지 못하거나 잘못된 일을 지적하고 바로잡도록 하는 말.

않았을까?' 하는 의혹과 궁금증이 생길 수밖에 없었던 겁니다. 그래서 왕들은 실록청에 '실록을 보여 달라'고 했지요. 하지만 임금이 선왕의 기록을 본다는 건 실록의 중립성을 훼손하는 의미랑 같잖아요. 따라서 사관들은 절대로 왕이 선왕의 실록을 볼 수 없게 했답니다.

즉, 『조선왕조실록』은 임금조차 볼 수 없었던, 말 그대로 국가기밀문서였던 것이지요. 실제로 몇몇 왕들은 기를 쓰고 이를 보고자 했지만, 사관과 신하들이 목숨 걸고 막았다고 합니다.

『조선왕조실록』을 너무너무 보고 싶어 했던 세종대왕

왕은 『조선왕조실록』이 궁금해 죽겠는데, 사관들은 보지 말라고 뜯어말리는 일이 반복되면 어떻게 될까요? 보지 말라고 하면 더 보고 싶어 안달 나는 게 사람 심리잖아요?

이런 왕의 궁금증을 완화시켜주기 위해 사관들은 선왕의 모범적인 내용만을 편집해 왕에게 보여줍니다. 그게 바로 『국조보감』이에요. 『국조보감』을 왕에게 드리며, 궁금증으로 폭발 일보 직전인 왕의 마음을 살살 달래주는 거지요.

『국조보감』의 편찬 배경은 매우 흥미로워요. 우리가 조선 최고의 성군으로 부르는 세종 때 편찬된 건데요. 아버지 태종의 실록이 완성되자 세종은 이를 보고 싶어 안달이 나고 신하들이 왕을 뜯어말리죠. 당시 명재상이었던 황희는 세종에게 이렇게 아룁니다.

"역대 임금으로서 비록 조종의 실록을 본 사람이 있더라도 본받을 일은 아닌가 합니다. 조종의 사기는 비록 당대는 아니나 편수한 신하는 지금도 모두 갖고 있는데, 만약 전하께서 실록을 보신다는 걸 알면 결코 마음이 편하지 못할 것이며, 신들 또한 이를 타당하지 못하다고 여깁니다."

『세종실록』 80권, 20년(1438) 3월 2일

그러니까 조선왕조 최고의 성군인 세종대왕조차도 『조선왕조실록』을

▶세종은 아버지 태종의 실록이 완성되자 이를 보려 했고, 신하들은 공정성 훼손을 우려하며 이를 막았다.

보지 못한 겁니다. 또 다른 신하는 이렇게 아룁니다.

"『태종실록』을 만든 사람이 아직 살아있는데, 임금님이 이것을 보시고 자 하면 신하들이 어찌 실록을 공정히 만들 수 있겠습니까?"

결국 세종은 실록을 보고 싶은 마음을 꾹 참습니다. 대신 『국조보감』 편찬을 구상한 거지요. 세종 때 편찬을 시작한 『국조보감』은 그의 둘째 아들인 세조 때 이르러 완성이 됩니다.

『실록』 VS 『일기』

어떤 것은 실록이고, 어떤 것은 일기라고 서술되어 있는데, 이 차이는 무엇일까요? 조선왕조에서 쫓겨난 임금에 대해서는 '실록' 대신, '일기'라고 이름을 붙인답니다. 일기의 주인공은 쫓겨난 왕이기 때문에 왕자로 강등되어 훗날 '군(君)'이라 불리게 되는 거지요.

그렇다면 조선시대에 쫓겨난 왕은 몇 명일까요? 일반적으로 두 명으로 알고 있는 분들이 많지만, 사실 총 세 명입니다.

일단, 연산군은 다들 알지요? 자, 연산군이 있고요, 다음으로 광해군이 있지요. 마지막으로 잘들 모르시는데 삼촌 세조에게 왕위를 찬탈당한 아주 어린 꼬마, 단종이 있습니다. 단종은 폐위되면서 노산군이라고 불렸지요. 이렇게 노산군, 연산군 그리고 광해군이 있었던 겁니다.

그래서 쫓겨난 왕의 경우는 '실록'이라는 말을 붙이지 않고, '일기'를 붙입니다. 『노산군일기』, 『연산군일기』, 『광해군일기』가 되는 것이지요. 그런데 노산군의 경우는 진짜 억울하잖아요? 그래서 조선후기, 숙종 때 '단종'

으로 추존³되면서 『단종실록』으로 이름이 바뀝니다.

또 다른 실록이 있다?!

　　　　　　　그런데, 『조선왕조실록』 중에서 2번 기록된 실록이 있다는 것을 아시나요? 이른바 또 다른 실록이 있는 것이죠. 선조의 재위시절을 기록한 『선조실록』은 『선조수정실록』이라는 또 다른 실록이 존재한답니다.

　역사란 자고로 승자의 기록이에요. 예를 한번 들어볼게요. 우리나라가 임진왜란을 겪을 때, 왕이 누구였을까요? 바로 선조입니다. 당연히 선조가 승하한 다음에 선조에 대한 기록을 실록으로 만들겠지요. 당시 임금은 선조의 아들, 빛나는 바다란 뜻의 광해입니다. 그런데 광해군 시절 집권 세력이 북인들이었어요. 광해군과 같이 임진왜란 때 힘껏 싸운 사람들이었지요. 광해군 재위 시절, 북인들은 『선조실록』을 편찬합니다.

　그런데 인조반정이 일어나면서 광해군하고 북인 세력이 몰락하고 인조와 서인세력이 집권해요. 집권 여당이 바뀐 것이지요. 그럼 서인들은 어떤 생각을 했을까요?

　"북인들이 기록한 『선조실록』은 문제가 있다."

　이렇게 판단한 거예요. 그래서 새롭게 수정한 실록을 씁니다. 이게 바로 『선조수정실록』이 되는 것이지요.

─────────────

3 추존(追尊) : 살아생전에는 임금으로 등극하지는 못했거나 폐위되었지만, 사후(死後)에 다시 왕으로 모시는 것.

그렇다면 이 두 실록의 차이를 살펴볼까요? 5천 원권의 모델, 율곡 이이 알지요? 북인 때 쓴 『선조실록』에서는 이이가 죽었을 때, 딱 3글자만 씁니다. '이이졸(李珥卒)', 이이가 죽었다. 진짜 그 내용밖에 없어요. 왜 이렇게 썼을까요? 그 이유는 이이가 서인들이 모시던 학자라서 그래요. 그러니까 율곡 이이에 대해 북인들은 굳이 장황하게 쓸 필요가 없었던 겁니다.

"이조판서 이이가 죽었다(吏曹判書李珥卒)**."** 『선조실록』, 18권, 17년(1584) 1월 16일

그런데 나중에 인조반정[4]이 일어나고 서인들이 집권하자 얘기가 달라져요. 서인들에게 이이는 그들의 정신적 멘토이자 우상이거든요. 이들이 이이에 대해 겨우 세 글자만 쓸까요, 세 장을 쓸까요? 당연히 세 장을 씁니다. 언제 출생했고, 어떤 업적이 있었는지 등 장황한 일대기를 써 내려 가는 거지요.

이처럼 『선조실록』과 『선조수정실록』은 당대 집권 세력이 누구냐에 따라 달리 쓰인 기록이라고 볼 수 있어요. 이렇게 다시 쓰인 실록은 『선조수정실록』을 포함해 총 4편(『현종개수실록』, 『숙종실록보궐정오』, 『경종수정실록』)이 있습니다.

자, 여기서 우리가 놓치지 말아야 할 교훈이 하나 있습니다. 서인이 다시 집권해서 『선조수정실록』을 썼다고 했지요? 그렇다면 그 이전의 『선조실록』은 어떻게 될까요? 기존의 실록이 잘못되었다 생각해 수정실록을 썼으

---

4 인조반정(仁祖反正) : 1623년 김유, 이귀 등 서인 일파가 정변을 일으켜 광해군을 폐위시키고 인조를 왕위에 앉힌 사건.

니, 일반적인 상식으로라면 폐기해야겠지요?

하지만, 서인들은 그렇게 하지 않았어요. 나와 다른 세력이고 나와는 다른 가치관과 정치관을 가졌지만, 그들의 이념도 후세가 마땅히 봐야 한다고 생각했던 거지요. 그래서 『선조실록』은 그것대로 보관하되, 『선조수정실록』은 따로 보관해야 한다고 생각했어요.

나와 생각과 관점이 다르다고 해서 무조건 폐기하는 것이 아니라, 그 나름의 가치를 인정해 준 거라 볼 수 있어요. 이러한 사고는 오늘날 편 가르기에 익숙한 후손들이 배워야 할 점이 아닐까요?

▶(위) 『선조실록』 / (아래) 『선조 수정실록』.
『선조실록』에서는 "이조판서 이이가 죽었다(吏曹判書李珥卒)"라고 기록한 반면, 『선조수정실록』에서는 이이의 죽음과 더불어 그의 일대기를 상세히 기록하고 있다. 국사편찬위원회 제공.

『조선왕조실록』은 어디에 보관할까?

　　　　　　　　　　　　　세종 때 춘추관을 비롯하여 4대
사고(史庫)가 만들어집니다. 즉, 조선전기에는 총 4곳(춘추관-서울, 충주,
전주, 성주)에서 보관했어요. 그런데 1592년, 임진왜란이 발발합니다. 그
결과 전주 사고본만 빼고 모조리 불타버려요.

　　이를 보완하기 위해 임진왜란 직후였던 광해군 때, 다시 실록
을 필사합니다. 추후 보완하면서 똑같은 것 5개를 만들
어서 보관하게 하였고요.

　　또한 문서를 보관할 장소를 고민하
면서, '이제는 아무도 찾지 못할
비밀장소에 보관하자'라고 의
견을 모아요. 모조리 불타버린 것도
억울한데 다시 필사하려면 그만큼
생고생을 해야 하잖아요. 그래서 아예
산속에다가 콱! 박아 버립니다. 아무도 찾
지 못하게 말이에요. 그래서 조선후기에는 춘
추관(서울), 묘향산, 태백산, 오대산, 정족
산에 보관해요. 도성인 춘추관을 제외하고
모두 산에다가 숨겨놓는 것이지요.

　　그렇다면 오늘날까지 이 5편이 잘
전해지고 있을까요? 아쉽게도 춘추
관에 보관되었던 실록은 이괄의 난

▶오늘날 조선왕조실록의 소장처
묘향산(적상산) → 김일성 종합대학 도서관
태백산 → 행정자치부 국가기록원 부산기록관
오대산 → 서울대학교 규장각
강화도(정족산) → 서울대학교 규장각

임금조차 볼 수 없었던, 가장 내밀한 기록

(1623) 때 불타 없어지고 나머지 4편만 전해지고 있습니다.

사관(史官)의 주관적인 평가가 담겨있는 『조선왕조실록』

『조선왕조실록』은 '편년체'로 전해지고 있습니다. 역사를 기록하는 방식에는 여러 가지가 있는데, 편년체는 시간 순서대로 기록하는 역사기술을 말하지요. 편년체로 쓰인 역사서들은 『조선왕조실록』, 『고려사절요』, 『동국통감』이 있습니다. 이들은 '태조 1년 몇 월 며칠 무슨 일이 있었다', '오늘은 비가 내렸다' 등 그때그때의 시시콜콜한 이야기를 기록하고 있어요. 물론 사관의 개인적인 의견이 아예 없는 건 아니랍니다. '사관의 의견은 전혀 없는 설명문 형식인가'라고 생각할 수 있지만, 감정의 동물인 사람이 썼는데 어떻게 그럴 수 있겠어요? 실제로 『조선왕조실록』을 살펴보면 사관의 해석이 들어가 있다는 걸 알 수 있어요. 주로 사극 드라마를 볼 때 갑자기 화면이 정지하면서 성우의 목소리가 등장하는 거, 본 적 있지요? 이게 바로 『실록』에 나와 있는 사관의 평을 대신 읽어주는 거라 볼 수 있어요. 즉, 『조선왕조실록』은 기본적으로 객관적인 사실을 날짜별로 기록하고 있지만, 동시에 사관의 평 역시 담겨 있는 거지요.

조선 최대의 폭군이었던 연산군에 대해, 당시 사관은 어떻게 평했을까요? 아래의 기록을 참고해 보세요.

"사신은 논한다. 왕의 음탕이 날로 심하여, 매양 족친 및 선왕의 후궁을 모아

왕이 친히 잔을 들어 마시게 하며…."　　『연산군일기』 57권, 11년(1505) 4월 12일

권(卷)과 책(冊)의 차이

　　　　　　　『조선왕조실록』을 살펴보면 1권 2책, 혹은 3권 2책과 같이 되어있는 걸 알 수 있어요. 우리는 1권, 2권 이렇게 책을 세는데, 왜 옛날에는 '권'과 '책'으로 나눠 숫자를 셌을까요?

권(卷): 책을 세는 단위
책(冊): 옛 서적이나 종이의 묶음 수량을 세는 단위

각각의 정의가 비슷하면서도 조금 다른 의미를 담고 있지요? 정확한 차이를 설명해볼게요.

▶『세종실록』. 국사편찬위원회 제공.

오늘날 우리가 책을 세는 것처럼 옛날에도 '권'을 사용해서 책을 세었답니다. 1권, 2권 3권…. 이런 식으로 말이지요. 그렇다면 책(冊)은 무엇일까요? 이것은 당시 발달이 덜 된 인쇄술 때문에 등장한 단위랍니다. 예를 들어 조선을 세운 이성계에 대한 책을 쓴다고 해봅시다. 이것저것 많은 이야기가 책 안에 들어가겠지요. 요즘엔 책의 두께가 두꺼

워져도 책 한 권에 다 담아낼 수 있지만, 옛날에는 그럴 수 없었어요. 당시에는 책에 5개의 구멍을 뚫어 (이미지 참조) 끈으로 묶었기 때문에 종이의 두께가 일정량을 넘으면 묶을 수가 없었거든요.

즉, 이성계라는 주제로 책을 만들고 싶은데, 양이 많아 1개로 만들 수가 없겠지요. 요즘엔 책의 내용이 너무 두꺼워지면 휴대하기 힘드니까 2~3권으로 나눠서 나오잖아요. 그런 것처럼 결국 2개 이상의 종이 묶음으로 책을 만들 수밖에 없었던 거예요. 그래서 이성계에 관한 이야기를 1권으로 묶고 싶지만, 분량이 너무 많아 이것을 종이 묶음 2개로 만들게 되었으니, 이 책이 바로 '1권 2책'이 되는 것이지요.

|조|선|건|국|이|전|

새로운 세상으로의 길

고려 말, 혼돈의 시대

　　　　　항상 망국 직전에는 혼돈과 사치가 만연해 세상이 뒤숭숭해지기 마련이지요. 통일신라가 그랬듯이 말입니다. 통일신라 말에는 어느 정도로 사치를 즐겼냐면요, 귀족들이 금으로 만든 집 35채를 지었고요, 회전 초밥 돌아가듯 포석정에 빙 둘러앉아 흐르는 물에 잔을 띄워 술을 돌려가며 즐겨 마셨답니다.

　고려는 80년간 원나라의 간섭을 받았어요. 원나라는 칭기즈칸의 후예, 몽골족이 세운 나라인데요, 동쪽으로는 우리나라의 제주도까지 지배했고, 서쪽으로는 유럽의 헝가리까지 지배했습니다. 전 세계를 다 지배했다고 해도 과언이 아니지요. 당시 고려는 원나라의 간섭을 받았는데, 원나라 사람들이 점차 타락하게 돼요. 몽골은 말을 타는 기마민족인지라 삶의 방식이 우리와 다를 수밖에 없어요. 칭기즈칸은 자신의 후손들에게 다음과 같이 전합니다.

　"절대 흙집에서 자지 말고, 이동식 집에서만 자라. 기름진 음식이나 술을 먹지 마라. 다리에 기름이 끼면 말을 탈 수가 없고, 편안한 집에서 잠을 자게 되면, 우리의 야생성이 사라진다."

　하지만 칭기즈칸의 후손들은 이것을 잘 지키지 못해요. 비단옷에 흙집을 짓고 여유롭게 살다 보니 점점 사치와 향락에 빠지게 된 것이지요. 그래서 원나라의 지배를 받던 중국인 한족(漢族)이 여기저기서 반란을 일으키던 중, 승려 주원장(朱元璋, 1328~1398)이 명나라를 세웁니다.

고려 말에 이르러 명나라가 원나라를 몰아내는데, 이 시기를 '원명교체기'라고 부릅니다.

고려는 무려 80년 동안 원나라의 간섭을 겪다 보니 자연스레 친원파가 득세하게 돼요. 이 친원파를 '권문세족'이라고 하지요. 이들은 경제적으로 엄청난 대농장을 소유하고 있었어요. 옛날에는 땅이 많아야 부자라고 했는데, 도대체 얼마나 땅이 많았는지, 자기 땅에 도저히 울타리를 칠 수 없어서 산맥과 하천으로 영역표시를 했다고 할 정도예요.

이와 달리 백성들은 송곳이나 바늘 하나 꽂을 만한 땅도 없었지요. 권문세족은 엄청난 부를 누리며 떵떵거리는데, 저잣거리의 백성들은 굶어 죽는 일이 태반이라 길거리에는 시체 썩는 냄새가 진동했습니다. 결국 망할 수밖에 없었고, 망하지 않는 게 도리어 이상한 시대가 바로 고려시대라고 보면 됩니다.

그런데 이렇게 타락한 고려 말, 영웅이 등장해요. 그가 바로 드라마에 자주 나오는 공민왕입니다. 그는 원명교체기 권문세족인 친원파를 몰아내고 자주적인 고려를 만들고자 했어요. 그러려면 자신을 따르는 세력이 필요하겠지요? 그래서 공민왕은 과거를 통해 중앙으로 진출한 중소지주들의 자제들을 등용하기 시작합니다. 이 신진 세력을 바로 '신진사대부'라고 불러요. 이 사람들이 공민왕의 오른팔이 되고요.

정몽주, 정도전이 대표적인 신진사대부였습니다. 정몽주가 정도전보다 조금 선배인데, 이 둘은 요즘말로 절친이었어요. 두 사람은 함께 새로운 세계를 꿈꿉니다.

그런데 문제가 생깁니다. 개혁을 통해 새로운 세상을 꿈꾸던 공민왕이 그만 폐인이 되고 만 것입니다. 무슨 사연인지 궁금하지요?

공민왕이 사랑하던 아내가 있었는데, 그녀는 바로 원나라 공주, 노국대장공주이지요. 이 노국대장공주와 공민왕은 금실이 너무 좋아서 정치적 조력자의 역할까지 했답니다. 사실 공민왕이 반원정책[5]을 하면, 노국대장공주는 원나라 공주니까 반대 입장을 하는 게 맞잖아요? 그런데 이때 공주가 뭐라고 한줄 아세요?

"비록 원나라 사람이지만 고려로 시집왔으니, 엄연히 고려의 여인이지요, 기꺼이 남편의 뜻을 받들어야지요."

정말 대단한 사랑 아닌가요? 여하튼 공민왕이 반원정책을 실시하니 권문세족들이 공민왕을 죽이려고 덤빕니다. 그때 노국대장공주가 이들을 가로막고 이렇게 말해요.

"나를 죽이고 가라! 내 남편 죽이려면 나부터 죽이고 가라고! 그런데 너희, 내 신분은 알고 있지? 내가 원나라 공주거든? 나 죽이면 너희 어떻게 되는지 알지? 자, 죽여봐!"

이렇게 해서 그녀는 남편인 공민왕을 지켜냅니다. 그러니 공민왕 입장에서 노국대장공주가 얼마나 사랑스럽겠어요.

이후 둘 사이에 아이가 생깁니다. 그런데 그만 노국대장공주가 아이를 낳다가 목숨을 잃어요. 그때부터 공민왕은 소위 멘붕에 빠집니다. 한참을

---

5 반원정책(反元政策) : 고려 후기 원의 간섭에서 벗어나기 위해 펼친 고려의 자주적 정치활동.

울었다고 해요. 그러면서 이런 맹세를 하지요.

"내 첫사랑이자 끝사랑은 오직 노국뿐이야. 노국이 죽었으니 난 두 번 다시 침소에 여자를 들이지 않으리."

그리고 사나이답게 이 맹세를 죽을 때까지 지켜요. 대신 여자 말고 남자를 침소에 들입니다. 공민왕은 그렇게 향락생활을 하다가 측근의 배신으로 암살을 당하지요. 물론 남자를 가까이했다는 얘기는 조선 건국 이후에 만들어진 역사서에서 나오는 것이라서, 조선 건국의 정당성을 내세우기 위해 왜곡된 것일 수도 있어요. 하지만 확실한 것은 공민왕이 정치에 뜻을 잃고 방황했다는 것이죠. 그리고 이후, 공민왕은 측근에 의해 시해를 당하는 비극을 맞이하게 됩니다. 그렇다면 이때 가장 놀란 사람이 누구일까요? 바로 신진사대부지요. 믿고 따르던 공민왕이 시해를 당한 거잖아요. 신세계를 만들어야 하는데, 정신적, 정치적인 지도자가 사라진 거예요.

이때부터 정도전은 두 팔 걷고 사람을 물색하기 시작합니다.

'나는 문(文)이 있으니, 무(武)를 가진 사람이 있어야 새로운 세상을 만들 수 있지 않을까? 근데 대체 그게 누구냐고!'

머리를 싸매고 고민하고 있을 때 즈음, 고려에서는 제3세력이 성장하고 있었습니다. 이들이 바로 새로운 무인세력, '신흥무인세력'이지요.

당시 북쪽에서는 명나라의 전신이었던 홍건적이 쳐들어오고 있었고요 (붉은 수건을 둘렀다고 해서 홍건적이라 부릅니다). 남쪽에서는 해적집단인 왜구가 쳐들어오고 있었어요. 이 외적들을 막는데 큰 공을 세워 국민적 영웅으로 떠오른 인물이 두 명 있는데요. 그들이 바로 최영과 이성계입니다.

정도전은 처음에는 최영과 손을 잡습니다. 그런데 최영은 권문세족이랍니다. 이해가 잘 안 될 거예요.

"아니, 선생님! 최영처럼 훌륭한 사람을 어떻게 권문세족으로 볼 수 있나요? 권문세족은 대농장을 소유하면서 배불리 먹고 살던 사람들인데, 최영 장군은 금보기를 돌같이 하라고 하셨잖아요."

맞습니다, 최영 장군은 검소했어요. 아, 그런데 권문세족 가문에서 태어난 걸 어쩌겠어요? 부유했지만 검소하게 살았던 것이지요.

하지만 정도전이 보기에 이성계야말로 자신이 찾던 인물이었어요. 당시 고려를 개혁해야 한다고 믿었던 인물들 중에서 경제력과 군사력을 갖추고 주변의 신망이 높으면서도 정도전의 말에 귀기울여 줄 수 있는 인물은 이성계뿐이었기 때문입니다. 그를 본 후 정도전은 결심합니다.

'아! 이성계를 내세워 새로운 세상을 만들고, 뒤에서 내가 머리를 써야겠구나.'

그리곤 이성계에게 바짝 다가가지요.

동북면 최고의 세력가, 이성계

그럼 이쯤 해서 이성계가 어떤 사람인지 구체적으로 살펴볼까요?

이성계! 무슨 이씨일까요? 전주 이씨입니다. 그런데 어떻게 전주 이씨인 그가 동북면의 함경도에서 세력가로 성장할 수 있었을까요? 이를 알려면 먼저 이성계의 고조할아버지인 이안사란 인물부터 파악해야 합니다.

고려 말에 이안사라는 사람이 전주에서 살고 있었는데, 관기와 사랑에 빠지게 됩니다. 그런데 관기는 국가소속 기생이지요. 따라서 사또가 화를 버럭 내며 그를 괴롭히기 시작해요. 그러자 이안사는 '니들이 사랑을 알아?' 하며 강원도 삼척으로 피난을 가버려요. 그런데 전주에서 그를 핍박하고 갈구던 사또가 다시 삼척으로 부임한 겁니다. 허 참, 이제 겨우 살만해졌는데 말이지요. 다시 이안사는 삼척을 떠나 아무도 찾지 못하는 곳, 척박한 함경도로 숨어버려요. 관기는 어떻게 됐냐고요? 안타깝게도 실록에는 그 내용이 안 나오네요.

흥미로운 건 이안사가 얼마나 리더십이 있었던지, 170여 가구의 주민들이 그를 따라갔다는 겁니다. 살 떨리게 추운 데다 야인들이 득실대는 북쪽 땅까지 말이지요. 이안사의 카리스마가 얼마나 대단했는지 상상이 되나요?

> "가족을 거느리고 동북면의 의주(덕원)에 이르러 살았는데, 백성 1백 70여 호(戶)가 또한 따라갔고." 『태조실록』 1권 총서 1번째 기사

이안사는 동북면에 정착하기 시작합니다. 그리고 그곳의 여진족을 때로는 회유하고 때로는 공격하면서 자연스럽게 사람들을 모으지요. 그래서 자기만의 세력을 만들어 그 지역의 토호[6]가 됩니다. 이후, 이안사의 대가 쭉 이어지면서 증손자인 이자춘이 태어나요. 바로 이자춘의 아들이 이성계입니다. 이렇게 해서 이성계는 전주 이씨지만 함경도에서 나고 자라게

---

6 토호(土豪) : 고려 시대 각 지방에 경제력과 군사력을 갖춘 유력 세력으로 호족이라고도 함.

된 거지요.

 고려말 공민왕 때, 이성계의 아버지 이자춘은 시대의 변화를 인식하고 있었습니다. 국제정세를 보아하니 원나라가 망할 것 같았던 거지요. 그리고 이자춘과 아들 이성계가 공민왕을 도와 철령 이북 지역의 땅을 되찾는 데 큰 공을 세우게 되지요. 결국 공민왕 시절부터 아버지 이자춘과 아들 이성계는 동북면의 실력자로 개경에 이름을 알리기 시작한 겁니다. 이후, 이성계는 동북면의 여진족과 남쪽의 왜구들을 토벌하면서 유명한 장수로 승승장구하였고, 이 모습을 정도전이 유심히 지켜본 것이지요.

말머리를 돌려 새로운 세상을 꿈꾸다

 그러던 어느 날, 운명의 그 날이 찾아옵니다. 명나라가 사실상 중국의 주인이 되고, 원나라는 북쪽으로 쫓겨 북원으로 불리며 겨우 나라 이름만 유지되는 상황이 되었습니다. 중국의 중원은 명나라가 차지하게 되었고요. 이런 가운데 명나라가 고려에게 사신을 보내요. 당시 고려의 집권 세력이 누구지요? 바로 친원파, 권문세족이에요. 친원파의 입장에서는 명나라와 친해지는 것이 달갑지 않았겠지요? 그래서 권문세족이 명나라 사신을 죽이는 사건이 발생합니다. 그러자 명나라가 가만히 있을 리 없지요, 명나라는 철령 고개의 이북 땅을 내놓을 것을 요구합니다.

 철령 이북 땅은 공민왕 때 되찾은 땅이에요. 그런데 명나라가 다시 내놓으라고 하는 겁니다. 원래 원나라의 땅이었고, 지금은 원 대신 명나라가 중국의 주인이 되었으니 도로 가져가겠다는 겁니다. 대신 명나라에게 철령 이북을 내놓으면 사신을 죽인 사건은 쿨하게 잊어주겠다는 겁니다.

이러한 명나라의 요구에 최영은 불같이 화를 내요. 당시 고려의 왕은 우왕이었는데, 우왕이 많이 어렸어요. 그래서 우왕이 최영을 아버지처럼 따르고 있는 상황이었지요. 한마디로 최영이 정권을 장악하고 있는 상태라고 할 수 있어요. 이때 최영은 우왕에게 이렇게 주장합니다.

"전하! 즉시 출병해서 요동을 정벌합시다!"

요동(현, 랴오둥)은 어느 지역을 말하는 것일까요? 한반도 서북부, 요하강(현, 랴오허강) 동쪽을 요동이라 하는데요, 바로 이 지역을 공격하자고 합니다. 이때, 별 4개 정도 달고 있던 부하 이성계가 반대를 해요. 이성계는 평소 최영을 잘 따랐지만 이때만큼은 최영의 의견에 반대한 겁니다.

"안 됩니다, 전하! 절대 출정해서는 안 됩니다!"

그러면서 안 되는 4가지 이유를 드는데, 이것이 바로 '4불가론'입니다.

"작은 나라로서 큰 나라에 거역하는 것이 한 가지 옳지 못함이요,
여름철에 군사를 동원하는 것이 두 가지 옳지 못함이요,
온 나라 군사를 동원하여 멀리 정벌하면, 왜적이 그 허술한 틈을 탈 것이니
세 가지 옳지 못함이요,
지금 한창 장마철이므로 활은 아교가 풀어지고, 많은 군사들은 역병을 앓을
것이니 네 가지 옳지 못함입니다."   「태조실록」1권, 총서 83번째 기사

그런데 4불가론은 이성계의 생각일 뿐, 현재 실권을 누가 갖고 있나요?

바로 최영이잖아요. 최영 또한 이성계의 의견에 조목조목 반박을 합니다.

"처음부터 명나라가 큰 나라였나? 그리고 무슨 군인이 계절을 따지는가? 장마철? 장마전선은 중국도 계속돼. 똑같이 녹슬고 활시위 줄이 늘어나는데, 왜구? 내가 막을게. 그러니까 가!"

그래서 고려에 있던 군사 5만을 탈탈 털어 이성계와 최영이 함께 요동을 정벌하려고 하는데, 이때 우왕이 최영의 앞을 막아섭니다.

"장군은 가지 말고 내 곁에 있어 줘요. 이성계만 가라고 하세요."

우왕이 말하기를,
"경(최영)이 간다면 누구와 더불어 정사(政事)를 하겠는가?"

『태조실록』 1권, 총서 83번째 기사

이때, 최영은 일생일대의 실수를 합니다. 자신은 우왕의 곁을 지키고 대신 모든 군대를 이성계에게 넘겨 준 것이지요. 사실, 이성계와 최영은 매우 친했습니다. 젊고 혈기왕성한 무인 이성계를 키워준 사람이 최영이었거든요. 소위 '머리 올려준 사람이 최영이다' 이렇게 볼 수 있어요. 최영은 자신을 따르는 부하기 때문에 이성계를 철석같이 믿었던 것이지요. 하지만 이성계는 끝까지 요동 정벌을 원하지 않았습니다.

여기서 사건이 발생하게 됩니다. 정벌 일행이 압록강의 섬, 하중도인 위화도에서 안 움직이는 겁니다. 왜냐고요? 장마가 너무 심해 움직일 수 없었던 것입니다. 그러면서 이성계는 우왕에게 다시 편지를 보냅니다.

"전하, 아무리 생각해도 이 전쟁은 옳지 않습니다!"

그러나 최영은 이 편지를 쫙쫙 다 찢어버려요. 그리고는 무조건 전진하라고 답장을 씁니다. 편지를 받은 이성계는 고뇌에 빠져요.

'강을 넘어 개죽음을 당할 것인가? 말머리를 돌려 새로운 세상을 만들 것인가?'

고향에 두고 온 처자식이 매일 밤 눈에 밟히는데, 어느 군인인들 개죽음을 당하고 싶겠어요? 결국 이성계는 말머리를 돌립니다. 이것이 그 유명한 위화도 U턴 사건, 위화도에서 회군하여 개경을 공격한 1388년의 사건,

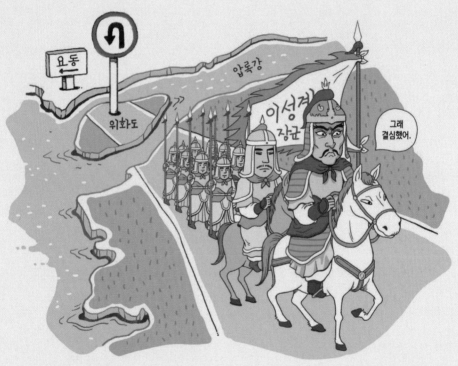

▶요동정벌군의 장수였던 이성계(태조)는 압록강의 위화도에서 군사를 돌려 정변을 일으키고 권력을 장악했다.

이성계의 '위화도 회군'이지요.

최영이 부랴부랴 이성계의 군대를 막고자 했으나, 대부분의 병력이 요동 정벌에 동원돼서 남은 군사가 별로 없었어요.

붉은 무덤과 억새 무덤

실권자 최영은 '부정축재'[7]의 죄목으로 붙잡히고, 이 죄목으로 사형을 받게 됩니다. 그러자 최영이 다음과 같은 이야기를 남기지요.

"내가 정말 죄가 있다면, 내가 죽고 나서 내 무덤에 풀이 날 것이다. 그러나 내가 죄가 없다면, 내 무덤에는 풀 한 포기 자라지 않을 것이다."

결국 최영은 죽습니다. 이성계의 입장에서는 최영의 무덤에 풀이 나야 할까요, 나지 말아야 할까요? 이성계의 입장에서는 반드시 풀이 나야 합니다. 그래서 능참봉이라는 관리를 따로 두고 무덤에 풀도 심고, 물도 주면서 온갖 정성을 다 들였다고 해요. 그런데 문제는 희한하게도 풀이 나는 족족 다 시들어 죽는 겁니다. 그래서 사람들은 최영의 무덤을 풀이 나지 않는 빨간 무덤이라고 해서, '적분(赤墳)'이라고 부르게 되지요.

자, 세월이 흘렀습니다. 이성계도 늙어 죽은 후 무덤으로 돌아갑니다. 이성계의 무덤에는 풀이 났을까요? 안 났을까요? 온갖 잡초가 아주 무성하게 자라났습니다. 그냥 웃으라고 지어낸 이야기 아니냐고요? 아니 진짜예

---

7 부정축재(不正蓄財) : 옳지 않은 방법으로 재산을 쌓음.

요. 어떻게 이럴 수 있냐고요?

그것은 바로 이성계의 아들 이방원 때문이지요. 이방원은 다른 형제들을 죽이고 아버지 이성계를 무력화시킵니다. 따라서 이성계는 죽을 때까지 이방원을 안 보고 싶어 하지요.

"내가 죽으면 나는 고향으로 돌아가겠다. 나를 고향에 묻어라."

그러나 이방원 입장에서는 이를 받아들일 수 없었습니다. 게다가 해마다 아버지 성묘를 가야 하는데, 함경도까지 갈 생각을 하니 여간 번거로운 게 아니거든요. 하지만 그렇다고 해서 아버지의 유언을 거부할 수도 없지요. 그래서 이방원은 묘책을 냅니다. 아버지의 봉분에다 함경도의 흙을 덮어 놓은 거지요. 그런 다음 함경도에서 자라는 억새를 심어 놓아요. 그래서 이성계의 무덤은 오늘날까지 풀 대신 무성한 억새가 휘날리고 있는 거지요.

그렇다면 가장 궁금한 것. 최영의 묘는 현존할까요? 네, 물론 있어요. 그렇다면 더 궁금한 것, 최영의 묘는 여전히 풀 한 포기 없을까요, 아니면 무성할까요? 오늘날에는 풀이 쑥쑥 잘 자라고 있답니다. 왜냐하면 1975년에 경기도 기념물로 지정되어 지속적인 관리를 받고 있기 때문이지요.

자, 여기서 드는 의문은 무엇인가요? 과연 권력이란 무엇인가? 자신을 이끌어준 선배, 즉 머리를 올려준 선배를 권력 때문에 죽이는 게 옳은 일인가? 이와 관련해 이성계가 최영에게 이런 말을 남겼다고 합니다.

"개인적인 감정은 없습니다. 그저 대의를 따를 뿐."

"이 같은 사변은 나의 본심에서 한 것은 아닙니다. 그러나 대의(大義)에만 거역했을 뿐만 아니라, 국가가 편치 못하고 인민이 피곤하여 원통한 원망이 하늘까지 이르게 된 까닭으로 부득이한 일이니."

『태조실록』 1권, 총서 85번째 기사

고려의 멸망

　　　　　위화도 회군으로 권력을 잡은 이성계와 그 일파는 우왕을 갈아치우고 우왕의 아들인 창왕을 옹립[8]하게 됩니다. 하지만 이성계는 창왕이 영 맘에 안 들어요. 그래서 창왕을 폐하는데, 이때 명분이 필요하잖아요, 그 명분으로 '폐가입진(廢假立眞)'을 내세웁니다. 가짜를 폐하고 진짜를 올린다는 것이지요. 도대체 뭔 소리냐고요?

　자, 우왕과 창왕은 누구의 후손이지요? 바로 공민왕의 후손이에요. 그런데 우왕의 어머니가 누구냐면, 바로 공민왕의 오른팔이었던 신돈의 몸종이었거든요. 따라서 우왕은 신돈과 몸종 사이에서 낳은 자식이지 공민왕과는 아무런 관계가 없다는 게 이성계의 주장이었던 거지요. 그의 논리에 따르면 우왕과 창왕은 가짜인 거지요. 그래서 창왕을 폐위하고 새로운 왕을 올리고자 한 겁니다.

　우왕과 창왕을 몰아낸 이성계는 진짜 왕족을 찾습니다. 그렇다면 어떤 사람을 선택할까요? 촌수가 멀고, 능력도 없는 데다 힘없는 허수아비, 그가 바로 고려의 마지막 임금인 공양왕입니다. 임기가 4년밖에 되지 않았던 왕이지요. 따라서 사실상 당시 실권자는 이성계와 힘을 합쳤던 정도전

---

8 옹립(擁立) : 임금으로 받들어 모심.

이라고 보면 됩니다.

이성계 일파가 실권을 장악했지만 바로 새 국가가 건국될 수 없었어요. 그 이유는 정몽주라는 넘어야 할 산이 있었기 때문입니다. 원래 정몽주는 정도전과 가까운 사이였답니다. 심지어 이성계의 위화도 회군을 찬성하기도 했고요. 그런데 왜 돌연 정몽주가 이성계의 적이 되었을까요? 바로 새로운 세상에 대한 시각이 달랐기 때문입니다.

정도전은 고려를 완전히 엎어버리고 신세계를 만들고, 왕씨에서 이씨로 바꾸는 역성혁명9을 하자고 합니다. 이와 달리, 정몽주는 우리는 사대부이므로 역성혁명은 있을 수 없다고 본 겁니다. 그것은 고려에 대한 배신이고, 의리 없는 처사란 거지요. 따라서 고려를 유지하는 선에서 개혁을 진행하자는 게 정몽주의 입장이었습니다. 이런 정몽주를 '온건파 사대부'라고 하고, 정도전을 '급진파 사대부'라고 불러요.

처음엔 의견 차이가 났을 뿐이었지만, 나중에는 서로 군사를 가지고 대립하기에 이릅니다. 그런데 '누가 먼저 선제공격을 할 것인가?'라고 서로 눈치를 보고 있는 상황에서 이성계가 사냥을 하다가 말에서 떨어지는 사고가 발생해요.

이때, 정몽주는 어떻게 했을까요? 비록 이성계와 뜻은 다르지만, 개인적으로는 친구이므로 친구의 도리를 다하기 위해 병문안을 가지요. 그런데, 여기서 중요한 인물이 등장합니다. 바로 이성계의 다섯째 아들, 이방원입니다.

---

9 역성혁명(易姓革命): 다른 성씨에 의한 왕조의 교체.

"아버지, 정몽주를 제거해야 합니다. 그래야 우리의 뜻이 이루어집니다."

이성계는 아들 방원을 크게 꾸중합니다.

"이놈아, 정몽주는 유능한 외교가이고 관료다. 게다가 이 애비의 친구다. 그런 사람을 어찌 죽이란 말이냐, 정신 차려라."

하지만 정몽주가 병문안을 마치고 돌아갈 때, 이방원은 다시 회유합니다. 바로 이때 그 유명한 하여가(何如歌)와 단심가(丹心歌)가 탄생하지요.

▶정몽주(鄭夢周, 1337~1392)의 초상화. 고려 말기의 문신·학자로 성리학에 밝았으며 유학을 보급하였다. 국립중앙박물관 제공.

이런들 어떠하며 저런들 어떠하리
만수산 드렁칡이 얽혀진들 어떠하리
우리도 이같이 얽혀 백 년까지 누리고저

이에 정몽주는 그 유명한 단심가로 답변을 하지요.

이 몸이 죽고 죽어 일백 번 고쳐 죽어
백골이 진토되어 넋이라도 있고 없고
임 향한 일편단심이야 가실 줄이 있으랴

정몽주의 단심가를 들은 이방원은 더는 그를 살려둘 수 없다고 결심해

▶선죽교
황해북도 개성특급시 선죽동에 있는 돌다리. 고려 말기의 충신 정몽주가 살해된 곳이다. 동국대 이 헤은 교수(2005) 제공.

요. 그래서 사람을 시켜 선죽교에서 정몽주를 죽여 버립니다. 후에 이성계가 이 사실을 알고, 이방원에게 불같이 화를 내지만 이미 엎질러진 물, 어찌하오리까.

하지만 결과적으로 새 왕조에 대한 반대세력이 제거되면서 이성계의 조선 개국은 시작되지요. 이후, 이성계는 정도전을 비롯한 자신의 지지 세력을 바탕으로 새로운 왕조를 세웠으니, 그게 바로 조선입니다.

이빨 빠진 호랑이,
57세, 최고령의 나이로 왕이 되다

- 개국공신 파트너 정도전, 재상 중심의 세상을 꿈꾸다

- 태조는 왜 막내아들을 후계자로 선택했을까?

- 아버지 이성계 VS 아들 이방원

태조는 어떤 인물이었나?

생애 1335~1408년

재위기간 1392~1398년

휘(諱) 이성계(李成桂), 이 단(李旦)

묘호(廟號) 태조(太祖)

출생과 즉위 1335년 이자춘의 적자로 함경도 동북면에서 출생했습니다. 1356년 (공민왕 5년), 쌍성총관부를 공격할 때 아버지와 함께 혁혁한 공을 세웠지요. 그리고 아버지 이자춘의 뒤를 이어 동북면의 실력자로 성장합니다.

혼란의 정국이었던 고려 말, 동북면의 유지로 성장한 이성계는 홍건적을 격퇴하고 왜구를 토벌하면서 마침내 중앙정치에 발을 내딛습니다. 이어 원나라의 세력이 약화되고 새로운 명나라가 부상하는 원명교체기에, 요동정벌의 원정을 떠났던 압록강 위화도에서 회군하여 최영을 몰아내고 정권을 장악합니다. 곧 고려의 마지막 왕인 공양왕을 임금으로 받들지만 결국 공양왕을 몰아내고 새 왕조를 개창하였으며, 조선의 제1대 임금이 됩니다.

가족관계 왕비 : 2명, 후궁 : 4명, 자녀 : 8남 5녀

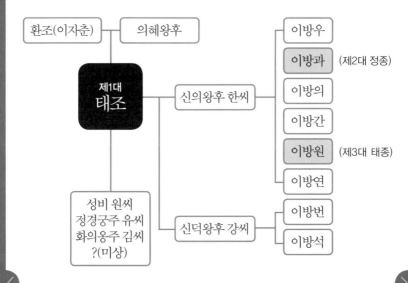

1392년 조선 최고령의 나이로 즉위한 임금, 태조 이성계

조선시대 왕

들은 대개 빠르면 10대 전후, 늦으면 30대에 즉위해 40대에 승하[1]하였습니다. 그 당시 왕의 평균 수명이 고작 40대였으니까요.

그렇다면 조선을 세운 이성계
는 즉위 당시 몇 세였을까요? 이
성계는 1335년생이고 조선을 건
국한 해는 1392년이죠. 계산이
되나요? 그가 왕위에 올랐을 때
의 나이는 무려 57세였습니다.
오늘날에도 남자 나이 57세면 결
코 적지 않은 나이인데, 하물며
조선시대에 57세라니, 고령이 아
닐 수 없지요. 이성계는 조선시
대를 통틀어도 최고령의 나이로
즉위한 임금이랍니다.

1 승하(昇遐) : 군주의 죽음을 높여 부르는
말.

▶조선 태조 이성계의 어진. 전라북도 전주시 풍남
동 어진박물관 소장. 문화재청 제공.

Q. 조선 시대 임금을 부르는 말인 '휘'와 '묘호'에는 어떤 차이가 있나요?

A. 임금의 이름을 휘(諱)라고 합니다. 일반 사람들은 일상생활에서 감히 이 휘를 함부로 부르거나 사용하지 못했답니다. 문서나 과거시험 답안지에 휘를 사용할 경우에도 엄벌을 내렸지요. 그런데 휘가 두 글자면 사용해서는 안 되는 단어가 늘어날 것이고 그만큼 백성들이 일상 생활하는 데 어려움을 느꼈겠지요? 그래서 임금의 이름을 한 글자로 만들기로 한 겁니다.

묘호(廟號)는 왕실 제단인 종묘에서 모시는 신주[2]를 부르는 호칭입니다. 후세에는 가장 널리 알려진 임금의 이름이지만, 정작 당사자들은 생전에 이를 알 수 없었습니다. 묘호는 죽고 나서 받는 이름이기 때문이지요.

1392년　막내아들을 왕세자로 세우다

태조 이성계가 최고령에 왕위에 올랐기 때문에 후계자 문제는 건국 직후부터 중요한 고려사항이 아니었을까 싶네요. 이성계는 총 8명의 아들을 두고 있었지요. 첫째 부인인 신의왕후 한씨에게서는 6명, 둘째 부인에게서는 2명의 아들을 얻었습니다. 신의왕후 한씨는 조선 건국 전에 사망하였기 때문에 그녀를 대신하여 부인의 역할을 한 것은 둘째 부인인 강씨였습니다.

원칙대로라면 첫째 아들인 이방우가 왕세자 자리에 앉아야 했지만, 정작 그는 왕세자 자리에 관심이 없었습니다. 게다가 그는 조선이 건국된 지 1

---

2 신주(神主) : 죽은 사람의 이름, 죽은 날짜 등을 적어 모시는 나무패.

년 만인 1393년에 죽고 말았습니다. 따라서 다른 왕자 중에서 후계자를 정해야 했지요. 당시 왕조 건국에 대한 공을 따진다면 차기 임금은 마땅히 이방원이 되어야 했습니다. 더욱이 그는 야심이 아주 많은 사람이었거든요.

▌ Q. 조선시대에서 장남은 어떤 존재였나요?

▌ A. 동아시아 유교 국가에서는 적장자 중심의 종통[3] 인식이 강하답니다. 밥상에서 잘 익은 생선 몸통은 모두 장남 차지였단 뜻이지요. 이런 인식은 중국 주나라(기원전 11세기경~기원전 256년)에서 그 기원을 볼 수 있는데요. 적장자가 집안의 중심으로서 가문을 계승하는 것이 근본 중의 근본이라고 생각했습니다. 우리가 흔히 말하는 종갓집도 이 때문에 생긴 것이고요.

▌ Q. 장자인 이방우는 왜 왕이 되고 싶지 않았을까요?

▌ A. 조선의 개국공신인 이지란이 쓴 『청해백집(靑海伯集)』에 따르면 이성계의 큰아들 이방우는 위화도 회군 때부터 아버지와 뜻이 달랐다고 해요. 반란을 반대했으며 고려에 대한 충성을 강조한 거지요. 결국 고려가 멸망하고 조선이 건국되자 슬픔에 겨워 은거하며 매일 밤 술로 날을 지새우다, 결국 조선 건국 1년 후인 1393년에 죽음을 맞이합니다.

하지만 태조의 최종 선택은 막내아들 방석이었습니다. 건국 당시 이방원의 나이는 25세였던 반면 방석의 나이는 불과 11세의 소년이었습니다.

---

3 종통(宗統) : 종가(宗家) 맏아들의 혈통.

11세의 소년이 조선 최초의 왕세자가 될 수 있었던 이유는 무엇이었을까요? 바로, 태조 이성계가 방석의 어머니 신덕왕후 강씨를 몹시 아꼈기 때문입니다.

▌Q. 태조는 신덕왕후 강씨의 두 아들 중 왜 막내아들인 방석을 선택했나요?

▌A. 방석이 막내아들임에도 불구하고 세자가 될 수 있었던 이유는 어머니 신덕왕후 강씨의 욕심 때문인데요. 당시 신덕왕후 강씨에게는 두 명의 아들이 있었는데, 태조 이성계의 일곱 번째 아들인 이방번과 여덟 번째 아들인 이방석이었습니다. 강씨는 태조와 신의왕후 한씨 사이에서 태어난 아들이 아닌 자신의 아들을 세자책봉해달라고 태조를 구슬렸습니다. 그렇다면 왜 방번이 아닌 방석이냐고요?

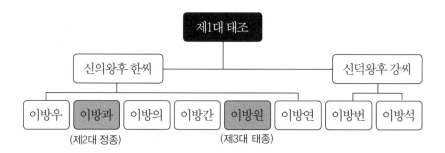

'이방번은 성격이 포악하기 때문에 신덕왕후의 아들을 세자로 세운다면, 막내아들인 이방석이 합당하다!'라고 신하들이 입을 모았기 때문입니다. 그 결과 일곱 명의 형들을 제치고 막내아들인 이방석이 세자가 된 것이지요.

태조 이성계를 만든 사람들 중에 빼놓을 수 없는 여인이 있으니, 바로 이성계의 두 번째 부인, 신덕왕후 강씨입니다. 신덕왕후 강씨는 어떻게 남편을 왕으로 만들었을까요? 그와 관련해서는 다양한 일화가 전해집니다.

조선 개국 전, 부인인 강씨는 개경에 있었는데, 이성계는 매일 함경도에 가서 야인들과 즐기느라 개경에 돌아오지 않았습니다. 이에 대해 강씨 부인이 이성계에게 조언을 하지요.

"시골 촌구석에만 있지 말고, 개경에 와서 사람들과 어울리며 대인관계를 맺으셔야 합니다."

또한 왜구들이 창궐하는 상황에서 그녀는 전라도 지역에 왜구들이 쳐들어올 것을 예상합니다. 사실, 왜구들이 조선에 오는 이유는 먹을 식량이 부족하기 때문인데, 전라도야말로 조선 최고의 곡창지대였잖아요? 따라서 전라도에 왜구들이 들이닥치는 것은 당연한 일이었던 겁니다. 하지만 남편은 개경엔 오지도 않고 함경도에만 머물러 있으니, 부인 강씨 입장에서는 상당히 속이 터졌을 겁니다. 그래서 그녀는 묘책 하나를 냅니다.

"몸이 많이 좋질 않으니 속히 개경으로 오셨으면 합니다."

그녀는 자신이 아프다는 꾀병을 이성계에게 전달하였고, 이 소식을 들은 이성계는 결국 부인 곁으로 오게 되었던 거죠.

이윽고 왜구가 쳐들어왔고, 개경에 머물던 이성계는 왜구를 토벌하러 전라도로 떠나게 된 겁니다. 결국 부인 덕에 절호의 찬스를 얻은 이성계는 그 기세를 몰아 황산에서도 왜구를 정벌하는데, 이것이 그 유명한 '황산대첩'입니다. 이 황산대첩을 통해 이성계라는 이름 세 글자가 고려에 널리 알려지게 되지요.

이처럼 젊고 총명했던 조선의 첫 번째 왕비, 그녀가 바로 신덕왕후 강씨였던 겁니다. 하지만 그녀의 욕심은 거기서 그치지 않았습니다. 신덕왕후 강씨는 자신의 아들을 왕세자로 앉히고 싶어 했고, 결국 조선건국과 함께 그녀의 막내아들을 왕세자의 자리에 앉히는 데 성공하지요.

한편, 정도전은 그녀의 야망을 지지합니다. 정도전이 꿈꾸던 조선의 모습을 위해서라도 이방원이 아닌, 막내아들인 방석이 왕이 되어야 했기 때문이지요. 뒤에서 자세히 이야기하겠지만, 조선의 전반적인 모습을 디자인한 정도전은 왕의 됨됨이보다는 왕을 성군으로 만들 수 있는 국가시스템이 더 중요하다고 생각한 인물이었습니다.

> "왕의 자질에는 어진 자질이 있고, 그른 자질이 있는데, 어진 자질은 우리가
> 따라야 하지만, 그른 자질은 우리가 변화시켜야 한다."　　　　『조선경국전』

정도전은 『조선경국전』이라는 법전을 편찬하여 국가의 초안을 작성하였는데, 국가가 왕의 자질을 변화시킬 힘을 가져야 한다고 생각하였습니다. 이러한 정도전의 생각은 왕의 입장에서는 상당히 시건방진 소리가 아닐 수 없었겠지요. 특히 왕권을 중요하게 생각하는 이방원에게는 씨알도 안 먹히는 얘기였습니다. 하지만, 신덕왕후 강씨에 대한 태조 이성계의 총애와 정도전의 지지로 막내아들 방석이 왕세자 자리에 오르게 됩니다.

Q. 태조 이성계는 왕권을 제한하는 정도전에게 불만이 없었나요? 태조와 정도전은 정치적으로, 또 개인적으로 얼마나 친했나요?

▌ **A.** 실록을 살펴보면 태조 이성계는 왕권 대신 신권을 중요하게 여기는 정도전에 대해 딱히 큰 반감은 없었던 걸로 보여요. 이성계가 왕위에 올랐을 때의 나이가 이미 57세였고, 사실상 조선의 모든 구상과 정비는 정도전이 도맡아 하고 있었기 때문이지요. 게다가 둘 사이는 매우 친밀하고 돈독해서 단순한 정치적 조력자 이상의 관계였을 것으로 추정되고요. 사실상 정도전이 여러 개혁 정치를 단행할 수 있었던 것도 이성계의 무한한 신뢰가 있었기에 가능했습니다.

1394년 한양천도

새 왕조를 연 이성계의 입장에서는 개경(오늘날의 개성)이 여간 불편한 게 아니었습니다. 그도 그럴 것이 개경은 오랫동안 고려왕조의 터전이었고, 여전히 이성계를 반대하는 세력이 자리 잡고 있었기 때문입니다. 또한 풍수지리설에 의하면 개경은 이미 지덕[4]이 쇠한 상태였습니다. 이 때문에 개경이 아닌 새로운 도읍지를 논의하게 되었고, 이중 한양(오늘날의 서울)이 선정됩니다.

"임금이 여러 사람의 말로써 한양(漢陽)을 도읍으로 결정하였다."

『태조실록』 6권, 3년(1394) 8월 13일

---

4 지덕(地德) : 집터의 운이 틔고 복이 들어오는 기운.

한양은 한강과 가까이 있어 수로를 통해 세금을 거둬들이기 좋았고, 뒤로는 산이 병풍처럼 둘러싸여 있으며 안으로는 물이 흐르는 배산임수(背山臨水)로 최고의 명당이었습니다. 다만, 주산[5]을 어디로 선정할 것인가에 대해서는 논의가 팽팽했습니다.

그중 정도전과 하륜의 논의가 가장 팽팽했는데, 정도전은 전통 유교의 방식으로 북쪽의 북악산을 주산으로 하고 남쪽인 관악산을 향하는 오늘날 경복궁의 자리에 궁궐을 놓아야 한다고 보았습니다. 하지만 하륜은 정도전의 의견을 강하게 반대했습니다. 하륜은 현재 경복궁의 서쪽 지역인 무악 부근에 궁궐을 두어야 한다고 보았지요. 정도전의 주장대로라면 도읍과 관악산이 마주 보게 되는데, 그렇게 되면 관악산의 강한 화기로 인해 국가에 큰 재앙이 있을 거로 보았기 때문입니다.

그렇다면 결과는 어땠을까요? 결국 정도전의 의견이 채택되었고, 이것이 오늘날 경복궁 자리입니다. 정도전은 하륜의 조언을 들었어야 했던 걸까요? 이후 한양에서 제1차 왕자의 난이 일어났고, 숙부가 조카를 죽이는 참혹한 사건이 일어났으며, 심지어 조선이 건국된 지 200년 만에 경복궁은 백성들에 의해 불타 오랫동안 폐허로 남게 되고 맙니다.

1392~1398년   조선의 디자이너 정도전

앞서 조선은 이성계가 세웠

---

5 주산(主山) : 풍수지리설에서 중심이 되는 산.

지만, 사실상 조선을 디자인한 사람은 정도전이라고 말했지요?

삼봉(三峰) 정도전! 정도전은 유학자, 특히 성리학자 출신이었습니다. 그렇기 때문에 정도전은 불교를 굉장히 억압하지요. 고려 말에 사원(寺院)의 폐단이 심한 것에 대한 반발과 유학을 장려하기 위한 목적으로, 부처가 떠들어대는 잡스러운 소리라는 의미를 담고 있는 책, 『불씨잡변』을 편찬하기까지 했습니다.

한양 천도 이후, 조선의 도읍은 성리학자 정도전에 의해 모조리 구상되었습니다. 결국 수도 한양은 철저히 유교적인 사상으로 만들어진 공간이지요.

유교적 사상에는 구체적으로 무엇이 있을까요? 바로 인(仁), 의(義), 예(禮), 지(智), 신(信)이라는 덕목이 있지요. 이것이 바로 오늘날까지 이어지고 있는 겁니다. 진짜 그런지 한번 살펴볼까요?

동대문을 무엇이라고 부르지요? 흥인시장이 있는 그곳! 바로 '흥인지문'이라고 부르지요. 동쪽이 바로 '인'을 상징하기 때문에 흥인지문이라고 한 것입니다. 같은 이치로 서대문은 돈의문, 남대문은 숭례문, 그리고 북대문은 홍지문이라고 합니다. 원래 북대문은 숙청문이지만, 후대에 홍지문이 북대문의 기능을 대신 하였지요. 마지막으로 '신'은 타종식을 하는 곳인 한양의 중앙 바로 보신각입니다. 보신각의 '신'에는 이런 의미가 담겨있답니다.

또 '경복궁'의 이름도 정도전이 지었죠. '경복(景福)'이란 '복을 누리소서'라는 뜻인데요, 『시경(詩經)』의 주아(周雅)편에 나오는 문구에서 이름을 빌렸다고 합니다.

이미 술에 취하고 덕에 배부르니 군자만년 그대의 큰 복을 도우리라

(旣醉以酒 旣飽以德 君子萬年 介爾景福)

그리고 경복궁의 정전은 임금이 항상 근면하시라는 의미로 근정전(勤政殿)으로 지었고요.

그렇다면 정도전이 꿈꿨던 새로운 세상은 무엇이었을까요? 바로 신권(臣權) 중심의 세상이었습니다. 정도전이 가장 두려워했던 것이 왕조체제에서 오는 폐단이었기 때문입니다. 왕조라는 것은 아버지에서 아들로 대를 잇기 때문에 성군이 나올 수도 있지만, 폭군이 나올 수도 있지요. 따라서 어떤 자질의 왕이 즉위할지 장담할 수 없는 상황으로 본 겁니다. 소위, 복불복이라는 거지요. 성군이 나오면 괜찮지만, 폭군이 나오면 나라가 망할 수 있었습니다. 이를 방지하기 위해 폭군이 나와도 나라가 망하지 않는 시스템, 매뉴얼을 만든 것이 바로 정도전이지요.

이전의 왕들은 어느 정도 자신이 원하는 방식으로 생활할 수 있었지요. 술을 먹고 싶으면 마시면 되고, 놀고 싶으면 어느 정도 놀 수 있는 여유가 있었어요. 그러나 조선시대 왕들은 이것이 불가능합니다. 정도전이 강화한 경연제도 때문입니다. 경연이란 왕이 신하와 함께 학문을 토론하고 현실 정치를 의논하는 것인데, 사실상 왕을 공부시키는 것입니다. 조강(朝講)이라 하여 아침에 공부하였고, 점심시간에는 주강(晝講)을, 저녁시간엔 석강(夕講)을 했습니다. 이렇게 의무적으로 2시간씩 하루에 총 6시간을 신하들과 공부를 한 겁니다.

그리고 문안 인사 이후 개인 시간에도 일을 해야 합니다. 관리들의 이야

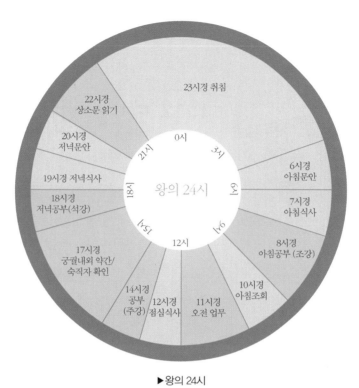

▶왕의 24시

기를 들어야 하기 때문이죠. 아래로는 선비부터 위로는 재상까지 그들의 상소문을 받아서 읽어야 하는데, 이 상소문을 읽는 시간을 하필 잠자기 직전으로 배치합니다. 상소문에는 비판적인 내용이 있었기 때문에 상소문을 읽는다는 것은 오늘날로 따지면 인터넷에 달린 악플(악성댓글)을 읽는 것과 비슷하다고 볼 수 있어요. 한번 생각해보세요, 자신이 쓴 글에 달린 악플을 줄줄이 읽으면 잠이 잘 올까요? 정말 죽을 맛이겠지요. 이처럼 조선시대 왕들을 쥐 잡듯이 잡아서 성군으로 만들겠다는 게 바로 정도전의 전략이라고 볼 수 있답니다.

1397년 원만하지 않았던 외교문제

조선은 중국의 원명교체기에 명나라와의 원만한 외교관계를 맺고자 하였으나, 실상은 쉽지 않았답니다. 명나라의 홍무제(주원장)는 신생국가인 조선을 인정하면서도 고명(일종의 왕 임명장)과 금인(도장)을 내려주지 않았습니다. 전근대 동아시아 사회에서는 중국의 황제로부터 고명과 금인을 받음으로써 어엿한 국가로 인정받았는데, 홍무제가 조선을 견제하였기 때문에 쉽게 주지 않은 것이지요. 당시 명나라 역시 건국 초의 상황이라, 정치적으로 매우 불안했기 때문이기도 합니다. 달라는 고명과 금인은 안 주고 툭하면 조선을 향해 심술을 부리곤 했지요.

이런 상황에서 1397년에 '표전문제'가 발생합니다. '표전(表箋)'이란 중국 황제에게 보내는 표문과 황태후, 황태자에게 올리는 전문을 말합니다. 전통적으로 조선의 사신이 왕래할 때, 중국에 바친 것이지요.

"글귀가 상당히 모욕적이다."

명나라는 조선이 올린 글귀에 이런 트집을 잡아 조선의 사신을 억류하고, 표전 작성 담당자였던 정도전을 잡아오라고 명하기까지 합니다. 당시 하륜과 정탁, 권근이 정도전을 대신하여 고개를 조아리고 땀을 뻘뻘 흘리며 해명함으로써 일은 일단락됐지만, 조선의 심기는 날로 불편해졌지요. 결국 이런 시비에 뿔이 단단히 난 정도전은 태조의 지원으로 요동정벌의 계획을 짜게 됩니다.

▶태조 이성계의 킹메이커였던 정도전은 성리학을 바탕으로 한 신권 중심의 세상을 꿈꾸며 조선을 디자인하였다.

　　동시에 요동 정벌의 군사력을 보충한다는 핑계로 정적이던 이방원의 사병을 몰수하는 일거양득을 꾀하지요. 하지만 정도전의 야심찬 요동정벌 계획은 이방원의 제1차 왕자의 난으로 인해 물거품이 되고 맙니다.

Q. 당시 표전은 얼마나 중요했나요?

A. 전근대 시기에 국가 간 외교에서 제일 중요한 게 바로 의례(儀禮)랍니다. 사소한 글자 가지고 전쟁씩이나 하느냐고 생각하기 쉽지만, 당시에는 충분히 전쟁까지도 불사할 수 있는 일이었지요. 따라서 중국(명)과 조선 사이를 오가는 외교 문서인 표전에서 괘씸죄가 적용되면 자칫 신생국가 조선이 전쟁의 위협을 받을 수도 있었던 겁니다.

Q. 유학자였던 정도전이 중국을 공격(?)하려는 생각을 감히 어떻게 했을까요?

A. 당시 중국은 툭하면 트집을 잡아 조선을 괴롭혔습니다. 명나라 역시 신생국가였기 때문에 외교 문제에 민감했고, 특히 조선이 여진족과 제휴하여 명나라를 공격할까 봐 노심초사하던 상황이라 더 딴지를 걸었던 거지요. 이에 시달릴 대로 시달린 정도전은 단단히 화가 난 겁니다. 게다가 요동은 고구려의 옛 땅이었기 때문에 원래 우리 땅을 되찾고자한 생각도 한몫했고요.

1398년 조선 최초의 궁중 비극, 제1차 왕자의 난

이방원은 정도전과

신덕왕후 강씨만큼이나 아버지를 도와 조선을 세운 개국공신입니다. 하지만 새 왕조를 세운 이후, 이방원은 거의 푸대접을 받았지요. 막냇동생에게 왕위 계승의 자리를 빼앗긴 수모를 겪었으며 심지어 정적인 정도전은 요동정벌을 핑계 삼아 이방원의 사병을 혁파하고자 하였습니다. 결국 이방원이 당시의 상황에 불만을 품고 거사를 치르게 되는데, 이것이 바로 제1차 왕자의 난입니다.

사실, 제1차 왕자의 난은 원경왕후 민씨의 작품이라고 볼 수 있습니다. 그녀는 이방원의 아내인데 상당한 호걸이었답니다.

그녀는 자신의 남편인 방원에게 몸을 최대한 낮출 것을 요구합니다. 푸대접에 대놓고 반발하다가는 적의 표적이 될 수 있기 때문에 이를 경계할 것을 당부한 겁니다.

"정치에 관심이 없는 척, 몸을 낮춰야 합니다."

그러면서 원경왕후 민씨는 정변에 필요한 무기를 구입하기 위해 친정으로부터 도움을 받습니다. 구입한 무기를 그녀는 땅속에 숨겨두었다가, 제1차 왕자의 난 당시 무기가 부족해지자 이를 남편에게 전해줍니다. 또한 장롱을 열어 장롱 속 갑옷을 남편 이방원에게 손수 입혀주면서, 가슴팍을 탁! 치곤 이렇게 말하지 않았을까요?

"반드시 승리하고 돌아오세요!"

이방원이 제1차 왕자의 난을 일으킨 명분은, 정도전이 신의왕후 한씨 소생의 왕자들을 죽이려고 했다는 것이었습니다.

이방원은 결국 정도전을 죽이고, 이복형제인 방번과 세자 방석까지 죽입니다. 태조 이성계는 제1차 왕자의 난으로 아끼던 신하와 두 아들을 한

꺼번에 잃은 것에 크게 좌절하였고요. 이후, 이방원은 바로 왕위에 오를 수 있었으나 민심이 크게 동요될 걸 염려한 나머지 왕위를 둘째 형인 방과에게 양보합니다. 그가 바로 조선의 두 번째 임금, 정종입니다.

1398~1408년　쓸쓸한 말년-얻는 것에는 반드시 대가가 있다

Q. 정도전도 죽고 두 아들까지 죽게 되다니, 태조의 말년은 너무 쓸쓸했을 것 같아요.

A. '인생무상(人生無常)!', 사람의 삶이란 것이 한 치 앞을 내다볼 수 없다지만, 그래도 참으로 덧없다는 걸 저 역시 태조를 통해 깨달았지요.

남들은 쉽게 할 수 없는 새 왕조를 개창한 혁명의 주인공임에도, 정작 아들(이방원)에 의해 사랑하는 두 아들이 목숨을 잃고 충신이자 친구 또한 잃었으니 말입니다. 개인적으로 조선의 임금 27명 중에서 가장 손꼽히는 비극의 주인공이라고 생각해요.

태조 이성계는 제1차 왕자의 난을 계기로 둘째 아들인 방과에게 왕위를 물려주고, 자신은 상왕으로 물러났습니다. 하지만 왕실의 비극은 또다시 아들 방간이 일으킨 제2차 왕자의 난으로 이어졌고, 결국 그는 자식들의 골육상잔⁶을 또 지켜봐야 했습니다. 실록을 통해 그의 심경을 살펴볼까요?

---

6 골육상잔(骨肉相殘) : 부모나 형제간의 싸움.

태상왕(이성계)이 심히 즐거워하였고, 임금(태종)이 크게 취하여 여러 번 술
잔을 올리니, 태상왕은 번번이 마셨으나, 취하지 아니하고서 말하기를,
"내가 젊었을 때에 어찌 오늘날이 있을 줄 알았으랴. 다만 오래 살기를 원하
였더니, 이제 70이 지났는데도 아직 죽지 않는다."

『태종실록』 11권, 6년(1406) 4월 4일

새 왕조를 연 창업군주이지만, 말년에는 쉬이 죽지 못하고 있는 것에 대
해 쓸쓸히 한탄하는 모습을 엿볼 수 있습니다. 태조 이성계의 쓸쓸함은 여
기서 끝이 아니었습니다. 그가 아끼던 부인 신덕왕후 강씨는 제1차 왕자

▶청계천 광교. 서울 종로 네거리에서 남대문으로 가는 큰길을 잇는 청계천 위에 걸려 있던 조선시
대의 다리. 다리 건설에 사용되었던 석재는 태조의 계비 강씨의 묘인 정릉의 천장으로, 봉토하려던
12개의 석각신장(石刻神將)을 뽑아 이용하였다.

의 난이 일어나기 2년 전에 세상을 떠났는데, 그녀의 능은 오늘날 정동 영국대사관 자리에 있었던 것으로 추정되고 있습니다. 본래 왕릉은 도성 안에 놓을 수 없었지만, 신덕왕후를 아끼고 그리워하던 태조가 경복궁에서 가까운 정동에 만들었던 것이지요. 그러나 태조 이성계가 죽은 다음 해, 신덕왕후 강씨를 미워하던 태종 이방원은 그녀의 무덤을 오늘날의 위치인 성북구 정릉동으로 옮겼고, 왕릉에 사용되었던 십이지상들은 청계천 광교의 석재로 물속에 거꾸로 처박히는 신세가 되고 맙니다.

█ **Q. 조선시대 왕의 이름을 보면 '조'가 있고 '종'이 있던데 둘의 차이가 뭐예요?**
█ **A.** 우선 우리가 알고 있는 조선시대 왕의 이름은 묘호(廟號)입니다. 묘호란 왕이 돌아가신 뒤, 왕실 사당인 종묘에 모셔진 이름이에요. 즉, 왕에게 제사를 지낼 때 사용하는 이름이 곧 우리가 알고 있는 조선시대 왕들의 이름인 거지요.

보통 나라를 세운 왕을 '태조'라 하고, 이에 버금가는 업적을 쌓은 왕을 '태종', 제도와 문물을 완성시킨 왕을 '성종'이라고 합니다. 즉, 나라를 세운 창업군주는 '조'를 쓸 수 있고, 이후의 왕들은 태조의 종통을 계승한 것이므로 '종'이라고 쓰는 게 원칙이에요.

하지만, 종통을 계승하지 않고 왕위 계승권 밖에 있던 자가 임금이 되면 입승왈조(入承日祖)라고 해 '조'를 씁니다. 세조와 인조가 그런 경우지요.

그런데 임진왜란 이후, 조와 종이 변칙적으로 사용됩니다. '조'가 '종'보다 높은 표현이라고 생각하게 된 거예요. 예를 들어 선조의 경우 원래는 선종이었는데, 그의 아들인 광해군이 자기 아버지의 이름을 높여 부르겠다며 '선조'라 바꿔요. 그리고 영조, 정조, 순조도 원래는 영종, 정종, 순종이었지요. 하지만 후대인 철종, 고종 대에 영조(1890), 정조(1900), 순조(1857)라 바뀌게 되지요.

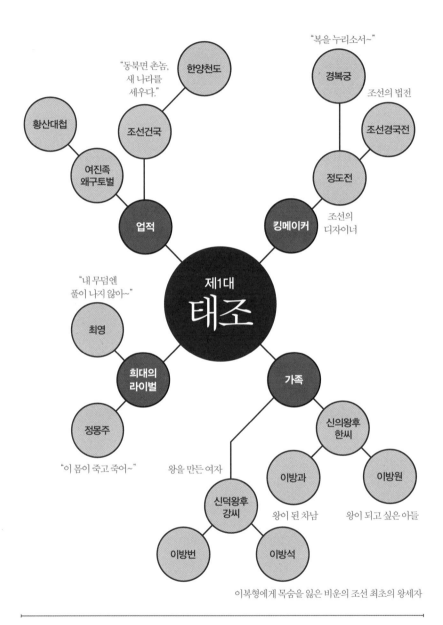

무늬만 호랑이.
유약한 왕? NO! 처세의 달인!

- 왜, 정종은 개경으로 다시 수도를 옮겼을까?

- 동생 이방원(태종)을 '왕세자'로 선언하다

- 이방원(태종)도 부러워한 정종의 유유자적한 말년

정종은 어떤 인물이었나?

생애 1357~1419년

재위기간 1398~1400년

초명 이방과(李芳果)

휘(諱) 이경(李曔)

묘호(廟號) 정종(定宗)

출생과 즉위 고려 공민왕 6년(1357)에 태조 이성계의 둘째 아들로 출생했으며, 어머니는 신의왕후 한씨입니다. 1398년에 제1차 왕자의 난이 발발한 후 태조 이성계의 뒤를 이어 왕위에 올라요. 하지만 재위기간은 불과 2년이었고요, 곧바로 동생인 이방원(태종)에게 양위하고 19년 동안 상왕의 자리를 지키며 유유자적한 삶을 산답니다.

가족관계 왕비:1명, 후궁:9명, 자녀:17남 8녀

1398년 아버지를 따르던 무인, 동생을 대신하여 왕이 되다

이방과(정종)는 태조 이성계의 둘째 아들로, 조선 건국 전인 고려시대에는 이성계의 아들답게 무장으로 활약했답니다. 21세가 되던 1377년(우왕 3년) 5월에는 아버지와 함께 지리산으로 노략질하러 온 왜구를 공격하기도 했고요. 또한 태조 이성계의 황산대첩[1]에도 동행합니다.

태조의 맏아들인 이방우가 조선 건국 2년(1393)에 일찍이 병으로 사망하였기 때문에, 사실상 조선 건국 후 맏아들의 역할을 한 사람이 바로 이방과지요.

제1차 왕자의 난이 발발하였을 때, 이방과는 당시 병석에 있던 아버지 태조 이성계의 쾌유를 기도하기 위한 제사를 준비하고 있었지요. 이방과 역시 아우 이방원처럼 정도전을 경계하긴 했지만, 제1차 왕자의 난이 발발했을 땐 권력에 대한 욕심이 없었던지라 바로 몸을 피했지요. 하지만 결국 동생 이방원을 대신해 원치 않는 왕세자의 자리에 올라요.

---

1 황산대첩(荒山大捷) : 1380년(우왕 6년) 9월 이성계가 전라도 지리산 근방 황산에서 왜구를 무찌른 전투.

Q. 이성계의 둘째 아들이었던 이방과도 왕권을 제한하는 신권 중심의 정치에 비판적이었나요?

A. 실록에서 그 부분에 대해 직접적으로 언급된 건 없어요. 이방과는 형제들과 우애가 돈독했고, 특히 다섯째 동생인 이방원과 유독 사이가 좋았답니다. 아마도 그래서 이방원의 의견에 동의한 게 아닐까 추측하고 있어요.

Q. 권력 욕심이 없는 이방과가 왕세자가 된 과정을 구체적으로 알고 싶어요. 이방석한테 밀린 것도 모자라 다시 형을 왕위에 올릴 수밖에 없던 이방원 입장에선 속에서 천불이 나지 않았을까요?

A. 조선시대는 단순히 힘만 있다고 해서 왕이 될 수는 없었어요. 가장 중요한 건 '명분'이지요. 명분 없는 임금을 신하들이 따를 리가 없겠지요? 설령 억지로 왕위에 올랐다한들 끊임없는 잡음이 따랐을 거예요.

역사에 만약(if)이란 없다고 하지만, 만약에 이방원이 난을 일으킨 후 곧바로 왕위에 올랐다고 가정해봅시다. 과연 신하들이 가만히 있었을까요? 민심은 어땠을까요?

자고로 국가 리더의 기본 조건은 국민의 '동의'잖아요? 이는 조선시대나 지금이나 마찬가지고요. 이복동생을 죽이고 동복형제와 권력 투쟁을 한 이방원이 왕위에 올랐다? 아마 민심이 심하게 동요했을 거예요.

게다가 조선은 건국된 지 10년도 안 된 신생국가였기 때문에, 민심이 흉흉한 상태에서 이방원이 왕위에 오른다는 건 엄청난 부담감이 될 수밖에 없었지요. 이러한 충격을 완화하기 위해 둘째 형인 이방과(정종)의 존재가 필요했답니다. 그리고 아버지 태조 이성계의 입장에서도 자기의 두 아들과 신하를 죽인 이방원에게 바로 왕위를 물려주고 싶지 않았을 겁니다.

> "내가 착하지 못한 사람으로 조종(祖宗)의 덕을 계승하여 신민(臣民)을 통치
> 한 지가 지금 7년이나 되었는데, 나이 많으매 병이 발생하고, 여러 가지 사
> 무가 많고 복잡하여 아침저녁으로 정사에 부지런하기가 어려우므로, 빠뜨
> 려진 것이 많을까 염려되나이다. 왕세자 이방과(李芳果)는 자신이 적장(嫡
> 長)의 처지에 있어 일찍부터 인덕(仁德)과 효도로서 나타났으며, 또한 개국
> (開國)의 초기를 당하여 나를 보좌한 일이 많았으므로, 이에 왕위에 오르기
> 를 명하여 선대의 제사를 받들게 하고 감히 밝게 고하나이다."
>
> 『태조실록』 15권, 7년(1398) 9월 5일

이로써 역대 조선 국왕 중 최초로 한양(경복궁)에서 정종이 즉위하게 됩
니다. 그 이유는 태조 이성계가 개경에서 즉위한 이후 한양으로 천도하였
기 때문이지요.

지존의 자리에 오른 정종이지만 실상은 실권자가 아니었습니다. 그것은
당시 바보라도 알 수 있는 사실이었고, 무엇보다 정종 스스로 너무 잘 알
고 있는 것이었지요.

1398~1400년 정종, 조선 최고의 폴로 선수가 되다(격구를 즐긴 왕)

자, 그렇다면 정종은 어떤 왕이었을까요? 그는 무조건 몸을 낮췄습니다.

당연한 일인 게 자신은 그저 이방원의 허수아비일 뿐인데, 허수아비가 목소리를 높였다가는 목숨의 위협이 느껴졌을 테니까요. 그래서 정종은 정사는 돌보지 않고 매일 격구를 하러 다녀요. 격구가 뭐냐면, 일종의 폴로 Polo와 비슷한데요, 말을 타고 공채로 공을 치는 경기예요.

"과인(寡人)이 병이 있어 수족이 저리고 아프니, 때때로 격구(擊毬)를 하여 몸을 움직여서 기운을 통하게 하려고 한다."　『정종실록』 1권, 1년(1399) 1월 9일

"경연(經筵)에 나아갔다가, 여러 공후(公侯)가 환시(宦寺)와 더불어 내정에

▶정종은 재위시절 이방원의 눈치를 보며 정치에 욕심이 없음을 드러냈다.

서 격구하느라고 떠드는 소리가 그치지 않으니."

『정종실록』1권, 1년(1399) 1월 19일

"내정(內庭)에서 격구(擊毬)하고, 다음날도 하였다."

『정종실록』1권, 1년(1399) 3월 13일

이렇게 정종은 맘 편히 폴로만 치러 다닙니다.

"방원아, 이것 봐라, 난 아무런 사심이 없단다."

이렇게 온몸을 다해 이야기하고 있는 것이지요. 형의 이런 모습을 본 이방원은 당연히 안심했고요.

Q. 선생님은 정종의 생존 처세(?)를 어떻게 생각하세요?

A. 음… 적절했다고 생각해요. 안분지족(安分知足)이라는 말이 있지요? 자기 분수에 맞게 평안함과 만족감을 느끼는 걸 말하잖아요. 정종은 자신의 처지를 잘 파악하고 아주 적절하게 대응한 겁니다. 왕의 직분에 있으나 실상은 왕이 아니라는 걸 너무 잘 알았기에 스스로 몸을 낮췄던 거지요. 다른 사람 눈엔 그저 '허수아비 왕'으로 보였을지라도 어쨌든 분란 없이 조용히 지낼 수 있었으니까요.

또 한편으로는 왕이 아닌 인간 이방과의 삶으로만 보자면, 가장 행복하게 살았던 인물이 아닐까 합니다. 자신을 낮춤으로써 안정적이고 편안한 노후생활을 할 수 있었으니까요.

Q. 정종은 어떤 성품의 사람이었을까요?

A. 사실 우리가 잘 모르는 사실이 있는데요, 정종은 결코 기가 약한 사람이 아닙니다. 아버지 태조 이성계와 마찬가지로 무인기질이 다분한 인물이었거든요. 고려 말 아버지와 함께 왜적을 때려잡는 데 동행하였고요, 심지어 그 유명한 황산대첩에서도 아버지와 함께 맹수처럼 싸웠어요.

다만, 기가 유독 센 동생 이방원과 비교하다보니, 많은 사람들이 유약한 군주라고 생각하기 쉬운데요, 정종을 유약하다고 평가하기보다는 가족 간의 평화를 사랑하는 '평화주의자'로 보는 것이 적절하지 않을까요?

1399년　다시 개경으로 환도를 하다

정종의 재위기간은 약 2년으로 무척 짧은 기간이었고, 동생을 대신하여 왕위에 올랐기 때문에, 마치 1대 태조에서 3대 태종을 잇기 위한 징검다리 역할을 한 느낌이 들기도 합니다. 비록 존재감 없던 정종이지만, 그럼에도 불구하고 정종에게도 괄목할 만한 업적이 있답니다. 바로 수도를 다시 개경(오늘날 개성)으로 옮긴 것이지요.

"드디어 송경(松京, 개경의 다른 말)**에 환도하기로 의논을 정하였다."**

『정종실록』 1권, 1년(1399) 2월 26일

한양으로 새 도읍을 옮긴 지 불과 5년 만에 왜 다시 옛 고려의 수도인 개경으로 환도하려 했을까요? 그 이유는 제1차 왕자의 난 때문이었습니다. 한양이 풍수지리적으로 좋을 것이라 믿고 옮긴 건데, 형제가 서로 죽이는 비극이 발생한 것이지요. 그래서 정종은 다시 개경으로 수도를 옮기고자 합니다. 이런 와중에 개경 환도 소식에 가장 싫어한 사람이 있었으니, 바로 태조 이성계예요. 실록에서는 다음과 같이 기록하고 있습니다.

> "내(태조 이성계)가 한양(漢陽)에 천도(遷都)하여 아내와 아들을 잃고 오늘날 환도하였으니, 실로 도성 사람에게 부끄럽도다. 그러므로 출입(出入)을 반드시 밝지 않은 때에 해서 사람들로 하여금 보지 못하게 하여야겠다."
>
> 『정종실록』 1권, 1년(1399) 3월 13일

의기양양하게 개경을 떠나 한양에 새살림을 차렸건만, 그곳에서 아내도 잃고 아들도 잃고 애지중지하던 신하 정도전까지 잃고 나서 초라하게 다시 개경으로 돌아왔으니, 태조 이성계의 마음이 오죽했을까요? 그래서 태조 이성계는 사람의 눈을 피해 새벽이 밝기 전에 몸을 움직이기로 한 겁니다.

하지만 정종의 개경환도는 끝내 좌절되고 말지요. 개경에서 또다시 제2차 왕자의 난이 발발하고 만 겁니다.

1400년　제2차 왕자의 난 발발

제1차 왕자의 난이 이복형제끼리 일어난 변란이었다면, 제2차 왕자의 난은 동복형제 사이에서 일어난 변란이지요. 제2차 왕자의 난은 '방간의 난' 혹은 '박포의 난'이라고 불리기도 합니다.

제1차 왕자의 난 때 큰 공을 세웠던 박포[2]가 자신의 공을 높이 평가하지 않은 것에 불만을 품고 이방원의 바로 윗 형인 이방간에게 접근한 것이죠. 당시 동생 이방원이 권력을 장악하고 있던 것에 큰 불만을 품고 있던 이방간은 박포와 공모하여 이방원을 공격하고자 합니다. 이방간의 반란 소식을 들은 정종은 넷째 아우 방간을 불러들입니다.

"승산이 없는 싸움이다, 너의 목숨을 보장할 테니 궁궐로 들어오너라!"

임금이 크게 노하여, 도승지(都承旨) 이문화(李文和)를 시켜 방간에게 가서 타이르기를,

"네가 난언(亂言)을 혹(惑)하여 듣고 동기(同氣)를 해치고자 꾀하니, 미치고 패악하기가 심하다. 네가 군사를 버리고 단기(單騎)로 대궐에 나오면, 내가 장차 보전하겠다."

『정종실록』 3권, 2년(1400) 1월 28일

하지만 이미 변란은 일어났고, 결국 이방원이 형 이방간을 진압하고 승리하게 됩니다. 이제 싸움에서 진 이방간은 어떻게 되었을까요? 이방원은 차마 자기 친형을 죽일 수 없었습니다. 인간적인 도리때문이기도 하지만, 무엇보다 백성들 눈치를 볼 수밖에 없었을 거예요. 그래서 형 이방간을 살

---

2 박포(朴苞, ?~1400) : 조선 초기의 무신. 제1차 왕자의 난 때 이방원(태종)을 도와 전공을 세웠으나, 1등 공신에 책봉되지 못한 것에 불평하다 미움을 사 유배되었다. 이에 앙심을 품던 중 제2차 왕자의 난(방간의 난)을 일으켰다.

려두고 대신 변란의 책임을 물기 위해 박포를 참수합니다.

제2차 왕자의 난을 통해 이방원의 권세는 더욱 드높아지고, 정종의 입지는 더 좁아져 더 이상 왕위에 있지 못하게 됩니다.

1400년 **왕위를 본래의 주인에게 넘기다**

정종은 왕위를 아우 이방원에게 넘기는 작업을 시작합니다. 그 첫 번째가 바로 이방원을 왕세자로 삼은 거지요. 어? 이방원은 정종의 동생이니, 왕세제(왕위 계승자인 왕의 동생)로 삼아야 하는데, 왜 왕세자(왕위 계승자인 왕의 아들)로 하였을까요? 실록에서는 다음과 같이 기록하고 있습니다.

> "너 정안공(이방원)은 자질이 문무(文武)를 겸하고, 덕이 영명(英明)한 것을
> 갖추었다. 태상(太上)께서 개국(開國)하던 처음을 당하여 능히 대의(大義)를
> 주장하였고, 과형(寡兄)이 정사(定社)하던 날에 미치어 특히 큰 공을 세웠다.
> 하물며, 구가(謳歌)의 돌아가는 것이 있으니, 마땅히 감무(監撫)를 맡겨야 하
> 겠다. 이로써 너에게 명하여 왕세자로 삼는다."
>
> 『정종실록』 3권, 2년(1400) 2월 4일

본래 왕세제로 삼는 것이 맞지만, 정종은 '아우를 아들로 삼겠다'고 선언하여 왕세자로 만든 거지요. 그리고 동시에 군 통수권을 완전히 이방원에게 넘겨줍니다. 이러한 모습은 더 이상 정종이 왕의 자리에 미련이 없다

는 것을 보여주는 거라고 볼 수 있어요.

　이후, 정종은 본래 주인에게 왕위를 넘기고 자신은 상왕³(세종 즉위 이후에는 태상왕⁴이 되었다)이 되어 정치 선에서 완전히 물러나지요. 이로써 왕세자 이방원은 조선 제3대 왕, 태종이 됩니다.

Q. 정종에게 후사가 없어서 아우 이방원을 왕세제가 아닌 왕세자로 책봉한 건가요?

A. 혈육상 이방원이 왕세제가 되는 게 맞지만, 유교국가에서는 통상 아버지 다음에 아들이 왕통을 잇는 게 정상이랍니다. 따라서 왕세제보다 왕세자로 삼는 게 더 보기 좋았던 거지요. 게다가 정종은 많은 후궁을 둔 덕분에 아들이 많았어요. 단, 정실부인인 왕비와의 사이에서는 자녀가 없었지요. 이건 매우 중요한 사항인데요, 아무리 정종에게 자녀가 많아도 후궁 사이에서 난 자녀는 첩의 소생이기 때문에 왕위 계승 후보가 될 수 없어요. 물론, 왕자가 귀해진 조선후기에는 이야기가 달라집니다만. 따라서 정종에게 후사가 없기 때문에 왕세자로 삼은 것이 아니라, 왕비와의 사이에서 자식이 없는 상태라 자연히 당시 실권자였던 이방원의 이름이 거론된 거라 보는 게 맞습니다. 즉, 정종이 이방원을 왕세자로 삼은 것은 '나의 후계자는 바로 너다!' 라는 것을 공식적으로 천명한 거라 볼 수 있어요.

---

3 상왕(上王) : 왕조시대 현왕 이외에 전왕이 살아 있을 경우 전왕을 부르던 호칭.
4 태상왕(太上王) : 왕조시대 현왕 이외에 전전왕이 살아 있을 경우 전전왕을 부르던 호칭.

1400년~1419년 상왕이 된 이후, 유유자적한 삶

　정종은 아우에게 왕위를 물려준 뒤에는 아무런 정치적 부담 없이 유유자적한 삶을 살다가 세상을 떠났습니다. 왕위에서 물러난 다음 약 20년을 더 살았는데요, 그 모습이 얼마나 편안해 보였는지, 말년에는 권력욕 많던 이방원(태종)도 형(정종)의 삶을 부러워했을 정도랍니다.

　태종도 말년에는 고독감을 느낀 걸까요? 상왕이 된 형(정종)과 어울려 노는 일이 잦았는데요. 실록을 보면, 태종 말년에 두 형제가 권커니 잣거니 술잔을 기울이는 모습을 살펴볼 수 있답니다.

　"임금(태종)이 상왕(정종)을 받들어 광연루(廣延樓)에서 술자리를 베풀었는데…."

『태종실록』 34권, 17년(1417) 10월 28일

　임금(태종)이 상왕(정종)을 받들어 광연루 아래에서 헌수(獻壽)하였으니,

　"상왕을 모시고 함께 즐기니 참으로 즐겁다. 비록 3, 4경(更)에 이르더라도 해롭지 않지 않겠느냐? 또한 사필(史筆)에 부끄러울 것이 없다."

『태종실록』 34권, 17년(1417) 11월 6일

　더불어 정종은 비록 왕으로서의 삶은 위태로웠지만, 63세로 천수를 누렸습니다. 당시 왕의 평균적 수명을 생각할 때 상당히 오래 산 편이지요. 영조(83세)와 아버지인 태조 이성계(74세), 고종(68세), 광해군(67세) 다음으로 역대 조선 국왕들 가운데 5번째로 장수하였으니까요.

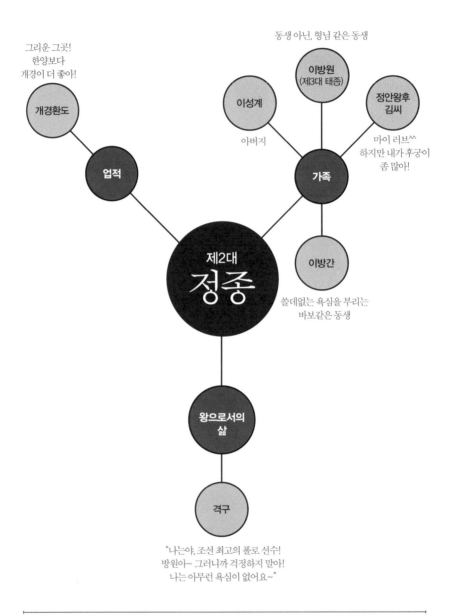

그리운 그곳!
한양보다
개경이 더 좋아!

개경환도

업적

동생 아닌, 형님 같은 동생

이방원
(제3대 태종)

이성계

아버지

정안왕후
김씨

마이 러브^^
하지만 내가 후궁이
좀 많아!

가족

제2대
정종

이방간

쓸데없는 욕심을 부리는
바보같은 동생

왕으로서의
삶

격구

"나는야, 조선 최고의 폴로 선수!
방원아~ 그러니까 걱정하지 말아!
나는 아무런 욕심이 없어요~"

진짜 호랑이.
조선 유일! 과거에 합격한 임금?
왕권을 강화하다!

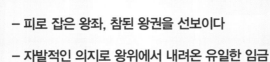

- 피로 잡은 왕좌, 참된 왕권을 선보이다

- 자발적인 의지로 왕위에서 내려온 유일한 임금

태종은 어떤 인물이었나?

생애 1367~1422년

재위기간 1400~1418년

휘(諱) 이방원(李芳遠)

묘호(廟號) 태종(太宗)

출생과 즉위 고려 공민왕 16년(1367)에 태조 이성계의 다섯째 아들로 태어났으며 어머니는 신의왕후 한씨지요. 1392년에 정몽주를 제거하는 등, 다섯 아들 중에서 조선 건국에 가장 큰 공을 세우지만 후계자의 자리에서 밀려나는 굴욕을 겪습니다. 결국 1398년과 1400년, 제1·2차 왕자의 난을 거쳐 권력을 장악한 후, 형 정종에 이어 조선의 제3대 임금으로 즉위하지요. 재위기간은 약 18년이며, 조선에서 유일하게 자발적으로 왕위에서 내려온 왕이기도 해요. 이후 4년 동안 상왕의 자리에서 군사권을 통솔합니다.

가족관계 왕비:1명, 후궁:9명, 자녀:12남 17녀

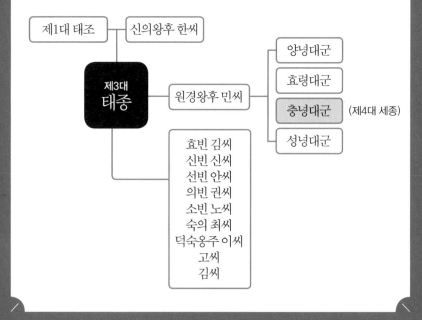

조선건국 이후 | 아버지의 자랑이었던 아들 ―조선 유일의 과거 급제자

태종 이방원을 떠올리면 어떤 이미지가 연상되나요? 피가 뚝뚝, 선혈이 낭자한 모습이 떠오르지 않나요?

불만이 쌓이면 무식하게 무조건 피를 보고야 마는 성격의 이방원, 정말로 그는 무식 그 자체인 사람일까요? 아니면 똑똑한 사람일까요?

결론부터 말하자면, 이방원은 조선 27명의 왕 중에서 유일하게 과거에 급제한 브레인 중의 브레인이랍니다. 1382년(우왕 9년)에 진사시에 합격하고 다음 해 문과 병과 7등으로 급제하였거든요. 급제 당시 아버지 이성계와 어머니 한씨는 기쁨에 겨워 부둥켜안고 펑펑 울었다고 해요.

▌ Q. 문과 '병과'가 그렇게 대단해요?

▌ A. 물론이지요. 조선시대의 과거제도 중 문과 시험은 모두 3단계를 거칩니다.

(1차) 초시(初試) → (2차) 복시(覆試) → (3차) 전시(殿試)

최종 시험인 전시(殿試)는 임금 앞에서 보는 시험이에요. 요즘으로 말하면 최종면접 같은 거지요. 물론 인터뷰 형식은 아니고, 임금이 낸 문제에 답을 적는 거지요. 여기까지 통과한 33명은 이미 관리로 확정된 사람들입니다. 다만 이 안에서 등급을 매기는 거지요. 33명 중 1~3등은 갑과, 4~10 등은 을과, 나머지는 11~33등은 병과가 돼요. 당연히 갑과 1등이 전체 수석, 장원급제자인 거지요.

따라서 이방원이 병과 7등을 했다는 것은 전국 17등으로 과거에 합격했단 의미랍니다. 오늘로 따지면 수석입학까지는 아니지만 우수한 성적으로 행정고시에 합격한 거라고 볼 수 있겠네요. 힘만 쓰는 줄 알았더니, 두뇌도 참 뛰어난 왕이지요?

> "명(明)나라 홍무(洪武) 15년 임술에 고려(高麗) 진사시(進士試)에 오르고, 이듬해 계해에 병과(丙科) 제칠인(第七人) 급제(及第)에 합격하였다."
>
> 『태종실록』 총서

과거제도에 대해 잠시 이야기해볼게요. 고려시대 역시 과거가 있었지만, 그 외에도 가문의 권세에 힘입어 채용되는 제도가 있었어요. 즉, 고려는 소위 '집안 빽', '금수저'가 매우 잘 통하는 시대였던 거지요. 성공하려면 무엇보다도 부모를 잘 만나야 했어요. 이와 달리 조선시대는 대부분 공무원 시험인 과거시험을 통해 관직에 오를 수 있었답니다.

왜 이렇게 바뀌었냐고요? 이성계와 정도전이 함께 이렇게 하기로 결정했기 때문이지요. 자, 이성계가 누굽니까? 함경도 지방민 출신이잖아요. 야인이라고 불리던 여진족을 때려잡던 사람이지요. 정도전은 서얼의 자손입니다. 조상이 첩의 핏줄이란 이유로 아무리 실력이 좋아도 신분의 한계를 벗어날 수 없었어요.

이 두 사람 모두 로열패밀리인가요? 아니지요. 그래서 이들이 꿈꾸던 세상은, 출신성분에 관계없이 누구라도 능력이 있으면 성공할 수 있는 능력 위주의 사회였던 겁니다. "집안 빽 따위, 이제부턴 얄짤없다, 이거야!"였던 거지요.

그래서 조선시대에는 출세하려면 누구라도 공평하게 과거시험을 봐야 했습니다.

이성계는 동북면의 실력자로 성장했지만, 글과는 거리가 멀어도 아주 먼 사람이란 게 자신의 콤플렉스였어요. 이런 와중에 아들이 우수한 성적으로 과거에 급제했으니, 얼마나 기뻤겠어요. 대학의 문턱에도 못 가본 부모님을 대신해 아들이 행정고시에 당당히 합격한 거나 마찬가지잖아요. 아마 대문에 플래카드를 걸고 동네방네 자랑하고 싶었을 겁니다.

하지만 이런 마음은 그리 오래 가지 못합니다. 이방원이 제1차 왕자의 난을 일으켜 이성계가 아끼던 아들들을 죽였으니, 그 속이 오죽했겠어요. 말로 형언하기 힘든 심경이었을 겁니다. 자식이지만 죽도록 미웠을 거예요. 실제로 이방원이 왕이 된 다음에 이성계가 무엇을 했는지 아세요? 바로 아들을 응징하기 위한 난을 계획합니다.

1402년　조사의의 난–아들을 몰아내기 위해 모반에 가담한 아버지

정종은 재위 2년 만에 동생 이방원에게 왕위를 물려줍니다. 정종 재위 시절 상왕이던 태조 이성계는 '태상왕'이 되었고요. 문제는 이것을 이성계가 탐탁지 않아 했다는 거예요. 정종이 동생 방원에게 양위[1]하겠다고 전하자, 아버지 이성계가 발끈합니다.

"하라고도 할 수 없고, 하지 말라고도 할 수 없다. 이제 이미 선위하였으니 다시 무슨 말을 하겠는가!" 『정종실록』 6권, 2년(1400) 11월 11일

이후, 이성계는 미운 아들 방원이 왕위에 오른 모습이 보기 싫어 함흥으로 돌아가 버립니다. 태종 이방원은 이런 아버지의 모습을 그대로 존중해요. 뭐, 아버지한테 미운털이 박혀도 단단히 박혔으니 본인도 어쩔 도리가 없었겠지요.

그런데 문제는 시간이 지나도 아버지의 화가 쉬이 가라앉질 않았다는 겁니다. 태종 2년(1402), 태조 이성계의 계비인 신덕왕후 강씨의 친척 조사의가 "강씨의 원수를 갚겠다!"며 난을 일으키는데, 여기에 이성계가 가담합니다.

그런데 최근에는 이 난에 대해, 함흥에 연고가 없던 조사의가 난을 일으킨 건 말이 안 된다는 게 학계의 반응이에요. 결국 사실상 난은 조사의가 아닌 '함흥에 연고가 있던 아버지 태조 이성계가 일으킨 것이다'라고 보는 거지요. 다만 태조 이성계가 직접 모반을 주도했다고 하면, 결코 보기 좋은 모습이 아닐뿐더러 스스로 창피할 수 있으니, 이 책임을 조사의에게 뒤집어씌운 게 아닌가 라고 보는 거지요.

---

1 양위(讓位) : 임금이 왕위를 물려주는 것.

『태종실록』에서 역시 다음과 같이 전하고 있습니다.

"태상왕(太上王)을 호종(扈從)하여 동북면에 이르러 조사의(趙思義)의 역모 (逆謀)에 참여했기 때문이었다."　　　　　『태종실록』 4권, 2년(1402) 12월 3일

결국 아버지가 아들을 몰아내려는 모반에 참여했다는 걸 알 수 있지요? 이 일을 통해 태종은 그 입지에 큰 타격을 입어요. 당연히 여론도 뒤숭숭했겠지요.

그렇다면 아들 이방원은 어떻게 해야 할까요? 자식이 아버지를 어찌하겠어요. 하지만 막상 일을 저질러 놓고 아들의 눈치가 보인 이성계는 어깨가 축 처집니다. 그런 모습을 본 아들 이방원은 더 오버해서 극성스럽게 효도를 합니다. 자신을 낮추어 아버지를 추어올리면 여론이 다시 좋아질 거라 여긴 거지요.

상황이 이렇게 되니 이성계 역시 방원에게 더 이상 아무런 잔소리도 할 수 없게 돼요. 그래서 『태종실록』을 보면 이성계가 술을 마셔도 취하지 않고, 70이 되도록 죽지 않는 것에 한탄하는 모습이 나와요. 부모와 자식이 원수가 되어 싸우는 모습, 이것이 권력의 그림자 아닐까요?

1400~1418년　태종의 업적

이제 태종의 업적을 살펴볼까요? 태종 이방원, 조선의 3대 임금으로, 재위기간은 약 18년입니다.

【 첫째, 6조직계제 실시 】

태종의 가장 큰 업적을 꼽으라면, 바로 '6조직계제'의 실시입니다. 태종은 무조건 왕권 강화를 위해 애쓴 왕이라고 보면 된답니다. 자신의 왕권을 강화하기 위해 모든 걸 바친 사람이거든요.

▌Q. 태종이 왕권 중심 정치에 모든 걸 바친 이유는 뭔가요?

▌A. 조선은 정도전에 의해 신권 중심 국가로 출발했잖아요? 이런 모습이 이방원이 보기에는 탐탁지 않았을 거예요.

그의 입장에서 조선은 엄연히 이씨 왕조 국가니까요. 게다가 자기가 똑똑하고 능력이 되는데 굳이 신하들 눈치를 볼 필요가 없잖아요. 또 강력한 왕권이 있어야 백성들의 삶도 안정된다고 보았던 거고요.

6조직계제를 살펴보기 전에 조선의 중앙정치 기구를 알아볼게요. 먼저 의정부와 6조를 중심으로 보면, 오늘날 국무총리에 해당하는 게 의정부예요. 여기에 영의정, 좌의정, 우의정이 있습니다. 그리고 오늘날의 정부를 보면 장관직에 해당하는 게 있잖아요? 교육부, 국방부, 여성부 등등요. 조선시대 역시 장관급과 같은 게 6개였어요(이조·호조·예조·병조·형조·공조).

왕-의정부-6조의 관계에서 의정부를 거치지 않고, 왕이 직접 6조에게 명령하고 보고 받는 것이 바로 '6조직계제'입니다. 그런데 이렇게 되면 명색이 국무총리인 의정부가 할 일이 없어지지요. 즉, 6조직계제를 시행하게 되면, 행정업무에 대한 왕의 권한은 강해지지만 의정부의 역할은 축소될 수밖에 없어요.

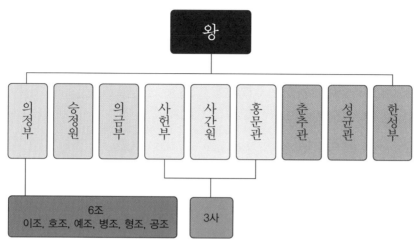

▶조선 전기의 중앙정치기구

그렇다고 해서 의정부 신하들이 부루퉁한 얼굴로 "전하, 저희를 왜 이리 하찮게 여기십니까?"라고 함부로 이야기할 수도 없었어요. 왜냐고요? 태종 이방원의 카리스마가 장난 아니었거든요. 함부로 대들었다가는 목숨 부지하기 힘들었을 겁니다.

▋ **Q. 그래도 조선은 신하들이 왕 앞에서 직언한 걸로 아는데, 때로는 신하들이**
▋ **왕의 카리스마에 눌려 할 말도 못 했나 봐요.**
▋ **A.** 그렇지요, 신하들도 목숨줄이 하나인 사람인데, 아무래도 상대가 누구냐에 따라 말을 가려할 수밖에 없겠지요? 게다가 태종 이방원이 누구예요, 피를 뿌리고 왕위에 오른 사람이잖아요, 동생들은 물론 처남들까지 죽이는 판에 피 한 방울 안 섞인 신하들이 어찌 함부로 입을 열 수 있겠어요. 그저 몸을 사리는 게 최선일 수밖에요.

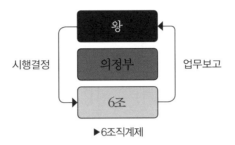

▶6조직계제

【 둘째, 사병혁파 】

　두 번째는 바로 사병혁파입니다. 이방원이 1차 왕자의 난을 벌이고 2차 왕자의 난을 진압할 수 있었던 건 바로 사병이 있기에 가능한 일이었어요. 그런데 왕위에 오른 후 사병을 다른 사람이 쥐고 있으면, 반란이나 쿠데타가 일어날 수 있잖아요, 그래서 사병을 없애버립니다. 이것이 바로 사병혁파지요.

【 셋째, 외척탄압 】

　세 번째는 외척탄압입니다. 태종을 왕으로 만들어 준 일등공신이 누구라고 했지요? 그의 아내, 원경왕후 민씨잖아요, 원경왕후 민씨는 제1차 왕자의 난 때, 미리 숨겨뒀던 무기를 남편에게 내주는 등 이방원이 일인자가 되는 데 최고의 조력자 역할을 했어요. 하지만 이방원은 왕이 되자마자 조강지처를 배신합니다. 그리고 후궁들을 들이기 시작해요.

　태종은 즉위 2년(1402) 3월 7일에 성균 악정(成均樂正) 권홍(權弘)의 딸을 별궁(別宮)으로 맞아들이고자 하지요. 이를 본 원경왕후 민씨의 마음이 어땠을까요? 배신감에 몸이 부들부들 떨렸을 겁니다.

"당신 왕이 된 게 누구 덕이야? 어디서 조강지처를 버리고 새파란 것을 들여?"

"상감께서는 어찌하여 예전의 뜻을 잊으셨습니까? 제가 상감과 더불어 어려움을 지키고 같이 화란(禍亂)을 겪어 국가를 차지하였사온데, 이제 나를 잊음이 어찌 여기에 이르셨습니까?" 『태종실록』 3권, 2년(1402) 3월 7일

민씨는 억울하고 슬픈 나머지 밥도 먹지 않고 흐느껴 울기만 합니다. 결국 화병과 우울증으로 자리에 드러눕지요. 이 때문에 태종은 수일 동안 정사를 보지 못했고요.

태종 입장에서는 이런 부인의 시기 질투가 괴롭기만 합니다. 게다가 신생 국가 조선에서는 왕권 강화가 필수인데, 외척의 힘이 강해지면 문제가될 수밖에 없어요. 그래도 부인에게는 차마 호통을 치진 못합니다. 대신 부인의 남매인 민무구, 민무질을 괴롭혀요. 민씨의 남동생인 민무구, 민무질은 이방원이 왕이 되는 걸 도운 1등 공신입니다. 제1차 왕자의 난에 가담해 이방원을 위해 헌신했거든요.

하지만 태종 이방원은 왕이 되고 난 뒤에 이들을 멀리합니다. 부인 민씨의 시기질투가 심할수록 그들을 더 멀리하다가 결국 제주도로 보낸 뒤 스스로 목숨을 끊게 하지요.

물론, 당시 민무구 형제가 세자 양녕대군을 업고 권력을 장악하려는 낌새를 눈치채고 이를 견제하기 위해 벌인 일이긴 하지만, 아마도 투기가 심한 부인에 대한 반발도 한몫하지 않았나 싶어요.

한편, 외척에 대한 탄압은 며느리에게까지 이릅니다. 세자였던 양녕대군의 자질이 문제가 되자, 셋째 아들이던 충녕대군이 왕위를 잇게 되지요. 당시 세종의 장인어른이던 심온의 기세가 매우 등등했는데, 이를 본 태종은 결국 사돈까지 죽여요. 이 이야기는 잠시 후 세종 편에서 자세히 할게요.

【 넷째, 사간원의 독립 】

'사간원의 독립'은 언관제도를 따로 분리하는 걸 말합니다. 언관이 뭐냐면, 임금님께 직언(直言, 바른 말로 고함)하는 사람이에요. 언관들은 왕과 신하들의 잘잘못을 비판하면서 정의로운 사회를 만들고자 했지요. 하지만 태종은 고려의 핵심기구였던 문하부를 없애고, 사간원을 따로 독립시켜요.

"예전에는 너희의 직속상관이 있었는데, 이제는 없네?(문하부를 없앴기 때문에) 이 조선 땅에 너희 위에 누구밖에 없는 것 같아?"

"바로 전하입니다."

"그렇다면 너희가 누구를 비판해야 하는지도 잘 알겠네?"

"압니다. 저희가 의지할 분은 오직 전하뿐이옵니다."

결국 말 많고 피곤한 이들을 자기 사람으로 만들어버린 거예요. 이쯤 되면 정치 9단을 넘어 정치 10단쯤 되겠네요.

그런데 생각한 것처럼 사간원이 관리들의 비행만 고하지는 않아요. 태종 이방원의 잘못도 고합니다. 간이 배 밖으로 튀어나왔냐고요?

다행히 태종 이방원은 그렇게 폭군이 아니었답니다. 사간원이 직언을 해 심기를 불편케 해도, 웬만하면 들어주거나 그게 아니면 유배를 보낸 후 다시 복직시켰답니다.

상황이 이렇게 되자, 당시 관원들은 용기를 내서 직언을 한 후 감옥살이를 하다가 풀려나거나 유배를 다녀온 걸 영광으로 여겼답니다. 마치 별 하나 단 것으로 생각한 거지요.

결국 무시무시한 절대권력 앞에서 직언을 서슴지 않는 관리들을 주변에 포진시킨 왕이 바로 태종 이방원이었다는 겁니다. 자고로 리더 주변에는 목숨을 걸고서라도 용기 있게 바른말을 할 사람이 있어야, 그 나라와 사회, 조직이 바로 선다는 걸 태종 이방원을 통해 알 수 있어요. 이 또한 우리

▶태종은 왕권 강화를 위해 사병을 혁파하고 외척을 탄압하였다.

후손들이 배워야 할 점이겠지요?

조선시대 왕들은 크게 2가지 타입으로 나눌 수 있답니다. 첫째 훌륭한 임금, 성군. 반대로 이상한 왕을 뭐라고 부르지요? 폭군이라고 하지요. 대표적인 성군은 세종과 조선후기 정조를 손꼽을 수 있습니다. 폭군 하면 떠오르는 사람은 연산군이지요.

그런데 두 가지 타입에 해당하지 않는 제3의 군이 있어요. 그게 바로 태종 이방원, 세조 수양대군, 영조 같은 인물이에요. 일례로 영조는 왕이 되기 위해 정말 피바람을 쓰나미처럼 일으켜요. 그것만 본다면 그야말로 광폭한 폭군이지요. 그런데 막상 왕위에 오른 뒤에는 애민정신으로 나랏일과 백성을 보살핍니다. 결국 성군도 아니지만 그렇다고 폭군도 아닌 제3의 군인 거예요.

【 다섯째, 거북선 제작 】

『태종실록』에서 흥미로운 기록을 볼 수 있는데요, 바로 거북선 기록입니다.

> "임금이 임진도(臨津渡)를 지나다가 거북선(龜船)과 왜선(倭船)이 서로 싸우는 상황을 구경하였다." 『태종실록』 25권, 13년(1413) 2월 5일

태종이 밖으로 나왔다가 거북이 모양의 배가 적선들과 싸우는 모습을 봅니다. 여기서 알 수 있는 사실이 있지요?

'아, 거북선이 고려 말이나 태종 때부터 존재했구나. 그러다 발전을 거

듭해 완성시켜 제대로 사용한 사람이 이순신 장군이구나.'

바로 이겁니다. 물론 태종 때의 거북선과 이순신의 거북선은 사뭇 달랐겠지요? 하지만 최소한 거북선의 탄생이 태종과 밀접하게 관련된 것은 확실해요.

【 여섯째, 선위 파동 】

선위 파동이 뭐냐면, 살아있는 왕이 후계자에게 양위하는 겁니다. 어느 날 태종이 갑자기 폭탄선언을 합니다.

"오늘따라 몸이 왜 이리 피곤할꼬, 이참에 왕위를 세자에게 넘겨주겠다!"

이럴 때 신하들은 예의상 뭐라고 해야 할까요?

"아니, 아니 아니 되옵니다, 전하! 아직 세자 저하는 전하의 발끝에도 못 미칩니다."

이렇게 이야기해야 점수를 따겠지요?

만약 신하들이 눈치 없이 양위 선언에 옳다구나 찬성표를 던진다면, 그들 목숨은 파리 목숨이 될 겁니다. 이런 신하들의 반응에 태종은 씩 웃으며 답합니다.

"너희들 뜻이 정 그렇다면 어쩔 수 없지. 계속 내가 왕 해야지 뭐."

Q. 선위 파동도 태종의 정치 9단적 면모를 드러내는 거라고 봐야 할까요? 다른 왕들은 선위 파동을 하지 않았나요?

A. 태종만 선위 파동을 효과적으로 쓴 건 아니고요. 선위 파동은 사실

조선의 왕들이 신하들을 압박하는 데 자주 쓰던 카드였답니다. 특히 제일 많이 쓴 사람은 조선의 21대 임금, 영조랍니다.

선위 파동은 이른바 왕이 신하들을 간 보는 것과 같아요. 신하들의 충성 심을 시험하는 거지요. 자신의 선위 의지를 끝까지 막는 신하는 요직에 앉 히고, 찬성하는 자는 죽이거나 유배를 보내버려요. 이런 행동을 왕위 중에 서너 번 하는 거지요. 나중에 태종이 진심으로 셋째 아들인 충녕대군에게 양위하고 싶어 합니다. 하지만 이때 역시 신하들은 "전하, 왜 또 맘에도 없 는 쇼를 하시나요?"라며 반대해요.

"아니, 이번엔 진짜라니까."

아무리 진짜라고 말해도 그 어떤 신하도 이 말을 믿을 리 없지요. 거짓말 을 해도 너무 많이 해왔거든요. 결국 태종은 충녕대군에게 즉위식 옷을 입 혀 억지로 양위를 합니다. 이로써 제4대 임금, 세종이 탄생합니다.

1417~1418년 ·· 천하의 태종도 풀지 못한 숙제─골칫덩이 맏아들

태종 의 첫째 아들이 누구냐면, 양녕대군이에요. 둘째가 효령대군, 셋째가 충녕 대군, 넷째가 성녕대군이지요. 당연히 장남인 양녕대군이 태종을 이어 왕 이 되어야 합니다. 조선은 유교사회라 왕실이건 일반 사대부 가문이건 적 장자를 우대했으니까요. 게다가 태종이 형제들을 죽이고 권력을 잡아 왕 위에 오른 흑역사가 있잖아요? 그래서 자신의 후대에는 절대로 그런 일이 없기를 바랐습니다.

여기서 적장자란 정실부인과의 사이에서 얻은 첫째 아들을 말해요. 조선시대는 일부다처제였을까요? 일부일처제였을까요? 정답은 일부일처제예요. 그럼 나머지 여자들은 다 뭐냐고요? 첩입니다. 즉, 조선시대는 일부일처제이면서 동시에 처첩제가 있었던 겁니다. 조선시대에는 유교질서가 강해 처와 첩의 구분을 엄격히 하였을 뿐 아니라, 그 자녀들에 대한 차별도 점차 심하게 합니다. 왕실뿐 아니라 사대부 집안에서도 마찬가지고요.

그래서 조선시대 때 항상 가문을 이어가는 것은 정실부인의 적자이자 장남이었고, 이를 합쳐서 적장자라고 했어요. 즉, 정실부인의 큰 아들이 그 대를 이어가는 것이지요. 그러나 반드시 그런 건 아니랍니다. 피치 못할 사정으로 달라진 경우들도 있거든요.

물론 태종 즉위 기간에는 태종의 적장자인 양녕대군이 세자가 됩니다.

태종은 형제를 죽이고 왕이 된 걸 자신의 치부라고 생각했어요. 그래서 자기 자녀들만큼은 피바람을 일으키지 않길 바랐지요. 그래서 그가 아들들에게 가장 강조한 게 우애랍니다. 좀 웃기지만 이해는 가는 상황이지요? 그리고 둘째와 셋째에게는 권력 대신 자유를 줍니다.

"너희는 너희 하고 싶은 걸 해라. 머리 아프게 책 같은 건 안 읽어도 돼, 그냥 나가서 놀아."

참 좋은 아버지가 아닐 수 없어요. 요즘 같으면 이럴 경우 대개 자녀들이 게임에 미칠 겁니다. 그런데 효령은 불교에 심취합니다.

유교 국가에서 불교에 심취한다는 건 곧 세자의 자격에서 그만큼 멀어진다는 뜻이에요. 셋째 충녕은 희한하게 아버지가 굳이 하지 말라는 공부에 미쳐요. 정말 우리의 상식으로는 이해할 수 없는 일입니다. 충녕은 좀 독특한 데가 있었어요. 방대한 양의 책을 읽어 내려가는데, 특이하게 한 권을 무려 100번씩 반복해서 봅니다. 그리고 중요한 책은 100번을 더 읽어서 200번을 읽지요. 특히 『구소수간(歐蘇手簡)』이라는 책은 무려 1100번을 읽었다는 이야기가 전해지고 있어요. 그렇게 많은 책을 읽어서인지 음악과 같은 교양이나 문화에 대한 조예가 깊었답니다.

이런 충녕의 모습을 본 태종의 속마음은 어땠을까요? 말은 안 해도 상당히 기특했겠지요.

그런데 문제는 세자입니다. 세자인 양녕이 점차 빗나가기 시작하거든요. 야사에서는 그 이유를 아버지가 형제들을 죽인 사건 때문이라고 기록합니다. 그도 그럴 것이 양녕은 어린 시절을 민무구, 민무질의 집 즉 외삼촌집에서 보냈거든요. 그런데 아버지처럼 자신을 길러준 외삼촌들을 친아버지가 죽이잖아요. 이걸 보고 큰 충격을 받은 거지요. 한편, 이런 이야기도 전해져요. 양녕이 충녕의 비범함을 알아채고, 동생에게 왕위를 양보하려고 일부러 밉보이는 행동을 했다고요.

과연 양녕의 진짜 속마음은 뭘까요? 아버지에 대한 반발심? 아니면 훌륭한 동생을 알아본 안목? 여러분 생각은 어떤가요? 아마 둘 다이지 않을까요? 사실 이 두 가지 원인이 절묘하게 결합된 것일 수 있거든요. 아버지에 대한 반발심으로 비행을 일삼지만, 자기 대신 왕위를 이을 훌륭한 동생이 있으므로 한편으로는 안심할 수 있었을 것 같거든요.

사실 양녕은 태종이 즉위하면서 9세 때(1402년) 원자[2]로 책봉되었고, 그로부터 2년 뒤에는 왕세자에 책봉됩니다. 나이가 어렸음에도 일찍이 후계자로 지목되었던 인물인 거지요. 하지만 양녕의 탈선은 날이 갈수록 점점 심해져요. 심지어 개구멍을 통해 밤마실을 다니다 들키기도 합니다.

신하 : 전하, 세자 저하께서….

태종 : 말하라.

신하 : ….

태종 : 말하라 했다!!

신하 : 궁궐에 작은 개구멍이 하나 있는데, 저하께서 하도 그리로 왔다 갔다 하시는 바람에 개구멍이 반질반질해졌다 하옵니다.

태종 : ???!!!

"양녕대군이 세자였을 때 혹은 담장을 넘기도 하고 혹은 개구멍으로 나가서 잠행(潛行)하고 강(江)을 건너가서 몰래 군소배(群小輩)와 불의한 짓을 자행하였으나, 내가 능히 가르칠 수가 없었기 때문에 진무소(鎭撫所)로 하여금 문(門)을 지키고 금란(禁亂)하게 하였다."　　태종실록 35권, 18년(1418) 6월 21일

양녕이 폐위되기 전까지 그의 비행을 비판하는 목소리는 끊임없이 이어집니다. 성장하면서 그의 탈선은 주로 여자 문제들이었는데, 그중 유명한

2 원자(元子) : 아직 왕세자에 책봉되지 아니한 임금의 맏아들.

게 '어리 사건'입니다. 당시 어리(於里)라는 여인이 있었는데, 그녀는 곽선(郭璇)이라는 관료의 첩이었지요. 그러나 그녀에게 한눈에 뿅 반한 양녕은 결국 그녀와 간통을 저질러요(1417년 2월). 이에 아버지 태종은 크게 분노하였으나, 세자가 자신의 죄를 반성한다면 용서하겠다 합니다. 이에 양녕 역시 다시는 그러지 않겠다는 글을 올리지만, 이는 진심이 아니었던 거예요. 세자는 이후 아예 어리를 궁궐로 불러들여 아이까지 갖게 합니다.

태종은 이 사실에 분노를 넘어 격노합니다. 그럼에도 불구하고 양녕은 죄를 뉘우치기는커녕 아버지에게 반항의 편지를 써요.

"아버지, 아버지는 왕이 되고 나서 수많은 여자 후궁을 들이지 않으셨습니까? 그런데 왜 제 여성편력은 문제 삼으십니까? 중국의 황제를 보세요. 어진 임금은 나라를 말아먹지만, 색을 밝히던 황제는 나라를 잘 다스려 훗날 성군으로 평가받습니다. 저의 여성편력을 문제 삼으시기 전에 아버지나 잘하세요."

"전하의 시녀는 다 궁중에 들이는데, 어찌 다 중하게 생각하여 이를 받아들입니까? 지금에 이르도록 신(臣)의 여러 첩(妾)을 내보내어 곡성(哭聲)이 사방에 이르고 원망이 나라 안에 가득 차니, 어찌 스스로에게서 반성하여 구하지 않으십니까?

한(漢)나라 고조가 재물을 탐내고 색(色)을 좋아하였으나 마침내 천하(天下)를 평정하였고, 진나라 광(廣)은 어질다고 칭하였으나 그가 즉위함에 몸이 위태롭고 나라가 망하였습니다. 전하는 어찌 신이 끝내 크게 효도하리라는 것을 알지 못하십니까?"
『태종실록』 35권, 18년(1418) 5월 30일

세자의 이러한 탈선에 아버지 태종의 실망감은 이루 말할 수 없었겠지요.

"세자가 여러 날 동안 불효(不孝)하였으나, 집안의 부끄러움을 바깥에 드러낼 수가 없어서, 항상 그 잘못을 덮어두고자 하였다. 다만 직접 그 잘못을 말하여 뉘우치고 깨닫기를 바랐는데, 이제 도리어 원망하는 마음을 가지고 나를 싫어함이 이와 같은 지경에 이르렀다. 내가 어찌 감히 이를 숨길 수 있겠는가?" 『태종실록』35권, 18년(1418) 5월 30일

결국 1418년 6월 3일, 태종은 세자 양녕을 폐하고 셋째 아들인 충녕을 세자로 책봉합니다. 총명하고 학문을 좋아하는 충녕이야말로 왕이 될 재목이라 보았기 때문입니다.

Q. 태종은 적장자를 후계자로 삼고 싶은 뜻이 확고했던 왕인데, 아무리 첫째가 망나니짓을 했어도 셋째를 왕위에 올린 건 대단한 결심인 것 같아요. 그 배후에는 '봐라. 결국 똑똑한 놈이 왕이 된다', 즉 5남임에도 왕이 된 태종 자신에게 정당성을 부여하는 의도도 있지 않았을까요?

A. 정당성을 부여하려는 의도라고 보기는 어려울 것 같아요. 사실 태종은 양녕의 비행에 굉장히 괴로워하거든요. 천하의 태종도 아들 문제에 대해서는 어쩔 수 없었던 거지요. 양녕을 불러 타이르기도 하고, 엄하게 꾸짖기도 한 걸 보면 태종 역시 적장자를 왕위에 올리고 싶은 마음이 간절했던 거예요. 하지만 양녕에게 더 이상의 기대를 할 수 없게 되자, 속전속결로 충녕을 세자로 책봉하지요.

태종은 세자가 된 지 2개월밖에 안 된 충녕에게 왕위를 물려주고자 합니다. 하지만 성균관 학관과 학생들은 충녕을 세자로 세운 지 얼마 되지도 않았는데, 왕위를 물려주면 나라가 위태로워질 거라며 태종의 선위(禪位)를 거두어 달라고 고합니다. 하지만 태종의 뜻은 확고했습니다.

> "내가 비록 전위(傳位)하더라도 나라에 큰 일이 있으면, 마땅히 대신과 의논하여, 충녕이 미치지 못하는 점을 도울 것이다."
>
> 『태종실록』 36권, 18년(1418) 8월 9일

이로써 충녕은 세자가 된 지 불과 2개월 만에 왕(세종)이 됩니다. 그의 나이 22세의 일이지요. 대신 태종은 상왕이 되어 군사 문제를 직접 결정하는 등 국가의 중요한 문제에 참여하여 함께 논의하기도 해요.

태종이 상왕으로 머물던 기간은 4년인데요, 따라서 세종의 집권 초기에는 아버지 태종의 영향력이 강했다고 볼 수 있어요. 실록을 보면 상왕인 태종이 편전에서 신하들과 논의하는 모습을 확인할 수 있답니다. 세종 역시 상왕의 입김이 강한 정치 속에서 자신을 낮춥니다.

1418년 호랑이 등에서 내려오다

태종은 1418년, 세종에게 양위하고 상왕이 됩니다. 양위의 뜻을 내비치면서 신하들에게 이런 말을 했지요.

"18년 동안 호랑이(虎)를 탔으니, 또한 이미 족하다."

『태종실록』 36권, 18년(1418) 8월 8일

양손에 피를 묻혀가며 오른 왕의 자리, 그렇지만 태종은 오직 권력에만 눈 먼 왕이 아니었어요. 조선왕조 27명 임금 중에서 자발적으로 양위한 이는 태종이 유일하거든요.

조선 최고의 카리스마 태종. 하지만 자신이 물러나야 할 때를 알고 겸허히 물러났던 사람인 겁니다. 또한 오늘날 조선 최고의 성군인 세종을 탄생시킨 일등공신이라고도 볼 수 있어요. 아버지 태종이 잘 닦아놓은 기반 덕분에 세종이 위대한 업적을 쌓을 수 있었기 때문이지요.

마인드 맵으로 정리하는 태종

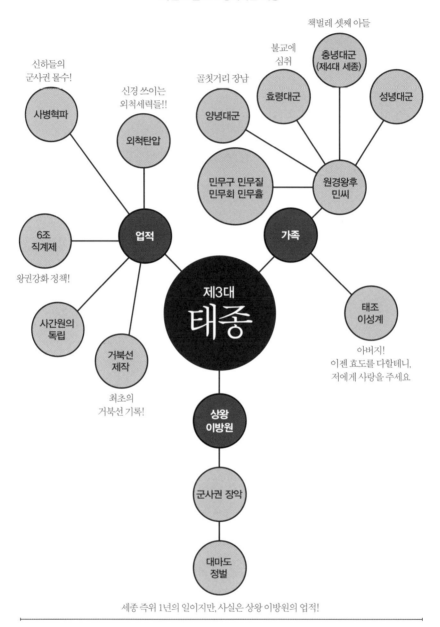

신하들의
군사권 몰수!

사병혁파

신경 쓰이는
외척세력들!!

외척탄압

골칫거리 장남

양녕대군

불교에
심취

효령대군

책벌레 셋째 아들

**충녕대군
(제4대 세종)**

성녕대군

**6조
직계제**

업적

**민무구 민무질
민무회 민무휼**

**원경왕후
민씨**

가족

왕권강화 정책!

**사간원의
독립**

**제3대
태종**

**거북선
제작**

최초의
거북선 기록!

**태조
이성계**

아버지!
이젠 효도를 다할테니,
저에게 사랑을 주세요

**상왕
이방원**

군사권 장악

**대마도
정벌**

세종 즉위 1년의 일이지만, 사실은 상왕 이방원의 업적!

위대한 호랑이,
백성의, 백성에 의한, 백성을 위한 임금

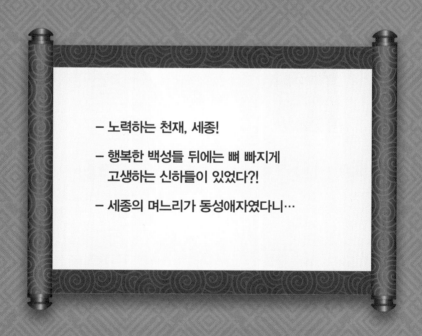

- 노력하는 천재, 세종!

- 행복한 백성들 뒤에는 뼈 빠지게
  고생하는 신하들이 있었다?!

- 세종의 며느리가 동성애자였다니…

세종은 어떤 인물이었나?

생애 1397~1450년

재위기간 1418~1450년

휘(諱) 이도(李祹)

묘호(廟號) 세종(世宗)

출생과 즉위 조선 제3대 태종의 셋째 아들로, 어머니는 원경왕후 민씨입니다. 세자였던 형 양녕대군을 대신해 22세(1418년)에 왕위에 오르지요. 조선에서 유일하게 자발적 양위에 의해 즉위한 왕이며 즉위 초기에는 아버지 태종이 상왕의 자리에서 정치적 영향력을 행사하지요. 이후 세종은 정치·경제·문화·군사 등 다방면에서 다양한 업적을 쌓으며 민족문화는 물론 조선왕조의 기틀을 마련한 성군으로 기록됩니다.

가족관계 왕비 : 1명, 후궁 : 5명, 자녀 : 18남 4녀

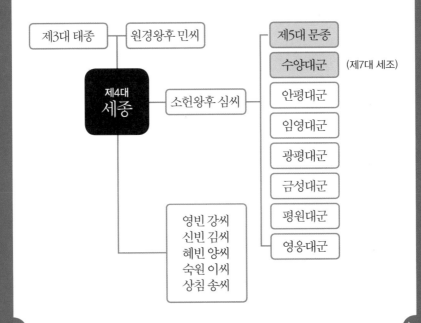

1418~1450년　세종이 위대한 이유?!

세종의 재위기간은 약 32년입니다. 조선의 왕 27명 중에서 7번째로 재위기간이 길지요.

1. 영조 : 약 52년(1724~1776)

2. 숙종 : 약 46년(1674~1720)

3. 고종 : 약 44년(1863~1907)

4. 선조 : 약 41년(1567~1608)

5. 중종 : 약 38년(1506~1544)

6. 순조 : 약 34년(1800~1834)

7. 세종 : 약 32년(1418~1450)

이처럼 세종은 굉장히 오랫동안 왕위에 머물렀는데요, 재위기간은 물론 현재까지도 수많은 후손이 세종을 존경하고 최고의 군주라고 칭송합니다. 과연 세종이 이토록 존경받는 이유는 무엇일까요? 업적이 많아서? 한글을 창제해서?

여러 가지 이유가 있겠지만 가장 큰 이유는 바로 백성을 사랑하는 마음, '애민(愛民)'의 정신을 몸소 보여주었기 때문 아닐까요?

여러분은 유능하고 똑똑한 사람이 되고 싶은가요? 아니면 위대하고 훌륭한 사람이 되고 싶은가요?

유능하고 똑똑한 사람 VS 위대하고 훌륭한 사람

비슷한 말 같지만 엄연히 다르답니다. 위대하고 훌륭한 사람의 특징은 무엇일까요? 바로 사람을 사랑하는 마음이 있다는 거지요.

예를 들어 똑똑하기만 한 사람은 누가 있을까요? 히틀러 무지 똑똑해요. 임진왜란 때 우리나라를 공격했던 도요토미 히데요시도, 이토 히로부미도 똑똑해요. 그런데 우리가 그들을 훌륭하다고 평가하나요? 절대 아니지요. 그들은 사람에 대한 사랑이 없기 때문입니다.

그럼 위대하고 훌륭한 사람을 나열해봅시다. 역사적으로 훌륭한 사람, 누가 떠오르나요? 세종, 조선후기의 정조, 이순신 장군…. 이들을 위대하고 훌륭하다고 이야기할 수 있는 이유는 바로 사람을 사랑하는 마음, 애민정신을 갖고 있기 때문입니다.

특히 세종은 한마디로 '애민군주'라고 부를 수 있지요. 세종의 모든 업적은 오롯이 백성에 대한 사랑에서 탄생한 것이기 때문입니다.

1419년 **대마도 정벌-왜구를 소탕한 태종?!**

대마도(對馬島)는 왜구(倭寇)의 근거지였습니다. 이곳을 대대적으로 정벌한 것이 바로 세종 1년 때의 일이지요.

물론 1419년의 대마도 정벌은 엄연히 『세종실록』에 등장하기 때문에 세종의 업적이라고 볼 수 있지만, 사실은 태종의 업적이라고 할 수 있어요. 왜냐고요?

태종이 셋째 아들인 충녕(세종)에게 왕위를 넘길 때, 세종에게 모든 걸 다 주지만 딱 하나 주지 않은 것이 있는데, 그게 바로 군사권이었어요. 군사권은 태종 본인이 갖고, 나머지 업무를 모두 아들에게 양위한 것이지요. 따지고 보면 왕 위에 또 한 명의 왕이 있는 체제였다고 볼 수 있어요.

이런 체제 하에 왜구를 정벌하는 교서가 반포된 것이지요.

"대마도는 본래 우리나라 땅인데, 다만 변두리이고, 또 좁고 누추하므로, 왜놈이 거류하게 두었더니, 개같이 도적질하고, 쥐같이 훔치는 버릇을 가지고…(중략)…

마음대로 군민을 살해하고, 아비들과 형제들을 잡아가고 그 집에 불을 질러서, 고아와 과부가 바다를 바라보고 우는 일이 해마다 없는 때가 없으니, 뜻 있는 선비와 착한 사람들이 팔뚝을 걷어붙이고 탄식하며, 너희의 피부 껍질을 벗겨 살을 씹어 먹고 그 가죽 위에서 잠자기를 생각함이 여러 해이다."

『세종실록』 4권, 1년(1419) 6월 9일

득실거리는 왜구를 정벌하겠다는 『정대마도교서(征對馬島敎書)』의 내용을 살펴볼까요?

"개같이 도적질하고, 쥐같이 훔치는 버릇을 가진 왜구 이놈들! 피부 껍

질을 벗겨 살을 씹어 먹고 그 가죽을 바닥에 깔고 자도 시원찮을 놈들!"

하, 표현 한번 과격하네요. 역시 피바다를 일으키고 왕이 된 이방원답다고나 할까요.

태종이 이렇게 대마도를 살벌하게 정벌했으니, 아들 세종은 어떻게 해야 할까요? 뒷마무리를 해야겠지요. 하지만 세종은 아버지 태종처럼 왜구를 토벌하는 것이 아니라, 그들과 교류하면서 더 이상 도적질하지 않도록 살살 달래줍니다. 1443년(세종 25)에 대마도주(對馬島主)와 세견선¹ 등 무역에 관한 조약을 맺고, 삼포(부산, 진해, 울산)에 일본인이 체류하는 것을 허락한 것이지요.

1430년 소통의 왕─조선 최초의 여론조사 시행

임금이라면 응당 무엇을 제일 중요하게 생각할까요? 여러 가지 중요한 요소가 있겠지만, 무엇보다 나라 살림을 꾸려나가려면 '세금'이 중요하지 않을까요?

조선시대에는 세금의 종류가 여러 가지가 있었는데, 그중 하나가 한 해 농사로 얻은 수확량의 일부를 내는 '전세(田稅)'였어요. 세종은 이 전세에 대해 '공법(貢法)'이라는 제도를 시행합니다.

이게 무슨 제도냐고요? 한마디로 '형평성'을 고려해 세금을 거둬들이자는 거지요. 우리나라는 국토의 3분의 2가 산지로 뒤덮여 있으면서 남북

---

1 세견선(歲遣船) : 조선시대 일본 각지로부터 교역을 위해 해마다 우리나라로 도항해온 선박.

으로 긴 형세를 띄지요. 그러므로 지역마다 기온 및 지형의 편차가 클 수밖에 없으므로 생산되는 곡식의 양도 달라질 수밖에 없었어요. 이에 세종은 풍년과 흉년, 그리고 토양의 질을 고려하여 차등적인 공법을 시행하고자 한 거지요.

Q. 그럼 기존에는 전세를 어떻게 냈어요?

A. 고려 말부터 조선시대 세종 이전까지는 매해 곡식의 생산량을 조사해서 그중 10분의 1을 거두었어요. 그런데 조사할 때마다 매번 관리를 파견해야 하는 불편함과, 국가가 세금의 규모를 예상할 수 없다는 단점이 있었어요. 그래서 세종은 세금의 규모를 파악하고, 백성들이 토지의 등급에 따라서 고정된 세금을 낼 수 있도록 새로운 법을 만들었지요. 그게 바로 공법이랍니다.

하지만 공법을 정할 때, 전적으로 "왕의 명령이니 무조건 따라해"라고 명령하지 않았어요. 어떻게 했냐면, 조선 최초로 여론조사를 실시한 거예요.

세종은 1430년 3월 5일부터 8월 10일까지 5개월 동안 공법 시행 여부에 대한 여론 조사를 실시합니다. 당시 이 조사에 무려 17만 3,000여 명이 참여해요. 투표 방식은 어땠느냐고요? 부정을 방지하기 위해 일일이 사람을 시켜 물어보는 방식을 택합니다.

"정부·육조와, 각 관사와 서울 안의 전함(前銜) 각 품관과, 각도의 감사·수령 및 품관으로부터 여염(閭閻)의 세민(細民)에 이르기까지 모두 가부(可否)

를 물어서 아뢰게 하라."   『세종실록』47권, 12년(1430) 3월 5일

여론조사를 실시한 지 6개월 후, 드디어 세종에게 최종보고가 올라가요.

"무릇 가하다는 자는 9만8천 6백57인이며, 불가하다는 자는 7만4천 1백49
명입니다."   『세종실록』49권, 12년(1430) 8월 10일

57.1%가 이 법에 찬성을 한 것이지요. 하지만 반대표 역시 만만치 않다
는 걸 알 수 있어요. 실제로 중간보고 때부터 경상도를 제외한 함경도 평안
도 지역에서 공법 시행을 반대하는 목소리가 컸어요. 하지만 세종은 포기
하지 않고, 이를 해결할 수 있는 후속조치를 취하지요. 이것만 보아도 세종
이 무조건 권위로 국가정책을 밀어붙인 독불장군형 리더가 아니라, 민심
을 적극적으로 수렴하여 나라를 운영한 '성군'이었다는 걸 알 수 있지요.

1430년   약자의 편—노비에게 100일의 출산 휴가를 주다

조선시대는
철저한 신분제 사회였어요. 따라서 노비는 어디 가서 사람 취급도 못 받았
답니다. 국가 소속인 관노비와 개인 노비인 사노비 모두, 하루 종일 고된
노동에 시달렸을뿐더러 최소한의 인간 대접도 못 받고 살아야 했지요.
그런데 세종이 노비들에게 출산 휴가를 주기로 합니다. 『세종실록』에
의하면 원래 관노비의 출산 휴가는 7일 정도였다고 해요. 하지만 세종이

생각하기에 너무 부족한 일수인 거지요. 어떻게 애를 낳고 7일 만에 다시 논밭 일을 할 수 있겠어요. 자애로운 세종이 생각할 때 이건 너무 비인간적인 처사였던 거예요. 그래서 이렇게 명합니다.

"노비들에게 100일의 출산 휴가를 허하노라."

지금에야 당연히 그래야 하는 거 아니냐고 생각할 수 있지만, 신분제 사회였던 조선시대에서는 실로 파격적인 대우라고 볼 수 있어요.

또 하나, 출산 1개월 전부터 일을 하지 않도록 해줍니다. 사실 출산 휴가라는 게 애를 낳은 이후에나 적용되지, 애 낳기 직전에는 보장되지 않았거든요. 그러다 보니, 노비들이 일하다 논밭에서 아이를 낳는 일도 왕왕 발생한 거예요. 이에 출산 전 30일부터 일손을 놓도록 해준 거지요.

> "일찍 100일간의 휴가를 더 주게 하였다. 그러나 산기가 임박하여 복무하였다가 몸이 지치면 곧 미처 집까지 가기 전에 아이를 낳는 경우가 있다. 만일 산기에 임하여 1개월간의 복무를 면제하여주면 어떻겠는가."
>
> 『세종실록』 50권, 12년(1430) 10월 19일

1434년 남자 노비에게도 출산 휴가를 주다

선진국일수록 출산 휴가가 길지요. 유럽의 일부 선진국에선 남편에게도 육아 휴가를 주고 있는데요. 사실 핵가족화 될수록 산모 혼자 독박육아를 하는 건 쉬운 일이 아닙니다. 현대의 이런 고충을 생각해볼 때, 세종은 그야말로 전형적인 선진국

형 임금이라 볼 수 있어요.

아까 여자 노비가 아이를 낳으면 100일 동안 휴가를 준 데다 산전 휴가 30일까지 추가했다고 했지요?

세종은 여기에 그치지 않고 1434년 4월 26일, 남자 노비를 대상으로도 육아 휴가 제도를 실시합니다.

형조에 전교하기를,

"이제부터는 사역인(使役人)의 아내가 아이를 낳으면 그 남편도 만 30일 뒤에 구실을 하게 하라" 하였다.　　　『세종실록』 64권, 16년(1434) 4월 26일

이처럼 세종이 덕을 베푼 건, 노비 역시 똑같은 백성이라 생각했기 때문 아닐까요? 정말 성군이란 칭송이 하나도 아깝지 않은 왕입니다.

1418~1450년　악덕 사장 세종?!

이처럼 임금이 불합리한 제도는 뜯어고치고 새로운 제도를 만드느라 바쁠수록 행복한 사람은 누구일까요? 당연히 백성들이겠지요.

하지만 그 밑에서 일하던 신하들은 어땠을까요? 아마도 다크서클이 발 끝까지 내려왔을 겁니다. 당시 세종과 집현전 학자들은 긴밀한 유대관계

▶세종은 백성을 위한 여러 가지 정책을 펼치려 했고, 신하들은 이를 실현하기 위해 밤낮으로 업무에 매달렸다.

를 형성하며 나랏일을 집행했는데요, 무엇보다 세종은 집현전 학자들을 무척 아꼈습니다. 이를 증명해주는 일화가 있어요.

어느 늦은 밤, 세종은 내관을 시켜 숙직하는 학사가 무엇을 하는지 엿보고 오도록 했다. 그날 밤 숙직을 맡은 이는 신숙주였는데, 그는 어려서부터 총 명했으며 어른이 되어서도 오직 학문에만 전념한 인물이었다.

역시나 그날도 신숙주는 밤이 이슥도록 글을 읽고 있었다. 이에 내관이 세종에게 보고했다.

"전하, 신이 서너 번이나 가보았는데, 글 읽기를 계속하고 있사옵니다."

"다시 가서 살펴봐라."

이미 첫닭이 운 이후였다. 내시가 다시 집현전으로 달려갔다. 그제야 신숙주는 촛불을 끄고 잠자리에 들었다.

내관의 보고를 받은 세종은 집현전으로 직접 나가, 자신이 입고 있던 옷을 벗어 신숙주를 덮어주었다. 아침에 일어난 신숙주가 이 사실을 알고 임금에게 큰절을 올렸다. 이 소문을 들은 집현전 학사와 선비들은 서로 질세라 더욱 학문에 힘쓰게 됐다.

훈훈한 미담(美談)이지요? 하지만, 솔직히 좀 공포스럽기도 합니다. 어쨌거나 직원이 야근을 제대로 하는지 안 하는지 사장이 지켜보고 있었단 얘기잖아요.

사실 세종은 성군이었지만, 백성들에게나 성군이지 같이 일을 하는 신하들 입장에선 엄청 피곤한 스타일이었을 겁니다. 일 중독 사장을 둔 직원들이 그만큼 힘든 것처럼요. 특히 세종은 신하들이 일신상의 이유로 사직서를 제출해도 절대 수락하지 않은 걸로 유명해요. 자고로 직원의 사직서는 받은 즉시 쫙쫙 찢어야 제맛이라고 생각한 것 같습니다.

세종은 한마디로 신하들 입장에서는 악덕 사장 같은 존재였을 겁니다. 당시에도 노조란 게 있었다면, 신하들이 머리에 띠를 두르고 단식투쟁을 했을지도 몰라요.

【 피해사례 1. 나는 이제 그만 쉬고 싶다! 】

우의정 권진(權軫, 1357~1435)이란 신하는 세종 13년(1431)에 '제 나이가 이미 75세라, 둔하고 사리가 어두워서 하는 일마다 실수가 있으니, 청컨대 저의 벼슬을 거두어 주소서'라고 아뢰지요. 또한 계속 관직에 있으면, 자신보다 어진 이가 승진하기 어렵다는 이유를 대며 사직을 거듭 청합니다. 하지만 세종은 이를 받아들이기는커녕 오히려 그를 우의정의 자리에 앉혀버립니다. 그리고 세종은 권진이 죽기 전까지 매번 그를 불러 정사를 논하는 집요함을 보이지요.

이직(李稷, 1362~1431)이란 인물 역시 영의정에 오른 뒤 병이 나서 사직서를 제출합니다. 하지만 세종은 눈 하나 깜박하지 않고 이를 무시하지요.

이처럼 신하들이 사직을 청할 때마다 세종은 그들의 바짓가랑이를 더욱 거세게 붙잡습니다. 솔직히 신하들 입장에서는 정말 죽을 맛이었을 겁니다.

【 피해사례 2. 부모 삼년상? 그까짓 것 100일만 해! 】

세종 시절 윤회(尹淮, 1380~1436)라는 신하가 있었습니다. 그는 똑똑했지만 술 때문에 사고가 잦았던 인물로 유명해요. 세종이 윤회를 불러 다음과 같이 말할 정도였지요.

> **"너는 총명하고 똑똑한 사람인데, 술 마시기를 도에 넘치게 하는 것이 결점이다. 이제부터 양전(兩殿)에서 하사하는 술 이외에는 과음하지 말라."**
>
> 『세종실록』 9권, 2년(1420) 9월 14일

야사에 의하면 윤회가 하도 술을 좋아하자 그의 건강이 염려된 세종이 은으로 만든 술잔을 하사하면서 이렇게 일렀다 합니다.

"앞으론 이 술잔으로 하루에 딱 석 잔만 마셔, 알았지?"

그러자 윤회는 어명을 거역하지 않으면서도 술은 맘껏 즐기기 위해 꾀를 냅니다. 바로 술잔을 얇게 펴서 사발 크기로 만든 거지요. 그렇게 사발이 된 술잔으로 하루에 세 잔씩 마셨다 하니, 그가 얼마나 술을 좋아했는지 짐작이 가고도 남습니다.

그러던 어느 날 윤회가 모친상을 당합니다. 조선시대에는 부모상을 당하면 벼슬을 그만두고 삼년상을 지내야 합니다. 일 중독자 세종이라 한들 더 이상 윤회에게 일을 시킬 수 없었겠지요. 그런데 이때 세종은 변칙을 씁니다. 바로 "주요 관직의 공무원들은 딱 100일간만 상을 지내고 바로 복직하라"고 명한 겁니다.

이에 윤회가 그럴 수 없다고 아뢰지요. 그러자 세종은 천연덕스럽게 답합니다.

"내가 해봤는데, 삼년상을 치러도 슬픔이 가시질 않더라고. 그저 슬픔을 잊는 최고의 방법은 열심히 일하는 것뿐이야."

"경의 어버이를 생각하는 정으로서는 비록 삼년상을 마칠지라도 족하지 못하며, 나의 나라를 위하는 생각으로는 어찌 하루라도 어진 이가 없을 수 있을랴. 남의 슬픈 마음을 빼앗는 것은 부득이한 일이며, 때에 따라 변통하는 도(道)를 어찌 폐할 수 있으랴. 힘써 나의 의사에 좇아서 그대의 벼슬에 나아갈 것이며, 사양하는 바는 마땅히 윤허하지 아니하겠다."

『세종실록』 59권, 15년(1433) 3월 15일

【 피해사례 3. 황희의 웬수＝세종 】

조선의 명재상하면 황희를 꼽을 수 있지요. 우리에게 너무나 익숙한 황희는 고려말부터 조선 초기까지 활약하던 문인으로, 고려말 우왕-창왕-공양왕, 조선초 태조-정종-태종-세종-문종을 차례로 섬겼습니다.

정치 베테랑인 그에게 유일하게 웬수 같던 왕이 있었으니, 그가 바로 세종입니다. 왜냐고요? 늙어서 기운 다 빠진 노인이 된 다음에도 끝까지 관

▶황희(黃喜, 1363~1452)의 초상화. 조선조 최장수 재상으로, 건국 초기 조선의 안정에 기여하였다. 국립중앙박물관 제공.

직에 머물게 했기 때문이지요.

> 영의정 황희가 한재(旱災)로 인해 상서(上書)하기를,
> "신의 나이가 90에 가까운데, 공이 없이 녹을 먹으오니, 청하옵건대, 신의 직
> 책을 파하여 하늘의 꾸지람에 응답하소서."
> 하니, 윤허하지 아니하였다.　　　　　　『세종실록』 124권, 31년(1449) 5월 27일

황희는 나라에 극심한 가뭄이 들자, 이에 책임감을 느끼고 87세의 나이
에 사직서를 제출합니다. 지금도 87세면 일을 놓고 편안한 노후를 보낼 나
이인데 하물며 조선시대의 87세는 그야말로 오늘내일하고 있다 해도 과
언이 아닐 겁니다. 그럼에도 불구하고 세종은 그의 사직서를 수락하지 않
습니다. 사실, 황희의 사직서 제출은 새삼스러울 것도 없긴 합니다. 세종
이 22세에 즉위할 당시 황희의 나이가 이미 56세였거든요. 환갑이 얼마 안
남았을 때였지요.

> "지극히 노쇠(老衰)하여 귀먹고 잊음이 많아서 듣고 살피기가 이미 어렵사
> 온데, 늙은 병이 자주 침노하여 행보(行步)가 심히 어렵습니다. 엎드려 바라
> 오니, 전하께서는 신의 쇠하고 늙음을 불쌍히 여기시고 신의 지극한 정을 살
> 피시와, 한산(閑散)한 곳에 던져두셔서 신으로 하여금 길이 성상의 은택에
> 젖어 쇠약한 몸을 수양하게 하옵소서."
> 하였으나, 윤허하지 아니하였다.　　　　『세종실록』 53권, 13년(1431) 9월 10일

"더욱이 지루한 숙질(宿疾)로 인하여 현기증 위에 다시 정신의 혼미마저 겹쳐 의약의 효력이 없고는, 노쇠와 질병이 더욱 깊어만 가옵니다. 노둔한 몸에 건망(健忘)이 심하여 직접 눈으로 보고 입으로 말한 것조차도 문득 기억하지 못하오며, 귀가 어둡고 잘 들리지 않아서 〈의식 때에〉 절하고 일어나라는 〈홀기 부르는〉 소리마저 얻어듣지 못하옴은, 사람들이 모두 아는 사실이며 결코 허식(虛飾)이 아닙니다." 『세종실록』 81권, 20년(1438) 4월 14일

그때부터 황희는 '노쇠하고 질병이 있다'는 이유로 끈질기게 사직을 요청합니다. 하지만 세종 역시 줄기차게 이를 거절하지요. 결국 세종의 재임 기간이 32년인데, 황희는 그중 18년을 영의정으로 재직하며 울며 겨자 먹기로 일을 합니다. 황희가 힘들어할 때마다 세종은 다음과 같이 말하며 그를 어르고 달랩니다.

"경의 나이가 아직 극쇠에 미치지 않았고, 병 또한 깊은 데 이르지 않은즉, 기력이 오히려 강건하여 국정을 잡을 만하고, 만일 질병이 생겼다면 마땅히 의약의 치료를 가해야 할 것이요, 설사 상투적인 허식(虛飾)은 아니라 할지라도, 어찌 상규(常規)에 구애로 직임을 사퇴하리오." 『세종실록』 56권, 14년(1432) 4월 20일

몸이 여기저기 쑤시고 고장나서 은퇴하겠다는 68세의 노인에게 '아직 죽을 만큼 쇠약하지 않고 병 또한 깊지 않으며 만일 큰 질병이 발견된다면 치료를 하면 되지 않겠냐'라고 말하고 있는 겁니다. 정말 환장할 노릇

이지요.

심지어 세종은 황희가 부모의 삼년상을 치르느라 관직에서 물러나려 하자, 그를 말리기 위해 고기를 내립니다. 상중에 고기를 먹을 수 있나요? 당연히 안 되지요. 그런데 임금이 내린 고기를 안 먹으면 또 어떻게 되나요? 불경죄로 잡혀갑니다. 게다가 당시에는 냉장고도 없으니 안 먹고 놔둘 수도 없어요.

> "예전에 나이 60세 이상인 사람은 비록 상중이라도 오히려 고기 먹기를 허락하였는데, 황희의 나이 또한 60이니, 내가 불러서 고기를 권하고자 하였다가…."
>
> 『세종실록』 38권, 9년(1427) 11월 27일

고기를 먹여서라도 황희와 함께 일하고자 했던 사장, 그야말로 조선판 악덕 사장으로밖에 안 보이는데 여러분 생각은 어떤가요?

이후, 황희는 1449년 87세에야 겨우 은퇴를 할 수 있게 됩니다. 그리고 3년 뒤에 세상을 뜹니다. 이때, 흥미로운 것은 황희가 세종보다 2년이나 더 살았다는 것입니다.

'신이 노쇠하여'란 말을 입에 달고 다니며 사직을 청했으나 정작 왕보다 2년이나 더 산 걸 보면, 세종이 선견지명이 있긴 있었나 봅니다.

이처럼 세종이 제일 싫어하는 것 중의 하나가 바로 신하들의 사직서였습니다. 유능한 관료야말로 조선을 이끌어갈 동력이 된다는 걸 알았기 때문이지요. 하지만 세종이 오늘날의 리더였다면, 근로기준법 위반으로 처벌받았을지도 모릅니다. 재미 삼아 세종을 악덕 사장으로 비유를 해보았

는데요. 세종은 아마 신하들을 조금 피곤하게 해서라도 백성들을 위한 정치를 펴고자 하는 마음을 가졌던 것이겠지요?

1436년 의정부서사제 실시

세종의 아버지 태종이 '6조직계제'를 통해 왕권을 강화했다고 말했지요? 이와 달리 아들 세종은 '의정부서사제'라는 제도를 시행합니다.

"6조 잘 들어, 이제부터 나한테 직접 보고하지 말고, 의정부의 황희와 맹사성과 상의해. 그런 다음 의정부는 이를 간결히 압축해서 나한테 보고하라고. 단, 예외가 있어. 사형 문제, 군사 문제, 인사 문제. 이 셋은 민감하니까 나한테 직접 보고해. 그 외의 수천 가지 잡다한 일은 이제 의정부가 알아서 해, 알았지?"

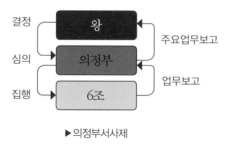

▶의정부서사제

이로써 왕권과 신권이 조화를 이루게 됩니다. 왕권과 신권의 조화. 이것이야말로 이상적인 유교사회가 꿈꾸던 방식이거든요. 이를 현실화한 게 바로 세종인 겁니다. 그리고 이 시기에 서무결재권을 세자, 즉 훗날 문종에게 넘깁니다.

1441년　시각장애인 세종

세종은 어릴 때부터 지독한 독서광이었습니다. 한시도 손에서 책을 놓지 않았는데요, 심지어 몸살로 열이 펄펄 끓을 때도 책을 읽었다고 하네요.

한 번은 세종이 아픈 와중에도 책을 읽자, 아버지 태종이 그의 책을 모두 거둬오라는 명을 내립니다. 하지만 세종이 병풍 틈에 들어가 있던 책을 한 권 발견하고선 그 책만 수없이 반복해 읽었다는 유명한 일화가 있지요.

게다가 세종은 일 중독자였잖아요. 결국 지나치게 높은 학구열과 격무로 40대에 건강이 안 좋아집니다. 특히 시력이 급격히 떨어지지요.

> "내가 두 눈이 흐릿하고 깔깔하며 아파, 봄부터는 음침하고 어두운 곳은 지팡이가 아니고는 걷기가 어려웠다."　『세종실록』 92권, 23년(1441) 4월 4일

그래서 세종은 이미 장성한 왕세자에게 결재권을 넘겨주고 자신은 현업에서 물러나겠다는 뜻을 내비칩니다.

하지만 마흔 살이 되던 1436년에 왕세자의 대리청정[2] 문제를 꺼냈으나,

---

2 대리청정(代理聽政) : 임금이 어려서 즉위하거나 병 또는 그 밖의 사정이 생겼을 때 세자나 세제가 임금을 대리해서 국가의 통치권을 맡아 나라를 다스리는 일.

신하들이 반대하는 바람에 뜻을 굽히다 이후 1442년에 이르러 결국 뜻을 이룹니다.

그러나 세종은 왕세자에게 많은 업무를 이양한 뒤에도 여전히 격무를 수행합니다. 오히려 몸이 아플 때, 더욱 놀라운 업적을 쌓으니, 그게 바로 '훈민정음' 창제입니다.

1443년 · 한글의 창조자 세종

전 세계 유일무이(唯一無二)! 창시자와 반포일, 창제 원리까지 후손들이 모두 잘 알고 있는, 바로 자랑스러운 우리 문화, 한글을 창제한 것이지요.

> "이달에 임금께서 친히 언문 28자를 만드셨는데 그 글자가 옛 전서를 모방하고, 초성·중성·종성으로 나누었으나 이를 합한 연후에 글자를 이루었다. 무릇 문자와 비속어를 모두 쓸 수 있고, 글자는 비록 요약하지마는 전환하는 것이 무궁하니, 이것이 훈민정음이다."
>
> 『세종실록』 102권, 25년(1443) 12월 30일

실록에는 한글 반포에 대해 이렇게 명시하고 있습니다. 앗! 그런데, 한글과 훈민정음의 차이를 잘 모르겠다고요? 훈민정음과 한글 둘 다 우리글을 지칭하는 용어지만, '한글'은 1910년대 주시경 선생을 비롯한 한글학자들에 의해 사용되었습니다. '한'은 큰 것을 의미하니, '한글'은 큰 글이

란 뜻이지요.

세종은 백성을 지극히 사랑하는 마음으로 한글을 창조했지요. 당시 지배층들은 글을 읽고 쓰는 것을 자신들의 특권으로 여겼어요. 하지만 세종은 이를 원치 않았지요. 일반 백성들은 글을 모르니 학문을 익힐 수 없고, 그로 인해 어리석은 죄를 저지르게 되는 것이 싫었던 겁니다. 그래서 세종은 백성들이 책을 읽고, 이치를 깨달아 올바르게 살길 바라는 마음, 즉 백성들이 교화하길 바라는 마음과 함께 여러 가지 행정적인 정보를 쉽게 얻도록 하기 위해 자신의 두 눈과 바꾸어 한글을 창제합니다. 게다가 한글은 그 과학성까지 높이 칭송받을 만합니다. 실록에서는 한글의 창제원리에 대한 언급이 없지만, 대신 1940년에 안동에서 발견된『훈민정음 해례본』에 한글 창제원리가 자세히 적혀 있지요.

한편, 한글 창제의 주인공은 누구냐에 대한 논란이 있습니다. 세종 혼자서 창제하기엔 너무 과학적이기에 '불가능'하다는 거지요. 하지만『실록』에 반포되기 전까지 단 한 번도 언급된 적이 없다는 점,『훈민정음 해례본』에서 세종이 친히 만들었다는 것으로 기록되어 있는 점으로 보아 세종 단독 창제설에 더 무게가 실린다고 생각해요(다른 의견으로는 둘째 딸 정의공주가 도왔다는 이야기도 있습니다).

▌Q. 한글을 과학적이라고 말하는 이유는 정확히 뭐예요? 세종이 거울을 보며 직접 자기 혀 모양, 입 모양을 참조해서 만들었기 때문인가요?

▌A. 물론 세종이 거울을 보며 직접 자신의 혀 모양, 입 모양을 참조해서 만들지 않았겠냐고 생각할 수는 있어요. 한글의 자음은 초성과 종성으로

분류되는데 이 중 초성은 어금닛소리, 혓소리, 입술소리, 잇소리, 목구멍 소리로 구분된다고 해요. 이것은 오행(木·火·土·金·水)의 원리를 바탕으로 지어졌어요. 결국 우리가 말할 때의 발성 기관을 상형(모양을 본뜸)해서 만든 거라고 설명할 수 있지요. 또한 모음은 천(天)·지(地)·인(人)을 바탕으로 형성되었고요.

세종은 한글을 보급하기 위해『용비어천가』,『석보상절』,『월인천강지곡』등의 책을 출판하였고, 유학자인 정인지 등을 통해 훈민정음 해설서를 만들어 보급하도록 합니다.

정인지의 글 서문에는 아래와 같이 기록하고 있습니다.

"슬기로운 사람은 하루아침 만에 (이를) 깨우치고, 비록 어리석은 이라도 열흘이면 배울 수 있다."

"(어떤 경우에라도) 이르러 통하지 않는 곳이 없다. 바람 소리, 학의 울음 소리, 닭 우는 소리, 개 짖는 소리 모두 이 글자로 적을 수 있다."

가히 세상의 모든 소리까지 담아낼 수 있는 세계 유일의 위대한 문자가 바로 훈민정음인 것이지요. 이 업적을 기념해 후손들은 1973년부터 세종을 만 원권에 실었습니다. 만 원권 표지 앞면에 일월오봉도(日月五峰圖)가 있습니다. 다섯 개의 봉우리 위에 해와 달이 있는 모습을 그린 그림이지요. 이 일월오봉도는 임금이 앉는 용상 뒤에 놓인 병풍에 그려져 있던 그림입니다. 조선 왕실의 왕권을 상징한다고 볼 수 있지요.

만 원권 뒷면을 보면 여러 개의 점이 찍혀 있는 것을 살펴볼 수 있는데요, 이것은 별자리예요. 태조 이성계 때 만든 고구려의 천문도를 바탕으로

만들어진 '천상열차분야지도(天象列次分野之圖)'라는 천문도입니다. 우리 민족은 하늘에 관심이 많았어요. 이는 '혼천의'를 통해서도 엿볼 수 있어요. 혼천의는 천체의 운행과 위치를 측정하는 기구지요. 세종은 장영실을 통해 혼천의를 만들 것을 지시합니다.

장영실의 아버지는 중국 귀화인이고, 어머니는 관기였습니다. 이 때문에 그의 신분은 어쩔 수 없는 천민이었지요. 하지만 세종은 장영실의 재주를 높게 평가하여 정5품의 상의원 별좌를 내린 후, 수많은 과학기구를 발

명할 수 있도록 지원합니다. 능력 있는 사람이라면 신분에 구애받지 않고
등용하는 합리적인 왕이 바로 세종이었던 겁니다.

또한 장영실뿐 아니라 여러 신하에게 물시계, 앙부일구[3] 등 여러 과학기
구를 발명하도록 지시하였고, 이것을 후원합니다.

1443년　자주적인 시간 계산을 하다 – 칠정산

세종은 『칠정산(七政算)』
을 편찬하는데요, 이는 우리 손으로 직접 만든 최초의 역법서로, 시간을 측
정할 수 있는 달력이랍니다. 그렇다면 세종은 왜 칠정산을 만들었을까요?

조선시대를 비롯한 전근대 사회에서는 하늘에 올리는 의례가 매우 중
요했고, 이 때문에 일식과 월식을 매우 중요하게 생각합니다. 하지만 점차
관측에 오차가 발생하고, 결국 예상시간과 완전 동 떨어지는 일도 생깁니
다. 그러자 사람들은 임금이 덕을 잃어서 그런 게 아니냐며 쑥덕거리기 시
작해요.

Q. 하늘에 올리는 의례는 정확히 어떤 게 있어요?

A. 한 가지 예를 들어볼게요. 비가 오지 않으면 왕의 덕이 부족해서 그
런 것이라고 생각했어요. 그래서 가뭄이 들거나 역병이 돌면 왕은 죄인들
을 사면하고 하늘에 기도를 드리는 등 하늘에 공을 드립니다. 『실록』을 보

---

3 앙부일구(仰釜日晷) : 조선 시대에 사용하던 해시계.

면, 특히 여름철 가뭄 때문에 걱정이 컸다는 걸 알 수 있어요. 당연히 농경 국가의 특성상 비를 내려주지 않는 하늘을 향해 제사를 드릴 수밖에 없었 던 거지요.

> "옛날에는 책력(달력)을 만들되 차오(差誤)가 있으면 반드시 죽이고 용서하 지 않는 법이 있었다." 『세종실록』 49권, 12년(1430) 8월 3일

여러분, 중국이란 나라가 어떤 나라인가요? 엄청 땅덩이가 넓은 나라잖 아요. 중국은 지금도 베이징 중심의 기준시를 썼어요. 즉 태양이 베이징 하 늘 위에 딱 떠오를 때가 바로 중국의 정오인 거예요. 그래서 티베트에서 라디오를 틀어놓으면, 새벽녘에 '정오를 알려드리겠습니다'란 멘트가 흘 러나와요. 이게 바로 중국이란 나라의 스케일인 거예요. 이 기준시를 조선 이 갖다 쓰니 어떻게 정확할 수 있겠어요.

그래서 서울을 중심으로 만든 달력이 바로 칠정산이에요. 칠정이란 해, 달, 수성, 금성, 화성, 목성, 토성 등 일곱 개의 별을 말해요. 이처럼 별의 위 치를 계산한 완벽하고 자주적인 역법서, 이게 바로 칠정산입니다.

예악(禮樂)으로 백성을 교화하다

1434년 『삼강행실도』 편찬 **1433년** 음악 정리

조선은 유교 국가이 기 때문에 백성의 교화를 매우 중요하게 생각했어요. 그리고 이를 위해 2

가지를 강조하는데, 바로 예(禮, 예의범절)와 악(樂, 음악)이지요.

여러분 유학을 누가 만들었지요? 바로 공자가 만들었어요. 공자가 살았던 춘추전국시대는 워낙 혼란시대라 사람의 목숨이 파리 목숨같이 하찮았지요. 이때 공자가 생각합니다.

"왜 이렇게 혼란한 시대가 되었을까? 원래 사람은 착하게 태어났는데, 점차 사회가 도덕적으로 타락하니, 결국 사람도 타락하여 혼란한 시대가 온 게 아닐까? 이 세상을 타락하지 않게 하려면 먼저 도덕성을 회복해야 해."

그래서 예와 악을 통해 개개인의 도덕성을 회복하고자 한 거지요. 오늘날로 치면, 윤리와 음악 교육을 강조한 거예요. 이를 위해 세종은 『삼강행실도』라는 책을 만들어요.

『삼강행실도』는 3강인 임금과 신하(君臣), 아버지와 자식(父子), 남편과 아내(夫婦)에게 귀감이 될 만한 충신, 효자, 열녀의 이야기를 뽑아 그림과 함께 만든 책입니다.

또한 음악을 통해 왕실의 권위를 높이고 백성을 교화하고자 합니다. 이때 음악 작업을 담당한 이가 박연(朴堧, 1378~1458)이었어요. 박연은 세종 당시 불완전한 악기 조율을 정리하고 악보 편찬을 담당한 음악가입니다. 특히 당

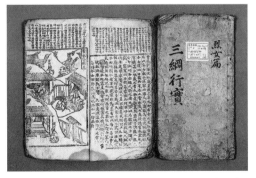

▶삼강행실도. 조선 세종 때 엮어진 도덕서. 삼강(三綱)에 모범이 될만한 행적을 그림과 한문으로 설명하였다. 문화재청 제공.

시에는 음을 정리하기 위해 편경(編磬)의 음을 정확히 잡아내는 걸 매우 중요하게 생각했어요. 이와 관련한 유명한 일화가 있어요.

박연이 편경을 갖고 세종에게 와서 이를 두드리자, 세종이 말합니다.

세종 : 음… 수고는 했는데, 편경 2번째 줄, 1번째 말야. 소리가 샵(#)되는 구나.

박연 : ????!!

이를 들은 박연은 엄청 놀라요. 실제로 세종의 말이 맞았거든요. 실록에서는 아래와 같이 기록하고 있습니다.

▶편경. 돌로 된 타악기. ㄱ자 모양의 돌 16개를 두 단으로 된 나무틀에 매달아놓고 치는 악기이다. 송나라와 명나라에서 들여오던 것을 세종 7년(1425년) 경기도 남양에서 경돌이 발견되어 국내에서 제작되었다. 국립고궁박물관 제공.

세종: 이칙(夷則) 1매(枚)가 그 소리가 약간 높은 것은 무엇 때문인가?

박연: 가늠한 먹이 아직 남아 있으니 다 갈지(磨) 아니한 것입니다.

하고, 물러가서 이를 갈아 먹이 다 없어지자 소리가 곧 바르게 되었다.

『세종실록』 59권, 15년(1433) 1월 1일

그렇습니다, 세종은 절대음감의 소유자였던 거지요.

인간 세종─육식남 세종

서울 광화문 세종로에는 세종대왕 동상이 있지요. 왼손에는 책을 들고 오른손은 인자하게 백성들을 향해 뻗고 있는 모습입니다. 하지만 진짜 세종대왕의 모습은 조금 달랐을 것 같네요. 왜냐하면 세종대왕은 실제로 살집이 많은 걸 넘어 육중한 몸매의 소유자였거든요. 온라인에서 제공하는 『조선왕조실록』에서 고기반찬을 뜻하는 '육선(肉饍)'이란 단어를 검색하면 세종대왕 시절의 일화가 압도적으로 많다는 걸 알 수 있어요.

원래 세종의 집안은 할아버지인 태조와 아버지 태종에서 알 수 있듯 무인 집안입니다. 따라서 다들 체격이 좋고, 숙련된 말타기와 활 솜씨는 기본 소양으로 갖고 있었지요. 이런 모습을 똑 닮은 사람이 있으니, 바로 세종의 제일 큰 형이자, 왕이 될 뻔한 양녕이에요. 하지만 세종은 달랐어요. 활쏘기나 말타기 대신 고기와 책을 가까이했기 때문이지요.

삼시 세끼 육식을 즐기며 온종일 방안에서 책만 보면 사람이 어떻게 될까요? 당연히 뚱뚱해질 수밖에 없어요. 물론 조선의 왕들이 대부분 비만인 건 맞지만, 그래도 엄연한 무인집안 자식인데 살이 쪄도 너무 찌니, 아버지 태종의 걱정이 늘다 못해 다음과 같이 말합니다.

> "주상은 사냥을 좋아하지 않으시나, 몸이 비중(肥重)하시니 마땅히 때때로 나와 노니셔서 몸을 존절히 하셔야 하겠으며, 또 문과 무에 어느 하나를 편벽되이 폐할 수는 없은즉, 나는 장차 주상과 더불어 무사(武事)를 강습하려 한다."
>
> 『세종실록』 1권, 원년(1418) 10월 9일

세종이 좀처럼 움직이질 않으니 아비가 데리고 다니며 운동 좀 시켜야겠다고 말하는 거지요. 하지만, 태종은 세종 즉위 4년 만에 숨을 거두었습니다.

태종의 승하는 세종에겐 엄청난 큰일이었습니다. 예법에 따라 고기를 먹을 수 없게 되었기 때문이지요. 원래 조선에서는 상중(喪中)에는 고기를 먹지 않거든요. 그런데 태종의 아들 사랑은 정말 지극합니다. 눈을 감기 전 곰곰이 생각해보니, 고기를 저렇게나 좋아하는 아들이 무려 3년 동안 고기를 끊으면 그 고통이 얼마나 클까 싶은 거지요. 그래서 태종은 이런 유언을 남깁니다.

"내가 죽어도 세종은 고기반찬을 꼭 먹도록 해라."

아무리 유언이 이러해도 효심 깊던 세종이 어찌 상중에 고기를 먹을 수 있겠어요. 결국 세종은 고기를 끊고 예를 갖춥니다. 하지만 불과 두 달 만에 금단현상으로 몸이 허약해져 어쩔 수 없이 다시 고기를 먹게 되지요.

"하물며 태종께서 항상 말씀하시기를 '주상께서는 하루라도 소찬(素饌, 고기나 생선이 없는 반찬)을 해서는 안 된다'고 하셨사오니, 바라옵건대 고기반찬을 다시 드소서." 『세종실록』 31권, 8년(1426) 3월 25일

세종은 자신의 고모인 경신공주가 죽은 후에도 무려 사흘이나 고기를 끊었다가, 고기를 먹으라는 신하들의 청을 받습니다. 이후에도 신하들은 세종이 기력이 없거나 나랏일로 수심에 빠질 때마다 고기를 먹으라고 청해요. 아마도 세종에게 고기는 보약이자 신경안정제 같은 음식 아니었을까요?

1418년 세종의 비극적인 가족사 1 – 장인의 죽음

큰 형 대신 얼결에 왕이 되었던 세종, 하지만 세종은 처음에는 온전한 임금이 아니었어요. 앞서 말했듯, 아버지 태종이 왕위를 물려주긴 했지만 병권만은 내놓지 않았거든요.

그 와중에 병조참판[4]이던 강상인이 태종의 심기를 건드린 사건이 발생해요. 병권에 관한 보고를 세종에게만 올리고, 상왕(살아있는 전대 왕)인 태종에게는 하지 않은 겁니다. 태종 입장에서는 상당히 괘씸한 일이 아닐 수 없지요.

그래서 강상인을 비롯, 이에 연루된 신하들을 대대적으로 처벌하는데,

---

4 병조참판(兵曹參判) : 오늘날의 국방부 차관. 조선시대 병조에 둔 종2품(從二品) 관직. 위로는 병조판서가 있고, 아래로 병조참의, 병조참지, 병조정랑, 병조좌랑 등이 있다.

그중에는 세종의 장인인 심온의 동생도 있었습니다.

그런데 이 일이 발생하기 한 달 전 세종의 장인인 심온은 명나라 사신길에 올랐습니다. 당시 심온을 배웅하는 사대부들이 많았는데 그들의 위세가 중국의 장안성을 덮을 만큼 높았다는 소식이 조선에 전해집니다. 상왕 태종 역시 이 소문을 듣고 매우 불쾌해 하지요.

자고로 외척이 강하면 왕권이 흔들릴 염려가 있다고 보았던 임금이 바로 태종이잖아요. 이 때문에 왕비 민씨의 형제들을 모조리 제거하기도 했고요. 이런 태종인데, 그 대상이 사돈이라 한들 어찌 좋게 볼 수 있겠어요.

한편, 당시 병조좌랑 안헌오는 강상인, 심정 등과 사이가 좋지 않았습니다. 그런 그가 태종의 불편한 심기를 읽고, 이때다 싶어 다음과 같이 보고합니다.

"상왕마마, 심정이 박습·강상인에게 사사로운 말로 '이제 호령이 두 곳(상왕과 세종)에서 나오게 되었으니, 한 곳(세종)에서 나오는 것만 못하다'하였나이다."

이 보고에 조정은 발칵 뒤집혔고, 강상인은 모진 고문을 받습니다. 이어서 심정 역시 고문을 당하지요. 그런데 모진 고문에 못 이기던 심정은 결국, 형이자 세종의 장인인 심온 역시 똑같은 죄인이라는 허위 자백을 합니다.

아무것도 모르던 심온은 중국에서 돌아오는 중에 압록강에서 체포되었고, 죽임을 당합니다. 세종은 왕이었지만 아무것도 할 수 없었습니다. 오히려 심온은 사위가 왕이기 때문에 죽게 된 거나 마찬가지지요. 장인 심온의 죽음은 결국 사위인 세종 책임이라고 하면 너무 큰 비약일까요?

한편, 당시 심온을 죽이는데 앞장섰던 박은, 유정현, 조말생은 내친 김에 왕비 심씨까지 폐하라고 청합니다. 그러나 태종은 선을 분명히 그었습니다.

> "심온이 비록 중죄(重罪)를 범하였으나, 공비(恭妃)가 이미 주상의 배필이 되어 아들을 많이 둔 경사(慶事)가 있으니, 어찌 다른 사람에 비할 수 있으랴."
>
> 『세종실록』 2권, 즉위년(1418) 12월 23일

왕이 되자마자 처가가 멸문을 당했으니, 이거 참, 사위가 왕인 게 결코 좋은 일은 아닌 가봅니다.

1436년 세종의 비극적인 가족사 2 – 동성애를 한 며느리

세종은 왕비 1명과 후궁 5명 사이에서 18명의 아들과 4명의 딸을 두었습니다. 그중 첫째아들인 문종은 세종의 적장자로, 후계자 수업을 착실히 받는 모범생 아들이었지요. 하지만, 문종은 불행히도 아내 복이 없었는데요, 이 말은 곧 다 가진 세종이 며느리 복만큼은 지지리도 없었다는 뜻이기도 합니다.

문종은 학문을 열심히 닦는 모범생이었지만, 정작 자기 가정에는 충실하지 못했다고 합니다. 항상 아버지를 보필하여 과중한 업무를 보다 보니, 아내에게는 소홀했던 것일까요?

어쨌든 문종은 첫 번째 부인 휘빈 김씨와 사이가 썩 좋질 않았어요. 그녀 역시 문종이 궁녀들과 친하게 지내는 걸 무척 질투했고요. 결국 휘빈 김씨

는 압승술(壓勝術, 주술로 화를 누르는 일)이라는 민간요법을 쓰기 시작해요. 예를 들어 문종이 아끼는 궁녀의 신발을 훔쳐다가 불에 태운 후 그 재를 몰래 문종에게 먹이려고 한 겁니다. 하지만 이런 엽기적인 행각이 곧 발각되면서 휘빈 김씨는 궁궐에서 쫓겨나는 신세가 됩니다.

그런데 두 번째로 맞이한 세자빈 순빈 봉씨는 이보다 더 엽기적인 행각을 벌입니다. 그녀 역시 질투가 어찌나 강했는지, 후궁 권씨가 문종의 아이를 임신하자, 울며불며 대성통곡했다고 합니다.

> "봉씨는 성질이 시기하고 질투함이 심하여서, 처음에는 사랑을 독차지 못한 일로 오랫동안 원망과 앙심을 품고 있다가, 권 승휘가 임신을 하게 되자, 봉씨가 더욱 분개하고 원망하여 항상 궁인에게 말하기를, '권 승휘가 아들을 두게 되면 우리들은 쫓겨나야 할 거야' 하였고, 때로는 소리 내 울기도 하니, 그 소리가 궁중에까지 들리었다." 『세종실록』 75권, 18년(1436) 10월 26일

심지어 자신이 임신했다고 거짓말을 할 정도였어요. 이에 시어머니인 소헌왕후 심씨에게 불려가 혼쭐이 났지요. 이런 여자를 문종이 좋아할 수 있었을까요? 안 그래도 예쁜 구석이 없는데, 더더욱 정이 떨어졌겠지요. 그녀가 엽기 행각을 벌일수록 문종은 그녀를 멀리하게 됩니다.

문종의 사랑을 받지 못한 순빈 봉씨는 급기야 사랑에 굶주린 마음을 다른 궁녀에게 표출하기에 이릅니다. 그리하여 궁궐 내에서 '동성애 사건'이 발생하지요. 조선시대에 궁녀들의 동성애를 은어로 '대식'이라고 했어요. 원래 대식이란 궁녀의 가족들이 궁궐 밖을 자유롭게 출입하지 못하는 그

녀들을 찾아가, 궁녀의 처소에 모여 함께 밥을 먹는 걸 뜻하는 말입니다.

그런데 이것이 점차 동성애를 나타내는 은어로 통용돼요. 임금의 승은을 입지 못한 궁녀들이 동성 관계를 맺기 시작하면서, 원래의 의미가 변색된 것이지요. 특히 혼자 방을 쓰는 상궁들을 중심으로 대식이 이루어지곤 했어요.

순빈 봉씨는 소쌍이라는 궁녀와 이른바 대식을 하였고, 결국 이를 들키는 바람에 궁궐이 발칵 뒤집힙니다. 임금의 며느리가 대식 행위를 하다니, 누가 감히 생각이나 할 수 있었겠어요? 세종은 크게 분노합니다. 엄중한 왕실에서 이게 무슨 해괴망측한 일이냐며 버럭 화를 내곤 무척 수치스러워하지요.

"근년 이후로 일이 성취되지 않음이 많아서 마음이 실로 편치 않았다. 요사이 또 한 가지 괴이한 일이 있는데 이를 말하는 것조차도 수치스럽다."

『세종실록』 75권, 18년(1436) 10월 26일

"소쌍이 말하기를, '지난해 동짓날에 빈께서 저를 불러 내전으로 들어오게 하셨는데, 다른 여종들은 모두 지게문 밖에 있었습니다. 저에게 같이 자기를 요구하므로 저는 이를 사양했으나, 빈께서 윽박지르므로 마지못하여 옷을 한 반쯤 벗고 병풍 속에 들어갔더니, 빈께서 저의 나머지 옷을 다 빼앗고 강제로 들어와 눕게 하여, 남자의 교합하는 형상과 같이 서로 희롱하였습니다' 하였다."

『세종실록』 75권, 18년(1436) 10월 26일

Q. 세종 편은 너무 길어요, 세종에 대해 요약해주세요.

A. 조선시대 왕 중에서 '대왕'이라는 이름이 더없이 어울린 임금이 바로 세종이랍니다. 세종이란 이름보다 세종대왕이 훨씬 더 익숙하지요? 대한민국 국민이라면 이 점에 대해 누구나 동의할 거예요. 왕이 되기 위해 태어난 사람이 아닐까 싶을 정도로 실로 눈부신 업적들을 달성했으니까요.

하나도 잘하기 힘든데, 모든 걸 다 잘하니, 그야말로 엄친아의 표본이 아닐까 싶네요.

『실록』에서도 역시 세종을 높이 칭송하고 있어요. 재위하던 30여 년 동안 백성들이 즐거워하였으며 세종에 대해 '해동의 요순이다'라고 말했다 합니다. 요순은 요임금과 순임금을 말하는데요, 전설로 내려오는 중국 고대 임금들이에요. 두 사람 모두 대단히 훌륭한 성군이었기 때문에 요임금, 순임금이라고 불렸다는 건 그만큼 Best of the Best란 뜻이지요. 한마디로 이런 임금이 우리나라에 존재했다는 게 그저 자랑스럽다고나 할까요?

"인륜에 밝았고 모든 사물에 자상하니, 남쪽과 북녘이 복종하여 나라 안이 편안하여, 백성이 살아가기를 즐겨한 지 무릇 30여 년이다. 거룩한 덕이 높고 높으매, 사람들이 당시에 해동 요순(海東堯舜)이라 불렀다."

『세종실록』 127권, 32년(1450) 2월 17일

137

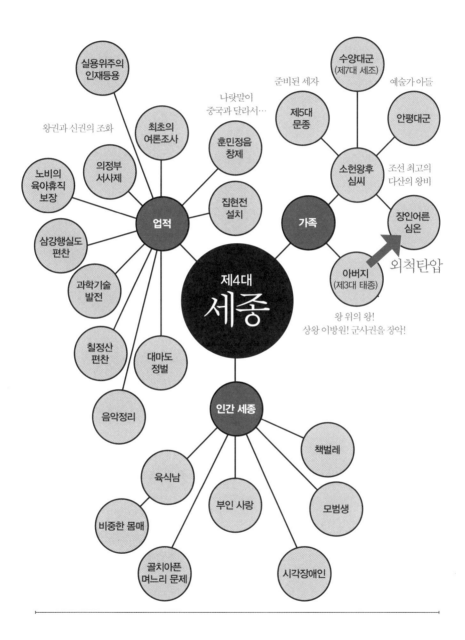

피곤한 호랑이.
세자만 30년,
아버지 세종을 쏙 닮은 임금

- 문종(文宗)은 사실 무종(武宗)이어야 했다?!

- 준비된 임금 문종, 그의 죽음이 안타까운 이유

문종은 어떤 인물이었나?

생애 1414~1452년

재위기간 1450~1452년

휘(諱) 이향(李珦)

묘호(廟號) 문종(文宗)

출생과 즉위 조선 제4대 세종의 첫째 아들로 태어났으며, 어머니는 소헌왕후 심씨입니다. 조선 최초 적장자(정실부인의 장남)로 왕위에 올랐으며 무려 30년 동안 왕세자의 자리에서 아버지 세종을 도와 굵직한 국책들을 담당했습니다. 이 때문에 준비된 군주라는 칭송을 받지요.

가족관계 왕비 : 1명, 후궁 : 2명, 자녀 : 1남 2녀

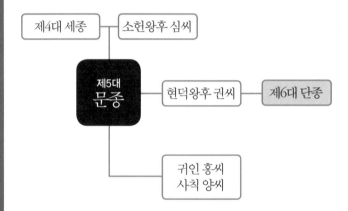

1421~1450년 **약 30년 동안의 세자 활동**

세종에게는 여러 아들이 있었습니다. 정실부인인 소헌왕후와의 사이에서는 총 8명의 아들을 두었는데요, 그 중 첫째 아들인 이향(李珦, 훗날 문종)은 아버지 세종을 쏙 닮아서 성품이 온화하고, 몸집 또한 넉넉한 편이었습니다.

이향은 1414년에 태어나 1421년 7세의 나이에 세자로 책봉되어, 무려 30년 동안 왕세자의 자리에 머물렀답니다. 그만큼 준비된 임금이었지요. 게다가 세종이 훈민정음을 창제할 당시 서무결재권을 아들에게 넘겨요. 즉 문종은 아버지 세종이 병에 걸려 시력을 잃자, 세종 19년에 부왕[1] 대신 서무결재를 책임집니다. 이후 1442년부터 세종이 승하한 1450년까지 대리청정을 하지요.

그러므로 문종은 세종 말년에 이뤄진 굵직한 업적들에 참여한 셈인데요. 대표적인 것이 군사 영역이었어요. 문종은 조선의 군사에 관심이 많았던 임금이었거든요. 이름은 문종(文宗)이지만, 실상은 무종(武宗)에 가까웠다고나 할까요?

혹시 신기전(神機箭)이라는 무기를 알고 있나요?

---

1 부왕(父王) : 왕자나 공주가 자기의 아버지인 임금을 이르던 말.

▶신기전. 조선시대에 사용된 로켓추진 화살. 1448년(세종 30년) 제작된 병기로, 고려 말 최무선이 제조한 로켓형 화기인 주화를 개량한 것이다. 육군박물관 제공.

신기전은 조선시대에 사용된 화살무기예요. 고려 말 최무선[2]에 의해 제작된 것을 세종 시절 발전시켜 완성시켰지요. 신기전은 로켓과 비슷해 장거리에 강할뿐더러 화력도 매우 높았습니다.

신기전이 만들어진 시기가 세종 30년(1448)인데, 이때가 바로 문종이 대리청정하던 시기였어요. 세종 말년에는 각종 무기를 제조하는 등 군사 강화에 힘을 쓰고 있었는데, 이를 담당한 이가 바로 문종이었던 거지요.

Q. 혹시 조선시대 최단기로 세자 시절을 보낸 임금은 누구인가요?

A. 흥미롭게도 조선에서 가장 짧은 세자 시절을 보낸 사람은 문종의 아버지 세종입니다. 세종은 형인 양녕대군을 대신하여 세자가 되는데요, 그 기간은 단 52일이었답니다. 아버지 태종이 세종에게 서둘러 왕위를 양위했기 때문이지요. 하지만 이와 달리, 그의 아들인 문종은 30년 동안 세자 시절을 보냈다니! 흥미롭지 않나요?

2 최무선(崔茂宣, 1325~1395) : 고려 후기의 무기 발명가로, 우리나라에서 화약을 이용한 무기를 처음 제작해 사용하였다.

1441년　측우기는 장영실이 만들지 않았다!

측우기(測雨器), 세종 때 강우량을 측정하기 위해 만든 기구이지요. 우리나라는 비가 일정하게 내리지 않기 때문에 농사를 지을 때 상당히 불편했지요. 또한 강우량을 측정하기 위해 흙 속에 빗물이 얼마나 스며들었는지 일일이 조사해야 했고요. 이러한 불편함을 해소하기 위해 세종 때 일정 기간 동안 구리 통에 빗물을 모아 그 깊이를 측정하는 측우기가 발명된 겁니다.

오늘날 많은 이들이 측우기는 장영실[3]이 발명한 거라고 알고 있는데, 사실은 문종이 만든 거랍니다. 물론 세종 때 다양한 과학기구가 장영실에 의해 발명된 건 맞아요. 하지만 실록에 측우기는 장영실이 아닌 당시 세자였던 문종의 작품이라는 게 명확히 기재되어 있답니다.

> "근년 이래로 세자가 가뭄을 근심하여, 비가 올 때마다 젖어들어 간 푼수(分數)를 땅에 묻고 살펴보았었다. 그러나 적확하게 비가 온 푼수를 알지 못하였으므로, 구리를 부어 그릇을 만들고는 궁중(宮中)에 두어 빗물이 그릇에 괴인 푼수를 실험하였는데, 이 물건이 만일 하늘에서 내렸다면 하필 이 그릇에 내렸겠는가."　『세종실록』 92권, 23년(1441) 4월 29일

문종 이향이 아버지만큼이나 백성을 사랑하는 왕세자였다는 걸 알 수 있는 대목입니다. 이러한 세자의 노력 덕분에 세종 23년(1441)에 측우기

---

3 장영실(蔣英實, ?~?) : 조선 세종 때의 과학기술자.

가 발명된 것입니다. 이는 이탈리아의 베네데토 카스텔리Benedeto Castelli가 발명한 서양 최초의 측우기보다 무려 200여 년이나 앞선 겁니다. 문종 덕분에 세종 24년(1442) 5월 8일(음력)에 조선은 전국적으로 빗물의 양을 측정하여 가뭄에 대비할 수 있게 된 것이지요.

훗날, 이를 기리기 위해 1957년에 우리나라 정부는 5월 19일을 '발명의 날'로 제정하지요. 문종이 빗물을 측정했던 때가 음력으로 1441년 4월 29일이고 이를 양력으로 환산하면 5월 19일이 되는 겁니다.

1450~1452년   군사에 힘쓴 명군(名君)

세종이 승하한 후 문종은 조선의 제5대 임금으로 즉위합니다. 그런데 재위기간은 불과 2년 정도 밖에 안 돼요. 문종의 재위기간이 무척 짧다보니, 많은 이들이 '문종은 몸이 약해 병상에만 누워있던 임금'이라 생각하는데요. 문종이 몸이 약한 건 사실이지만, 그렇다고 아무것도 하지 않은 왕은 결코 아니랍니다.

앞서 살펴보았듯이 문종은 성군 세종 밑에서 30년 동안 세자 시절을 지내며 착실하게 후계자 수업을 받은 왕이에요. 게다가 아버지를 대신해 8년 동안 대리청정을 했기 때문에, 왕이 되기 위한 수습 기간도 충분히 지낸 사람이지요. 하지만 어찌된 일인지 사극 속 문종은 언제나 병약하고 아들 걱정만 하는 아들 바보로 그려지고 있어요. 조선의 왕들 중 행적이 가장 과소평가 된 임금이 바로 문종이라고 봅니다.

임금이 말하기를,

"대사헌 안완경(安完慶)이 이르기를, '『근사록(近思錄)』의 강(講)을 끝마친 뒤에 마땅히 육전(六典)을 강(講)해야 한다'고 하나, 내가 생각하건대 육전(六典)은 반드시 강(講)할 필요가 없으나 병서(兵書)는 강(講)하고 싶다."

『문종실록』 4권, 즉위년(1450) 11월 23일

문종은 즉위한 해에 경연[4]에서 병서(군사 책)를 공부하고 싶다고 말합니다. 경연은 본래 유학의 내용을 토론하는 자리지 군사와 관련한 내용은 절대 언급되지 않거든요. 그럼에도 불구하고 문종은 신하들에게 병서를 논의하자고 할 만큼 군사 전반에 관심이 많았던 임금이었지요.

조선 최고의 미남, 문종

세종을 닮아 몸이 뚱뚱했던 문종은 멋진 수염을 가지고 있었어요. 하지만 그 당시는 풍채가 좋고 수염이 멋진 사람이 미남으로 여겨졌기에, 그의 뛰어난 외모는 명나라까지 소문이 자자했답니다.

"세자가 태평관에 나아가서 사신과 연회(宴會)를 하였다. 세자는 나이 겨우 10세인데도, 용모가 옥처럼 부드럽고 읍양(揖讓)과 보추(步趨)가 예절에 맞지 않는 것이 없으니, 사신이 칭찬하기를 마지 아니하였다."

『세종실록』 21권, 5년(1423) 8월 22일

---

4 경연(經筵) : 임금이 학문이나 기술을 강론하거나 연마하며, 신하들과 국정을 협의하던 일.

문종은 수염이 매우 풍성하여 흡사 삼국지의 관우를 닮은 모습이었다고 전해지고 있어요. 이긍익(李肯翊, 1736~1806)의 『연려실기술』에 의하면, 병자호란 이후 불탄 궁에 왕의 초상화인 어진 하나가 발견되는데, 수염이 길고 풍채가 멋진 모습에 누구라도 단박에 문종의 어진이라는 걸 알아챘다고 합니다.

홀아비 문종

문종은 총 3명의 아내를 두었습니다. '불미스러운 사건'에 의해 어쩔 수 없이 자주 바뀌게 된 거지요. 세종 챕터에서 언급했듯이, 문종의 첫 번째 아내였던 휘빈 김씨는 잘생긴 문종의 사랑을 차지하고자 갖은 비방을 쓰다 결국 발각되어 쫓겨났고, 두 번째 아내였던 순빈 봉씨는 궁녀와 동성애를 나눈 바람에 쫓겨나게 되고 세 번째로 받아들인 아내가 당시 후궁이었던 권씨였습니다. 후궁 권씨는 문종과 사이가 무척 좋았기 때문에 세 번째 세자빈이 되었는데요.

훗날 권씨와 문종 사이에서 1남 1녀가 탄생하는데, 이들이 바로 조선의 제6대 임금이 되는 단종과 그의 누나인 경혜공주입니다.

삼수 끝에 어렵게 맞이한 아내, 그가 바로 단종의 어머니인 현덕왕후 권씨인 거지요. 게다가 귀한 아들과 딸까지 낳아주었으니 문종이 얼마나 행복했을까요? 하지만 문종의 행복은 그리 오래가지 못합니다.

문종이 세자였던 1441년. 당시 세자빈이던 권씨는 아들을 낳고 시름시름 앓다 다음날 숨을 거두어요. 당시 그녀의 나이 불과 24세였습니다.

▶문종은 30년간의 세자시절 신기전을 완성하고, 측우기를 개발하였다.

　권씨의 죽음 이후, 문종은 다른 정실부인을 맞이하지 않았습니다. 결국 문종은 아내 없이 왕위에 올랐고, 이후 약 2년의 짧은 재위 시절을 보낸 것이지요.

문종의 죽음

　　　　　문종은 여러 모로 아버지 세종을 참 많이 닮은 왕이었어요. 하지만 문제는 몸이 병약한 것까지 빼닮았다는 겁니다.

　특히 문종은 세자시절부터 몸 곳곳에 종기가 나서 괴로워하지요.

"세자에게 또 종기가 났으므로 여러 신하를 나누어 보내, 기내(畿內)의 신사(神祠)와 불우(佛宇)에 기도하게 하였다." 『세종실록』 126권, 31년(1449) 12월 25일

아버지를 닮아 유학과 학문 연구에만 몰두한 문종인지라, 약한 몸은 더 쇠약해져 결국 병을 얻었는데, 세종 승하 이후 삼년상을 치르면서 몸 상태는 걷잡을 수 없이 악화됩니다.

문종은 결국 병상에 누워 있는 시간이 많아지지요. 자리에 누운 문종은 걱정이 많아집니다. 그에게는 형제들이 많았기 때문이지요. 특히 바로 아래 동생이던 수양대군이 가장 큰 고민이었어요. 수양대군은 할아버지 태종을 닮아 공부도 잘할뿐더러 용맹하였습니다. 한마디로 문무를 겸비한 왕자였던 거지요. 그만큼 아들인 단종을 위협할만한 인물이었던 겁니다. 그 밑의 동생이던 안평대군은 굉장히 예술적 기질이 많은 사람이었는데, 특히 대단한 명필가로 그 명성이 조선 최고의 명필가인 한석봉과 견줄 정도였답니다. 이런 안평대군을 따르는 이들도 많았답니다. 게다가 그 역시 형 수양대군만큼이나 야심이 많은 사람이었습니다.

문종의 형제들이 이렇게 세력을 키울 수 있었던 건 사실 아버지 세종의 실수라고 볼 수 있어요. 세종은 문종 이외의 다른 왕자들에게도 정치적 입지를 다질 기회를 주었기 때문입니다. 아버지 세종은 그의 형제들과 우애가 좋았습니다. 피를 흩뿌리고 왕이 된 아버지 태종이 자식들에게만큼은 형제간의 우애를 유독 강조하였기 때문이지요. 아들인 세종 역시 아버지의 가르침대로 형제간의 우애를 강조하면서, 나랏일을 집행할 때 아들들을 두루두루 기용합니다. 세종 자신이 형제들과 사이가 좋았기 때문에 자

녀들 또한 형제간의 우애가 좋을 거라 확신한 것이지요.

하지만 이는 오히려 세자 이외의 다른 자녀들에게도 똑같이 힘을 실어주는 계기가 되었고, 이 때문에 불행의 씨앗이 움트게 됩니다. 게다가 문종이 병을 얻어 자리에 눕자, 이 씨앗은 점점 발아되고 만 것이지요.

결국 문종은 병상에서도 오매불망 세자(훗날, 단종) 걱정 뿐입니다. 그래서 승하 전에 신하들을 불러놓고 이런 유언을 남기지요. 참고로 왕의 유언을 받든 신하들을 '고명대신(顧命大臣)'이라고 불러요. 황제나 국왕의 임종 시 그들의 유언을 받드는 대신으로 나라의 훗날을 부탁받았던 것이지요. 당시의 고명대신은 영의정이었던 황보인, 우의정이었던 김종서 등이었습니다.

"나는 더 이상 가망이 없는 것 같소. 다만 내 아들이 이제 겨우 12세니, 왕 노릇을 잘할 수 있을지 걱정이 많소. 홀로 남겨진 단종을 그대들이 잘 지켜주시오."

"전하!!!!!"

성군 아버지 세종만큼 명군이던 문종은 이렇게 홀로 남겨진 아들을 신하들에게 부탁한 뒤, 2년이 조금 넘는 재위 끝에 승하합니다.

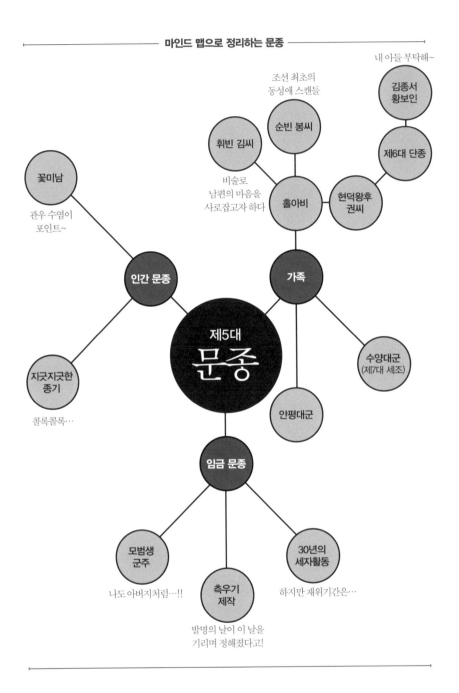

마인드 맵으로 정리하는 문종

내 아들 부탁해~

김종서
황보인

조선 최초의
동성애 스캔들

순빈 봉씨

제6대 단종

휘빈 김씨

꽃미남

비술로
남편의 마음을
사로잡고자 하다

홀아비

현덕왕후
권씨

관우 수염이
포인트~

인간 문종

가족

제5대
문종

수양대군
(제7대 세조)

지긋지긋한
종기

안평대군

콜록콜록…

임금 문종

모범생
군주

30년의
세자활동

나도 아버지처럼…!!

측우기
제작

하지만 재위기간은…

발명의 날이 이 날을
기리며 정해졌다고!

어린 호랑이,
15세에 상왕이 된 외로운 소년 군주

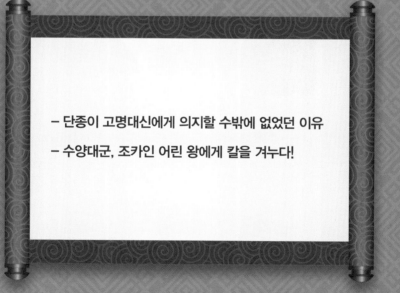

- 단종이 고명대신에게 의지할 수밖에 없었던 이유

- 수양대군, 조카인 어린 왕에게 칼을 겨누다!

단종은 어떤 인물이었나?

생애 1441~1457년

재위기간 1452~1455년

휘(諱) 이홍위(李弘暐)

묘호(廟號) 단종(端宗)

출생과 즉위 조선 제5대 문종의 첫째 아들로 태어났으며, 어머니는 현덕왕후 권씨입니다. 다른 남자 형제도 있었지만, 모두 어릴 때 죽었기 때문에 문종의 외동아들로 성장하게 되지요. 어머니 현덕왕후 권씨가 세자빈 시절 단종을 출산하고 하루만에 죽자, 아버지 문종이 새로운 정실부인을 맞이하지 않았기 때문에 어머니 없이 성장합니다. 즉, 할아버지(세종)·할머니(소헌왕후)·아버지(문종)·어머니(현덕왕후)가 모두 승하한 후 혈혈단신으로 즉위하게 돼요.

가족관계 왕비 : 1명, 후궁 : 없음, 자녀 : 없음

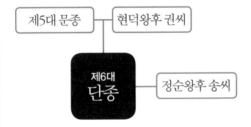

혈혈단신[1] 소년 군주

단종은 조선이 건국된 이래 처음으로, 태어날 때부터 왕으로 지목된 인물이지요. 단종의 할아버지인 세종이 뒤늦게 형인 양녕대군을 대신해 왕위에 올랐기 때문에, 당시 세종의 장자이자, 단종의 아버지인 문종은 처음부터 왕세자 신분은 아니었거든요.

한편, 단종의 아버지인 문종은 조선 최고의 미남이었지만 마누라 복은 지지리도 없는 남자라고 얘기했지요? 그렇기 때문에 세종은 장자 문종의 아들 소식을 애타게 기다리고 있었지요.

이후, 문종은 세 번째 부인으로부터 1남 1녀의 자식을 얻었으며, 그 아들이 바로 훗날 조선의 제6대 임금인 단종이었습니다.

단종이 태어난 1441년은 할아버지 세종이 임금이자, 아버지 문종이 대리청정하였던 시기였기 때문에, 단종은 조선 최초로 안정적인 왕의 길, 즉 원자-세자-왕으로 즉위할 수 있었습니다. 하지만 실상은 결코 안정적인 자리가 아니었어요.

그의 불우한 삶은 출생부터 예고되어 있었다 해도 과언이 아닙니다.

---

1 혈혈단신(孑孑單身) : 의지할 곳 없는 외로운 홀몸.

세종 : 아이고! 우리 아들이 나이가 장년인데도 후사가 없어서 걱정이 이만저만이 아니었는데, 이렇게 아들을 얻으니, 너무 기쁘구나! 이에 죄인들을 사면하고자 하는데, 너희들은 어찌 생각하느냐?

신하들 : 이보다 더한 나라의 경사가 어디 있겠사옵니까? 전하 뜻대로 하시옵소서.

세종 : 그래, 그럼 교지를 읽어 죄인들을 사면하도록 하겠다.

그때 툭! 하는 소리와 함께 임금 앞에 있던 촛대가 갑자기 땅에 떨어졌다.

세종 & 신하들: !!!!!!!

교지를 읽기를 마치기도 전에 전상(殿上)의 대촉(大燭)이 갑자기 땅에 떨어졌으므로, 빨리 철거하도록 명하였다.　　『세종실록』 93권, 23년(1441) 7월 23일

손자의 탄생을 기뻐하던 할아버지 세종이 죄수들을 사면하는 교지를 발표하는데, 앞에 있던 촛대가 바닥에 떨어진 겁니다. 생각해보세요. 귀한 왕손이 태어난 걸 축하하는 자리에 기분 나쁘게시리 촛대가 툭 떨어지다니요. 그런데 정말 불길한 일이 벌어질 징조였을까요? 실제로 다음 날 단종의 어머니인 세자빈 권씨가 산후병으로 세상을 떠납니다.

단종의 비극은 이때부터 시작됩니다. 단종이 6세(1446)가 되는 해에 할머니 소헌왕후가 돌아가셨고, 10세(1450)가 되었을 땐 할아버지 세종이 승하합니다. 효자였던 아버지 문종은 이를 몹시 슬퍼하여 정성껏 3년상을 치르지요. 하지만 3년상을 연이어 두 번 치른다 생각해보세요. 몸이 쇠약해질 수밖에 없습니다.

▌Q. 삼년상을 치르는 동안 왕은 어떤 절제를 해야 하나요?

▌A. 먼저 왕은 3년 동안 소복만 입고 지내야 한답니다. 그리고 부모님 묘옆에서 시묘살이[2]를 하지요. 하지만 정치를 해야 하니, 총애하는 내관을 대신 보냅니다. 그리고 왕은 3년 동안 몸가짐을 단정히 갖추고, 고기와 같은 육식은 즐길 수 없어요. 고기뿐 아니라 다른 음식도 최대한 절제해야 하지요. 또 가끔은 슬픔에 겨워 눈물을 흘려야 합니다. 3년상과 관련한 규제 사례는 세종대왕을 통해서 엿볼 수 있는데요, 세종이 엄청난 고기 마니아였는데, 아버지 태종이 자신이 죽으면 삼년 동안 아들이 고기를 못 먹어 힘들어할까 봐 이런 유언을 남겼다고 합니다.

"아들아, 3년상 동안에도 고기는 꼭 챙겨 먹어라."

무려 6년상을 치르다보면 건강했던 사람도 몸이 약해질 수밖에 없는데, 하물며 병약하기로 소문난 문종이 6년상을 치렀으니 얼마나 몸이 상했겠어요. 결국 문종은 왕위에 오른 지 2년이 조금 지나서 병으로 승하합니다.

즉, 약 10년 동안 조선 왕실에서는 소헌왕후, 세종, 문종의 줄초상이 이어진 것이지요. 단종의 입장에선 자신을 지켜주던 큰 기둥 3개가 한꺼번에 쓰러진 거예요. 게다가 단종의 어머니 권씨가 죽은 후 문종은 후처를 들이지 않았기 때문에, 어린 왕을 대신해 수렴청정을 할 왕실의 여인도 없었어요. 승하하기 전, 병상에 누워 있던 문종은 어린 아들 걱정을 합니다. 그리곤 신하를 불러 말합니다.

---

2 시묘살이 : 부모님이 돌아가신 뒤 3년 동안 자식이 묘지 근처에 움집을 짓고 산소를 돌보던 일.

문종 : 거기에… 누… 누가 있느냐.

김종서 : 네, 전하. 김종서이옵니다.

황보인, 남지 : 네, 전하 황보인과 남지도 있사옵니다.

문종 : 세자가 아직 나이가 어려 걱정이 많구나. 너희들이 잘 지켜주길 바란다.

김종서, 황보인 : 전하!!!!!

임금의 유언을 받든 대신들을 고명대신(顧命大臣)이라고 합니다. 영의정 황보인, 좌의정 남지, 우의정 김종서가 바로 고명대신으로, 임금의 유언을 받은 겁니다. 특히 김종서는 세종 때 여진족을 때려잡았던 대호(大虎, 호랑이)였습니다.

혈혈단신의 소년 군주 단종!

결국 그를 보필한 것은 왕실의 어른이 아닌, 아버지 문종의 유언을 받든 고명대신들이었습니다.

단종은 12세에 왕이 됩니다. 왕이 되기엔 너무 어린 나이지요. 그래서 황보인, 김종서 같은 대신들이 아버지 역할을 해줘요. 그런데 문제는 정말 아버지처럼 지켜줬다는 거지요.

야심가 숙부, 수양대군

사실 단종은 할아버지, 할머니, 아버지를 여의었지만 왕실 어른이 아예 없는 것이 아니었습니다. 아버지의 형제들이 있었거든요. 세종은 소헌왕후와의 사이에서 8명의 아들을 낳는데, 그중 둘째 아들인 수양대군과 셋째아들인 안평대군의 세력이 기세등등했습니다. 즉, 단종이 천애 고아는 아니었던 거지요.

하지만 천민의 자식이라면, 이런 상황이 천만다행이지만, 왕실의 이야기라면 달라질 수밖에 없습니다. 혈육을 죽이면서까지 왕위에 오르던 시절 아닌가요. 이런 상황에서 특히 수양대군의 존재는 위협적일 수밖에 없었어요.

게다가 수양대군은 문무(文武)를 겸비한 인물인데다, 할아버지 태종 이방원을 닮아 대단한 야심가였지요. 하지만 쉽게 속마음을 드러내진 않았

▶김종서는 단종의 보위를 지키기 위해 노력했지만, 수양대군(세조)의 야심을 꺾을 수 없었다.

어요. 형인 문종이 죽었을 때도 통곡하며 슬퍼할 정도였습니다.

> 수양 대군이 외정(外庭)에서 통곡하면서 말하기를,
> "어째서 청심원(淸心元)을 올리지 않는가?" 『문종실록』 13권, 2년(1452) 5월 14일

▌Q. 청심원을 올리라는 게 무슨 뜻이에요?

▌**A.** 청심원은 우리나라 전통 대대로 내려오는 한방 구급약이랍니다. 진정과 안정작용의 효과가 있다고 하지요. 실제로 갑자기 죽은 듯할 때 처방하는 약이기도 했답니다. 오늘날에는 중요한 시험이나 면접이 있을 때, 사람들이 많이 복용하잖아요? 세조가 '청심원을 올리지 않았는가!'라고 말한 건 왜 구급처치를 하지 않았느냐며 신하들을 꾸짖는 일종의 퍼포먼스인 겁니다.

그리고 자청해서 중국의 사신길에 오릅니다. 그만큼 자신은 권력에 털 끝만큼도 욕심이 없다는 걸 몸소 보여주고 싶었던 거지요.

> 세조(수양대군)가 말하기를,
> "나는 국정에 참여하지 아니할뿐더러 또한 여러 재상이 있으니, 비록 두어 달 원행을 하더라도 무엇이 해롭겠습니까?"
>
> 『단종실록』 3권, 즉위년(1452) 9월 10일

하지만 속마음은 전혀 달랐습니다.

1452년 황표정사(黃票政事)

나라를 운영하는 데 있어 가장 중요한 것은 무엇일까요? 전쟁이나 재해가 발생하지 않고, 농사도 잘돼서 경제적으로 넉넉해야 하겠지요. 하지만 이보다 더 중요한 게 있으니, 바로 국가 운영에 필요한 '시스템 구축과 운영'이지요.

조선은 관료제 사회입니다. 아버지가 높은 관리라고 해서 아들이 자동으로 관리가 되는 귀족사회가 아닌 거지요. 과거시험을 통해 관리가 될 수 있으며 이후에도 오직 실력으로 승부해야 합니다. 그러므로 한 나라를 운영하기 위해서는 인사관리가 매우 중요합니다. 이것은 비단 국가뿐만 아니라 다른 집단에서도 마찬가지지요. 누구를 어느 소속에 배치하고 일을 맡길 것인가에 대한 인사관리는 어디서나 중요한 일이잖아요.

그래서 인사담당이 특정 세력의 영향을 받게 되면 문제가 발생할 수밖에 없습니다. 문제는 이런 부정이 단종 때 발생했다는 거지요.

어린 단종은 아직 정치에 대해 잘 몰랐습니다. 그래서 관리를 임용할 때, 주변 사람들로부터 도움을 받아야 했어요. 그때 가장 큰 역할을 한 사람이 바로 고명대신인 김종서입니다.

김종서가 추천하는 사람의 명단 위에 노란색 표시점을 찍어 왕이 그 사람을 선택할 수 있도록 한 것이지요. 이를 '황표정사(黃標政事)'라고 합니다.

"고을의 장수와 수령은 반드시 3인의 성명을 썼으나, 그중에 쓸 만한 자 1인을 취하여 황표(黃標)를 붙여서 아뢰면 노산군(단종)이 다만 붓으로 낙점할

뿐이었다." 『단종실록』2권, 즉위년(1452) 7월 2일

이는 당시 수양대군과 안평대군의 세력을 견제하기 위해 김종서 측에서 시행한 변칙적인 인사행정이었습니다. 이러한 사실을 알게 된 수양대군은 무슨 생각을 했을까요?

수양대군 : 음… 구중궁궐이 아주 김종서 패거리로 돌아가는군, 저놈들이 아예 왕권을 능멸하는데? 내가 손을 좀 봐줘야겠어.

1453년 계유정난(癸酉靖難)

단종 즉위 당시, 숙부인 수양대군의 세력은 위협적이었지만 시간이 지날수록 단종의 입지는 더 커질 수밖에 없어요. 소년이던 왕이 점차 늠름한 청년군주가 될 테니까요.

이 사실을 수양대군이 모를 리 없겠지요.

아까도 언급했듯, 수양대군은 자신의 야심을 절대로 드러내지 않습니다. 스스로 몸을 낮추고 낮춰 조용히 때를 기다린 것이지요. 심지어 중국 명나라에 사신으로 갈 정도였으니 말 다했잖아요? 사실 사신으로 중국에 가는 건 위험천만한 일입니다. 암살의 위협을 받을 수도 있으니까요. 하지만 수양대군은 이 일을 호랑이처럼 대범하게 해냅니다.

이처럼 몸을 낮추는 수양대군을 보고 김종서는 마음을 푹 놓았던 걸까요?

1453년 10월 10일! 김종서의 집에 복면을 쓴 검은자들이 떼거리로 들이 닥칩니다.

퍽!

수양대군이 사람을 모아 불시에 김종서 집에 쳐들어가 쇠몽둥이인 철퇴로 김종서를 죽이고, 황보인 등을 모두 제거해버린 사건이 일어납니다. 그리고 김종서가 안평대군을 추대하려는 역모를 꾀했다는 명분을 내세워 김종서 세력을 숙청하지요.

또한 당시 수양대군의 책사였던 한명회에 의해 조정 신료들의 목숨이 생과 사의 갈림길에 서게 되었고요. 계유(癸酉)년 하룻밤에 조선의 정치 판도가 뒤집힌 사건! 그리고 수양대군이 절대적 권력을 갖게 된 정변인 계유정난이 발발한 것입니다.

계유정난은 '계유년에 발생한 어지러운 난을 바로잡았다'란 뜻이에요. 김종서와 안평대군의 역모를 진압하고 세상을 평정하였다는 뜻이지요. 하지만 이는 어디까지나 역사의 승자인 수양대군에 의해 붙여진 이름일 뿐 실상은 수양대군이 무력으로 권력을 장악한 난이라고 볼 수 있어요.

수양대군은 계유정난으로 조선의 핵심 관직인 의정부영사[3]·판이조사[4]·판병조사[5]·내외병마도통사[6]를 겸직하였습니다. 또 정변에 가담했던 정인지(鄭麟趾)를 좌의정으로, 한확(韓確)을 우의정으로 둡니다. 이 밖에도 계

---

3 의정부영사(議政府領事) : 조선시대 주요관서의 정1품 관직.
4 판이조사(判吏曹書) : 조선시대 육조 중 이조에서 으뜸 벼슬. 문관의 인사권을 가짐.
5 판병조사(判兵曹書) : 조선시대 육조 중 병조에서 으뜸 벼슬. 무관의 인사권을 가짐.
6 내외병마도통사(內外兵馬都統使) : 조선시대 내외의 군사들을 통솔하는 관직.

유정난에 가담한 사람들을 모두 공신으로 삼아, 궁궐 안에 포진시켜 놓지요. 단종은 이제 작은아버지 수양대군의 그늘 밑에서 몹시 위태롭게 왕의 자리를 이어가게 됩니다.

Q. 계유정난으로 실권을 장악한 수양대군은 왜 바로 왕이 되지 않았나요? 사실상 왕과 마찬가지 아닌가요?

A. 계유정난은 1453년에 일어나고, 수양대군이 세조로 즉위한 것은 1455년이었어요. 수양대군은 약 2년 동안 신하로서 단종을 보필(?)했던 것이지요. 정치란 이른바 '명분 쌓기'라고 말했던 것을 기억하나요? 사실상 권력을 장악하고 있다고 하더라도 바로 왕이 되면 반발 세력이 나타날 수밖에 없어요. 그리고 계유정난은 김종서 세력을 제거하는데 목적을 두고 있었기 때문에 여기서 한발 더 나아가 왕이 되면 그 지위를 오래 유지할 수가 없었을 거예요.

1453~1455년　15세에 상왕이 된 임금, 단종

단종은 세종이 아끼던 손자이자, 세종이 인정한 정통 왕위 계승자였습니다. 세종 자신도 적장자가 아닌, 3남으로 왕위에 올랐기 때문에 적장자의 왕위 계승을 무엇보다도 중요하게 여겼거든요. 왕실의 종통을 세워 유교국가 조선의 입지를 단단히 하고자 한 겁니다.

그러나 이러한 세종의 꿈은 둘째 아들인 수양대군에 의해 좌절됩니다.

노산군(魯山君, 단종)이 세종(世宗)이 임어하시던 자미당(紫薇堂) 창가의 난간(窓欄)을 보고 크게 탄식하기를,

"세종(世宗)께서 살아 계신다면 나에 대한 사랑이 어찌 적겠는가?"

하니, 종자(從者)들이 모두 감격하여 울었다. 세조(世祖)도 이 말을 듣고 슬피 울기를 마지않았으며, 자성 왕비(慈聖王妃)도 슬피 울었다.

『단종실록』 12권, 2년(1454) 11월 25일

단종은 할아버지 세종이 계시던 자미당을 바라보며 한탄의 눈물을 흘립니다. 실록에서는 수양대군(세조)과 그의 아내가 함께 울었다고 하지만, 글쎄요, 잘 믿기지 않네요, 그렇게 울던 사람이 어찌 조카인 단종을 몰아낼 수 있을까요?

수양대군의 눈물이야말로 조선판 악어의 눈물 아닐까요? 계유정난 당시 안평대군이 강화도로 유배되었다가 사사되었고(1453년 10월 18일), 이후 단종을 지지하던 세종의 여섯째 아들 금성대군도 유배되자(1455년 6월), 단종은 결국 왕위를 숙부 수양대군에게 양위합니다. 1455년 윤 6월 11일. 재위기간 3년여 만에 일어난 일이지요.

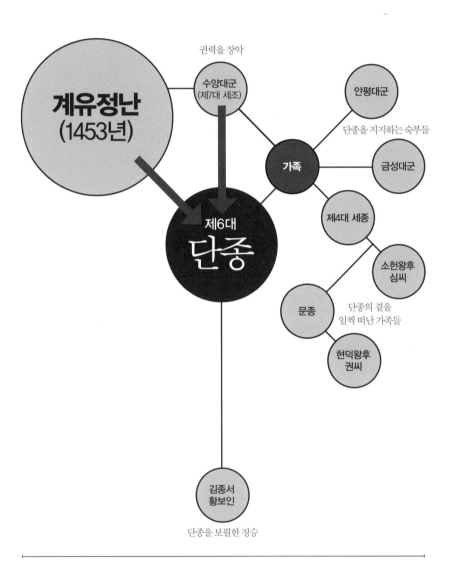

무서운 호랑이,
피로써 이룬 세조의 '왕권 강화'

- 모사꾼 한명회, 수양대군을 왕으로 만들기 위해
  살생부를 만들다

- 형제와 조카를 죽이고 이룩한 왕권 강화

- 세조의 아내와 술! 그리고 불교 사랑

세조는 어떤 인물이었나?

생애 1417~1468년

재위기간 1455~1468년

휘(諱) 이유(李瑈)

묘호(廟號) 세조(世祖)

출생과 즉위 조선 제4대 세종의 둘째 아들로 태어났으며, 어머니는 소헌왕후 심씨입니다. 아버지 세종의 뒤를 이어 적장자인 문종과 그의 아들인 단종이 차례로 왕위에 올랐지요. 하지만 세조(수양대군)는 어린 왕을 보필한다는 이유로 정승들의 권한이 강해지고 왕권 및 왕족의 힘이 약화되자 이에 불만을 품습니다. 결국 1453년 계유정난을 일으켜 정적이던 김종서를 제거하고 권력을 장악하지요. 이후 자신의 반대파를 제거하였으며, 1455년 조카 단종이 양위한 후 조선 제7대 임금으로 즉위합니다. 왕이 된 이후, 조카 단종을 위한 복위 운동이 일어나자, 반대파를 제거하고 여러 업적을 이루면서 왕권 강화의 기틀을 마련하고자 합니다.

가족관계 왕비 : 1명, 후궁 : 1명, 자녀 : 4남 1녀

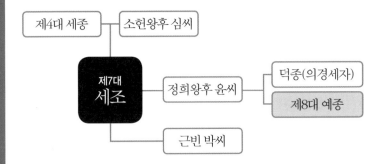

1455년 　인정받지 못한 임금

　　　　　　　　　　　1455년 윤 6월 11일. 수양대군은 조카 단종의 양위(왕위를 물려줌)로 드디어 학수고대하던 왕이 됩니다. 형식적으로는 양위였지만, 실상은 작은아버지 수양대군의 세력이 무서워 내어 준 것이므로, 찬탈[1]이나 마찬가지지요.

　당시 단종의 옥새를 수양대군에게 넘긴 사람은 조선 최고의 충신, 성삼문[2]이었습니다. 성삼문은 1455년에 단종을 보필하는 승지(오늘날 대통령 비서)의 자리에 있었는데, 야사에 의하면 성삼문이 옥새를 건네면서 눈물을 펑펑 쏟았다고 합니다. 그런 그를 수양대군은 매섭게 노려보았고요.

　임금이 된 수양대군, 하지만 모든 신하가 그를 왕으로 인정하진 않았겠지요? 아마도 성삼문의 눈물은 이후의 사건들을 암시하는 단초였을지 몰라요.

---

1 찬탈(篡奪) : 왕위, 국가 주권 등을 억지로 빼앗음.
2 성삼문(成三問, 1418~1456) : 조선 전기의 집현전 학사 출신으로, 목숨을 바쳐 신하의 의리를 지킨 사육신(死六臣) 중의 한 사람.

1456년　단종 복위 운동-우리는 나으리의 신하가 아니오!

세조는 왕위에 오른 후 단종을 상왕으로 추대하고 궁궐이 아닌 금성대군의 집에 살게 합니다. 이른바 허울뿐인 상왕이었던 거지요. 게다가 단종의 거처에 군사를 배치해 경계와 감시까지 하거든요.

수양대군 세조! 왕이 되었지만 왕이 될 명분은 부족했던 사람입니다. 그가 일으킨 계유정난은 반역을 모의한 김종서와 안평대군을 응징하기 위한 거라고 하나, 그 말을 믿을 사람이 얼마나 있겠어요. 결국 세조 시절에는 여러 가지 거사와 난이 일어나요.

Q. 예술적 면모가 뛰어났다던 안평대군과 세조는 라이벌 관계였어요? 친동생을 꼭 죽여야 했을까요?

A. 안평대군은 세종의 셋째 아들이자 세조의 바로 아래동생입니다. 서예, 시, 그림, 음악에 뛰어나 예술가적 기질이 풍부한 사람이었다고 합니다. 단종이 즉위했을 당시의 세력은 크게 3개로 나뉘어 있었는데요, 김종서를 중심으로 한 고명대신, 수양대군(세조) 세력 그리고 안평대군 세력이었지요. 그리고 수양대군(세조) 세력을 견제하기 위해 김종서와 안평대군이 손을 잡습니다. 여기에 위협을 느낀 형 세조가 먼저 선수를 쳤으니 그게 바로 계유정난인 거지요(인생은 타이밍!이란 말이 다시 한 번 떠오르네요). 따라서 아무리 친형제라고 해도 이미 적이기 때문에 세조는 안평대군을 강화도로 귀양 보낸 후 사약을 내려 죽인 거예요.

세조는 왕이 되기 전에 김종서, 황보인 등 단종을 따르는 세력을 제거했지만 미처 생각지 못한 사람들이 있었어요. 바로 집현전 학자들이지요. 할아버지 세종은 손자인 단종을 무척 아꼈는데요, 단종을 세손으로 책봉하고 나서 성삼문, 박팽년[3], 이개, 하위지, 유성원, 신숙주 등의 집현전 학자들에게 세손을 부탁하기도 합니다.

세종의 부탁까지 받은 집현전 학자들인데, 단종이 쫓기다시피 왕위를 물러난 것에 대해 가만히 있을 리 없겠지요. 결국 단종이 상왕이 된 지 1년 만에 성삼문·박팽년 등을 중심으로 단종 복위 운동(1456)이 일어납니다.

그런데 집현전 학자들은 거사를 치르기 전 단종에게 이 사실을 전합니다. 자, 이 소식을 들은 단종은 어찌해야 할까요? 이는 실로 어마어마한 사건이잖아요. 잘못하면 피비린내가 진동할 수 있어요. 자, 여러분이 단종이라면 어떻게 하겠어요?

선택지는 두 가지입니다. 하나는 삼촌에게 냉큼 일러바치는 것, 또 하나는 이들을 도와 왕위를 되찾는 것.

단종은 어떤 선택을 할까요? 바로 그들에게 칼을 하사합니다.

"그래, 선택했어. 나 다시 복위할래."

그러나 거사는 이루어지기도 전에 발각돼요. 성삼문과 함께 단종 복위 운동을 계획하던 김질[4]이 이를 누설한 거지요.

결국 성삼문, 박팽년 등 관련자들이 모두 끌려가게 됩니다. 그리고 무시

---

3 박팽년(朴彭年, 1417~1456) : 세종의 총애를 받은 집현전 학사. 1456년 단종 복위 사건에 연루되어 순절한 조선 초기 문신이다.

4 김질(金礩, 1422~1478) : 조선 전기의 문신. 1456년 성삼문 등과 단종 복위의 거사를 꾀하다가, 동지들을 배반하고 세조에게 고변하여, 사육신사건을 일으켰다.

무시한 추국과 고문을 받아요. 『연려실기술[5]』에 의하면 세조가 직접 추국을 했다고 합니다.

그리고 실록에는 나오지 않지만, 야사인 『대동야승[6]』을 보면, 쇠막대기를 벌겋게 달궈 다리를 관통시키고 인두로 몸을 지졌다고 합니다. 정말 잔인하네요.

세조 : 네 이노옴! 감히 네가 왕인 나를 능멸하고, 역모를 꾀한 것이냐! 너희들이 어찌하여 감히 나를 배반하는 것이냐!!

성삼문 : 우리는 옛 임금을 복위시키고자 함이오. 나의 마음은 모든 사람이 다 알고 있소. 나으리가 나라를 빼앗고 나의 군주가 폐위당하는 것을 보고 어찌 가만히 있을 수 있겠소!

세조 : 뭐야? 고얀 녀석! 네놈은 지난번 옥새를 가져올 때도 펑펑 울었었지. 그런데 여태 가만히 있다가 이제 와서 나를 배신하는 이유가 무엇이냐?

성삼문: 나는 다만 때를 기다렸소.

성삼문은 세조를 끝까지 왕이라 부르지 않고, '나리나리 개나리~'라고 불러 그의 화를 더 돋웠다고 하네요. 또한 남효온의 『육신전』에서는 다음과 같은 이야기를 전하고 있습니다.

---

5 연려실기술(燃藜室記述) : 조선 후기의 학자 이긍익(李肯翊:1736~1806)이 지은 조선시대 사서.
6 대동야승(大東野乘) : 조선시대 야사·일화·소화·만록·수필 등을 모아 놓은 책.

세조 : 너는 나의 녹을 먹으면서 어찌 뻔뻔하게 나를 배반하는 것이냐? 명분은 상왕 복위라고 하지만 실제로는 권력을 차지할 욕심 아니더냐!

성삼문 : 나는 나라의 녹을 먹은 적이 없소. 내 말을 못 믿겠다면 내 집에 가서 직접 살펴보시오!

성삼문의 말대로 집에 가서 확인해보니, 과연 그간 받던 녹봉(월급)이 그대로 있었다고 합니다. 성삼문은 처음부터 세조를 왕으로 인정하지 않았던 겁니다.

여하튼 성삼문뿐만 아니라 많은 신하가 단종의 복위 운동을 도모하다 목숨을 잃었는데요. 그중 6명의 충신을 일컬어 사육신(死六臣)이라고 불러요. 성삼문·박팽년·하위지·이개·유성원·유응부이지요.

또한 살아 있으나, 세상을 등지고 맹인인 척 귀머거리인 척 벙어리인 척 평생 죄책감에 살았던 사람들이 있었으니, 이들을 생육신(生六臣)이라고 불러요. 김시습·원호·이맹전·조려·성담수·남효온이 이에 해당하지요.

Q. 역모로 몰리면 3대(당사자, 아버지, 자식), 또는 그 이상의 식솔이 모두 죽거나 과거 길이 막힌다던데, 진짜로 그랬나요?

A. 삼족을 멸한다에서 삼족(三族)이란 친가, 처가, 외가를 뜻해요. 대역죄인 경우, 이들을 몰살시키는 거지요.

이러한 형벌은 혈통 중심 사회에서 볼 수 있는 최고의 형벌이지요. "죄인의 씨란 씨는 한 톨도 남기지 말고 죄다 없애리라." 이런 발상에서 나온 형벌이랍니다.

하지만 실제로는 이렇게 잔인하기 쉽지 않잖아요. 그래서 보통은 직계 혈통만 처분하고 나머지는 죽이는 대신 노비로 전락시켜요.

그런데 노비로 전락한다는 건 과거길이 막힌다는 뜻이고 이는 더 이상 은 지배층이 될 수 없다는 걸 의미하지요. 살아도 사람답게 살 수 없는 삶 이 되는 겁니다.

1457년   끝나지 않는 비극   자, 그럼 세조 입장에서 단종을 어떻게 해 야 할까요? 미우나 고우나 그래도 자기 조카잖아요. 하지만 세조에게 단 종은 더 이상 조카가 아니었어요. 자신을 위협하는 인물이거든요. 만일 단 종을 제거하지 않으면, 제2, 제3의 성삼문과 박팽년이 나오지 말라는 법도 없고요. 게다가 단종은 점점 성장하고 세조 자신은 점점 늙어갈 테니 더욱 신경이 곤두섰겠지요.

결국 단종을 노산군(魯山君)으로 강등한 후 강원도 영월로 유배 보내요. 단종이 머물던 청령포는 삼면이 강으로 둘러싸여 있고 다른 한 면은 험준 한 암벽이 우뚝 솟아 있어 혼자 힘으로는 나오고 싶어도 못 나오는 육지 속의 섬이었지요. 이런 곳에 유배되었다가 홍수가 나자 관풍헌[7]으로 옮기 게 됩니다.

단종의 이런 슬픈 삶은 머지않아 막을 내립니다. 세조의 동생이자 단종

---

[7] 관풍헌 (觀風軒) : 강원도 영월군 영월읍 영흥리에 있는 조선 초기 관아건물.

의 숙부인 금성대군이 단종 복위를 모의하다 발각된 것이지요.

결국 단종의 존재가 얼마나 위협적인지 또 한 번 증명된 겁니다. 이에 세조는 동생과 단종 모두에게 사약을 내리지요. 실록에서는 단종의 죽음에 대해 자세히 기록하고 있지 않지만, 구전이나 야사 등을 통해 다양한 일화들이 전해지고 있습니다.

하지만 사약을 가지고 간 신하가 차마 단종에게 사약을 올리지 못하고 눈물만 쏟고 있었지요.

단종 : 밖에서 줄을 잡아당기세요. 창문 밖으로…
하인 : 전하!!!!!!!!!!!!!!!

세조가 단종을 죽이려고 사약을 내리자 그것을 운반하는 사절이 자결하였

▶청령포. 강원도 영월군 남면 광천리에 있는 명승지로, 단종이 노산군으로 강등되어 유배되었던 곳이다. 1971년 강원도기념물 제5호로 지정되었다가 2008년 명승 제50호로 변경되었다. 영월군 제공.

다. 단종이 이들의 죽음을 안타깝게 여겨 하인을 불러 개고기를 먹고 싶다고 하였다. 줄을 방문 밖으로 내고 안에서 스스로 목을 걸고 하인에게 당기라 하니, 하인은 개를 묶은 줄 알고 당기다가 한참 후에 방안을 보니 이미 단종이 승하한 뒤였다. 『한국구비문학대계』

스스로 쓸쓸히 떠난 왕, 그가 바로 단종입니다.

Q. 지금까지 살펴본 왕 중 세조가 제일 나쁜 왕 같아요. 친형제에 조카까지 다 죽이잖아요.

A. 맞습니다. 조선의 임금 중에서 사람을 많이 죽인 왕으로 태종, 세조, 연산군 등을 손꼽을 수 있는데요, 나중에 살펴볼 연산군은 '희대의 폭군'이라고 악평을 듣는 임금으로, 일명 피를 부르는 군자라고도 할 수 있어요.

태종과 세조 역시 피를 뿌리고 왕이 된 사람입니다. 이 두 왕은 닮은 듯하지만 실제로 후대의 평가는 사뭇 달라요. 태종이 뿌린 피 덕분에 아들 세종이 찬란한 조선의 문화를 꽃피우고 어진 정치를 펼칠 수 있었다는 평가를 받거든요. 게다가 태종은 왕위에 오래 집착하지 않고, 내려올 때를 알고 직접 내려왔잖아요.

이와 달리 세조에 대한 평은 매우 비판적이에요. 그 이유는 조선이란 유교 사회에서 결코 일어나서는 안 될 일을 저질렀기 때문이에요. 작은아버지가 왕이 되겠다고 조카를 죽이고 그 측근들까지 죽이다니! 개념을 상실한 거지요. 게다가 아버지 세종과 형 문종이 아끼던 집현전 학자들까지 모조리 죽였잖아요. 세종이 세손 단종을 부탁한다고 신신당부했던 이들이 바로 집현전 학자이거늘, 어찌 그들을 다 죽이냔 말이지요.

특히 단종은 조선에서 드문 적장자였어요. 유교 사회인 조선에서 적장자가 왕위 계승을 하는 게 당연하지만, 사실 그렇게 된 경우가 별로 없어요. 총 27명의 임금중에서 적장자로 왕위를 계승한 왕은 문종, 단종, 연산군, 인종, 현종, 숙종, 순종 총 7명뿐이거든요. 그중 단종은 비록 나이는 어릴지라도 그 누구도 함부로 할 수 없는 명명백백한 임금이었습니다. 할아버지 세종을 이어 아버지인 문종이 대리청정하고 있을 때 태어난 이가 바로 단종이거든요. 다른 왕들이 14K짜리 금수저였다면, 단종은 100% 순금으로 만든 금수저를 입에 물고 태어난 거라고 볼 수 있어요.

하지만 세조가 이러한 정통성을 단칼에 무너뜨렸으니, 당연히 비난의 대상이 될 수밖에 없었던 거지요. 게다가 조선후기에 성리학적 질서가 더욱 강화되면서 세조의 폭군 이미지도 더 도드라집니다.

세조가 받은 저주

피도 눈물도 없는 방법으로 권력을 잡은 세조, 인과응보일까요? 그는 단종의 어머니인 현덕왕후 권씨에 의해 끔찍한 저주를 받게 되었다는 일화가 전해집니다.

꿈에 현덕왕후가 뱉은 침자리마다 종기가 돋아나고 있다니, 세조는 아연실색했다. 종기는 차츰 온몸으로 퍼지더니 고름이 나는 등 점점 악화되었다.

강원도 평창군, 상원사 설화(한국콘텐츠진흥원 컬처링 제공)

세조의 모사꾼─한명회

세조를 이야기하면서 빼놓을 수 없는 인물이 있으니 바로 칠삭둥이 한명회입니다. 한명회는 명문가 집안의 자제였습니다. 조선 개국 직후 명나라에 가서 '조선' 국호를 승인받고 돌아온 한상질이 그의 할아버지였거든요. 하지만 한명회는 어려서 부모를 잃어 작은할아버지 집에서 자라게 돼요. 이후에도 그의 삶은 계속 삐걱댑니다. 게다가 세상에 나가 뜻을 펼치고 싶은 욕망은 강렬했지만 번번이 과거에 낙방하지요.

한명회는 서른을 훌쩍 넘긴 나이에 다시 과거에 응시했으나, 역시 결과는 또 낙방. 그렇게 똑똑한 사람으로 알려진 한명회가 왜 자꾸 떨어지냐고요? 여기서 우리가 한 가지 알 수 있는 건, 시험머리와 처세머리는 완전히 다르다는 겁니다.

그런 와중에 친구인 권람은 장원급제를 하지요. 한명회는 할 수 없이 자존심을 꺾고 집안 배경을 업고 벼슬을 얻은 후 태조가 살던 개경의 집을 관리하는 관리인이 됩니다.

이후, 친구인 권람[8]이 수양대군이던 세조와 친해진 후 한명회를 추천해요. 수양대군을 만난 한명회는 그때부터 승승장구하기 시작합니다. 한명회가 수양을 왕으로 만든 참모, 킹메이커 역할을 톡톡히 하거든요.

그리고 보면 왕이 되고 싶었던 자 옆에는 항상 참모가 있습니다. 이성계를 태조로 만든 이가 정도전이라면, 이방원을 태종으로 만든 이는 원경왕

---

8 권람(權擥, 1416~1465) : 조선 전기의 문신. 1450년 식년문과에 장원급제하였고 계유정난 때 정난공신 1등으로 우부승지에 특진하였다. 1463년 부원군으로 진봉되었다.

후 민씨였고, 수양대군을 세조로 만든 이는 바로 한명회인 셈이지요.

▌Q. 한명회가 수양대군 옆에서 꾀돌이 참모로 활약한 사건은 어떤 게 있어요?

▌A. 한명회의 살생부(殺生簿)라고 혹시 들어봤나요? 야사에 따르면 한명회가 살생부를 작성했다고 전해져요. 이는 조정대신들의 목록으로, 죽일 자와 살릴 자의 이름이 기록되어 있었던 거지요.

계유정난 당시 한명회는 궁궐 앞에 무사와 대기합니다. 그리고 궁궐로 들어오는 대신 중에서 자기와 반대파인 사람들을 가차 없이 죽여요. 조선 대신들의 목숨이 한명회 한 사람 손에 달려 있던 겁니다. 가장 잔인하면서

▶야사에서는 한명회가 계유정난 당시 살생부를 만들어 세조의 편이 아닌 조정대신들을 처단하였다고 전하고 있다.

단순하게 세조의 반대파들을 제거함으로써 세조는 무소불위의 권력을 장악하게 된 거지요.

또한 한명회는 처세에 굉장히 뛰어난 자라, 수양대군이 왕이 된 다음에 그와 사돈 관계까지 맺습니다. 죽을 때까지 줄타기를 잘해서 잘 먹고 잘살았던 신하, 그가 바로 칠삭둥이 한명회였던 거지요. 왜 공부머리와 처세머리가 다르다고 한지 이해가 되나요?

한편, 한명회는 말년에 쉬고 싶어서 정자를 만들어요. 그게 바로 그 유명한 압구정입니다. 야사에 의하면 압구정이 상당히 좋은 땅이라고 해요. 실제로 땅값이 엄청 올랐지요. 오늘날의 압구정을 예언한 자가 바로 한명회였던 것은 아닐까요?

인간 세조

자, 그렇다면 세조의 인간적인 모습도 한 번 살펴볼까요? 세조하면 인정사정없는 못된 왕 같지요? 영화 「관상」에서 나오는 이정재처럼 폭군 같은 이미지가 떠오르잖아요.

하지만 이런 세조도 정작 자기 가족과 아내에게는 더할 나위 없이 따뜻하고 여린 남자였답니다.

【 소문난 효자, 애처가 】

세조는 어머니 소헌왕후에 대한 효성이 지극했습니다. 소헌왕후가 말년에 병으로 자주 피접을 갔는데, 마지막으로 요양한 곳이 바로 둘째 아들인 세조의 개인 사저였을 정도지요.

또한 세조는 보기와 달리 무척 애처가였답니다. 가계도를 살펴볼까요?

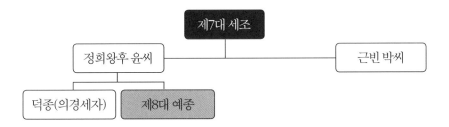

세조에게는 후궁이 딱 한 명밖에 없다는 걸 알 수 있지요? 아버지 세종과 할아버지 태종은 후궁도 많고 자식도 많았는데도 말이지요. 하지만 세조는 아버지, 할아버지와는 달랐습니다.

당시 세조는 아내였던 정희왕후를 매우 사랑했다고 해요. 조선시대에는 왕이 오직 한 명의 부인하고만 백년해로하고 싶어도, 신하들이 가만 놔두질 않아요. 후사를 생산해야 하니까요. 그래서 어쩔 수 없이 후궁을 들여야 했지요. 세조 역시 신하들의 등쌀에 못 이겨 후궁을 들이는데, 딱 한 명만 들입니다. 세조는 나들이를 나갈 때는 물론이거니와 심지어 사냥터에 갈 때도, 부인을 대동했을 만큼 부부 금슬이 좋았다고 해요.

"임금이 중궁(中宮)과 더불어 동교(東郊)에 거동하여 사냥하는 것을 구경하였다."   『세조실록』 27권, 8년(1462) 2월 27일

심지어 신하들과 토론을 하는 자리에서도 "우리 집사람이 말하기를"이란 말을 버릇처럼 입에 달고 살았을 만큼 소문난 애처가였다고 하네요.

【 애주가 세조 】

세조는 자주 신하들과 술자리를 가졌답니다. 어느 날 자신을 왕으로 만들어준 한명회, 신숙주와 함께 술을 마셨습니다. 신숙주는 원래 집현전 학자였지만 세조 쪽으로 돌아선 변절의 아이콘이에요.

▶신숙주(申叔舟, 1417~1475)의 초상화. 조선 전기 문신으로, 영의정을 지냈다. 단종이 왕위를 이어받았을 때 신숙주는 정치적으로 수양대군의 편에서 변절자의 표상으로 지목되었다. 문화재청 제공.

술을 마시던 도중, 세조와 신숙주가 팔씨름을 하지요. 감히 왕하고 팔씨름해서 이기려고 드는 것 자체가 어리석은 짓이지요. 그런데 이게 웬일인가요, 신숙주가 세조의 팔을 한방에 확 꺾어버려요.

윽!

세조의 외마디가 울려 퍼진 후 분위기는 무척 싸해져요. 그렇게 어색한 채로 술자리는 마무리됩니다.

그런 후에 각자 집에 왔는데, 한명회가 자기 종을 불러서 다음과 같이 말해요.

"지금 신숙주 영감에게 가서 동향을 살펴봐라."

신숙주의 집에 가보니, 아니나 다를까 그가 불을 켠 채 책을 읽고 있는 게 아닙니까? 술까지 마신 다음에 책을 읽다니, 정말 대단한 애서가가 아닐 수 없네요. 사실 한명회는 이러한 신숙주의 독서 습관을 알고 있었어요. 그래서 이 사람이 공부를 하나 안 하나 살펴보도록 한 것이지요. 그리고 만약 불이 켜져 있으면, 촛불을 치우라고 전한 것이지요. 반드시 오늘 밤만은 책을 덮고 자라고 한 겁니다.

한편, 그날 밤 세조는 신숙주가 괘씸해 잠이 안 옵니다.

"신숙주…. 이놈이 감히 내 팔을 비틀어? 이놈이 취해서 그런 건지 평소 나에게 억하심정이 있어서 그런 건지 알아봐야겠다."

세조는 사람을 시켜 신숙주의 집에 다녀오게 합니다. 신숙주의 집에 가보니, 한명회에게 귀띔을 받은 신숙주가 불을 끄고 자고 있거든요. 보고를 받은 세조는 그제야 안심합니다.

"아, 신숙주가 취해서 그랬구나."

『소문쇄록(謏聞鎖錄)[9]』에 실려 있는 이 일화를 통해 세조는 애주가였고, 한명회는 지략가이며 신숙주는 책벌레라는 걸 알 수 있지요.

불교에 심취한 임금

세조는 왕자 시절부터 불교에 심취해 있었습니

---

9 소문쇄록(謏聞鎖錄) : 조선 중기, 역관 조신(曺伸)의 시화·잡록집. 『대동야승』과 『시화총림』에 수록되어 있으며, 고려 말에서 조선 초기에 이르는 문인들의 동향과 시화를 기록하고 있음.

다. 아버지 세종도 불교를 좋아했는데, 아들 세조도 마찬가지였던 거지요. 실제로 세종 때, 『월인천강지곡』, 『석보상절』과 같은 불교 찬가를 짓는데, 이것을 세종이 세조에게 지시했어요.

말년의 세조는 불교에 더욱 심취하게 됩니다. 이유는 세조가 피부병으로 무척 고생하기 때문입니다. 앞서 이야기했듯 단종의 어머니 현덕왕후 권씨의 저주 때문이었을까요?

그런데, 여러분! 조선시대 국가의 기본 이념이 무엇이었지요? 바로 유교입니다. 다른 종교를 보면 천국 혹은 극락과 같은 사후세계에 관한 이야기가 나오잖아요. 하지만 유교에서는 사후세계에 대한 언급이 없지요.

공자님이 살아 있을 때 제자가 물어봤어요.

제자: 스승님, 귀신에 대해서 어떻게 생각하십니까?
공자: 내가 산 사람의 일도 다 모르는데, 어찌 죽은 사람의 일을 알겠느냐?

따라서 유교는 현세적인 성격이 강하고, 동시에 불교에 대해서는 배척해요. 하지만 세조는 그렇지 않았어요. 불교 발전에 힘을 썼지요. 불경을 번역하고 간행하는 기관인 '간경도감(刊經都監)'을 만들고, 원각사라는 절과 원각사지 10층 석탑을 세워요. 이들은 오늘날 종로의 탑골공원 자리에 있는데, 원각사는 터만 남아 있고, 석탑은 국보 제2호의 유형문화재이지요.

세조의 업적

세조는 조카 단종을 몰아내고 왕위에 오른 잔혹한 군주입니다. 하지만, 세조를 마냥 폭군으로 몰아세우기에는 그의 업적이 참 많아요.

【 6조직계제 시행 】

6조직계제는 왕의 명령을 여섯 장관에게 직접 내리고, 보고도 여섯 장관이 왕에게 직접 하는 제도입니다. 말 그대로 중간의 국무총리 역할인 의정부의 기능을 약화시킨 왕권강화책이지요.

▶세조는 단종의 복위를 도모했던 사육신을 처단하고, 한명회 등의 도움을 받아 무소불위의 권력을 장악하려 했다.

이걸 이전에 누가 했지요? 기억해요? 태종 이방원이 했잖아요. 그리고 그의 아들인 세종대왕은 의정부서사제를 실시했고요. 그런데 세조는 다시 한 번 왕권을 강화하기 위해서 6조직계제를 부활시킨 거예요. 자기 할아버지(태종)와 매우 닮은 모습이지요.

【 왕권 강화: 유향소, 집현전, 경연 폐지 】

세조는 조카 단종을 노산군으로 강등시킨 후 얼마 후에 사약을 내려 죽여요. 이처럼 단종을 몰아내고 삼촌이 왕위를 찬탈했다는 불명예를 업고 왕위에 올랐기 때문에 이후에 여기저기서 반란이 벌어집니다.

그러니 세조가 얼마나 예민했겠어요. 게다가 단종은 적장자 중의 적장자잖아요. 당시 각 지방에 지방 민회를 담당하는 유향소라는 것이 있었어요. 각 지방 민회 소속 영감들이 모여 사또를 보좌하고 감찰하는 역할을 한 장소지요. 그런데 세조가 감히 왕의 분신인 수령의 권한을 넘보는 곳이라는 이유로 이곳을 폐지해버려요.

또 세조는 집현전도 폐지합니다. 바로 사육신 때문이지요. 집현전은 현명한 학자들을 모아놓는 학술 연구기구라고 생각했는데, 집현전 학자들이 자신을 공격하려 드니 세조의 눈에는 역당의 소굴로 보인 거지요.

신하 : 전하! 경연시간이옵니다.

세조 : 음, 오늘의 주제가 무엇이냐?

신하 : 폭군이옵니다.

세조 : 무어라?

이처럼 아마 세조의 입장에선 경연도 절대 달갑지 않게 느껴졌을 거예요. 이 때문에 경연도 없애버립니다.

【『경국대전』 편찬 작업 착수 】

그런데 세조에게도 위대한 업적이 있답니다. 바로 『경국대전』 편찬이지요.

세조 이전에는 『조선경국전』, 『경제육전』, 『속육전』의 법전이 있었지만, 미비하거나 현실과 동떨어진 부분들이 많았어요. 그래서 조선만의 법전이 필요했지요. 더군다나 국가체제가 안정되면서 더욱 체계적인 법전이 간절했지요. 이에 법전을 만들고자 작업을 착수한 왕이 바로 세조입니다.

"『경국대전』은 성종 때 완성된 거 아니에요?"

이렇게 물어보는 이들이 많을 겁니다. 물론 완성은 성종 때 했지만 착수를 한 왕은 바로 세조라는 거, 알아두세요.

게다가 세조 때 재정을 담당하는 법전 「호전」과 형벌을 담당하는 법전 「형전」도 완성이 됩니다.

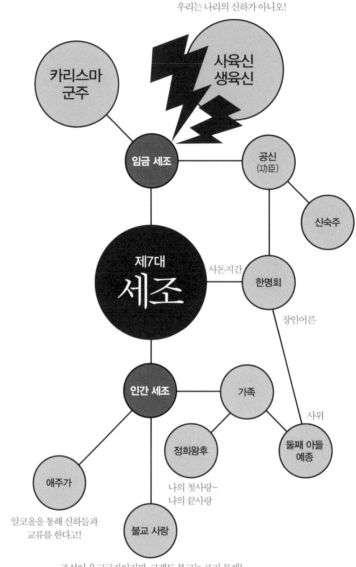

단명한 호랑이,
12세에 아들을 낳은 임금

- 아버지 세조처럼 왕권강화를 꿈꿨던 임금

- 재위 1년 만의 갑작스러운 죽음,
  예종을 죽게 한 병은?

예종은 어떤 인물이었나?

생애 1450~1469년

재위기간 1468~1469년

휘(諱) 이황(李晄)

묘호(廟號) 예종(睿宗)

출생과 즉위 조선 제7대 세조의 둘째 아들로 출생합니다. 세조의 장남이었던 의경세자와 나이 터울이 큰 데다, 의경세자가 이미 장성한 후에 태어났기 때문에 왕위계승과는 거리가 멀었지요. 그런데 갑자기 맏형인 의경세자가 요절을 합니다. 결국 죽은 형을 대신해 세자가 돼요. 성인이 되기 전인 19세에 왕위에 올랐기 때문에 어머니인 정희왕후가 수렴청정을 합니다.

가족관계 왕비 : 2명, 후궁 : 없음, 자녀 : 2남 1녀

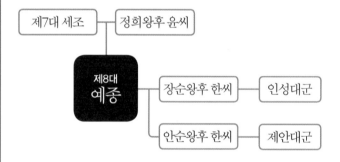

1460년　조선왕조 최연소 아버지—12세에 아들을 낳다

예종은 1468년, 19세에 왕이 됩니다. 그런데 이미 그때 3세인 아들이 있었답니다. 어떻게 된 거냐고요?

예종은 세자였던 1460년에 11세의 나이로 한명회의 딸인 장순왕후 한씨(16세)를 아내로 맞이했어요. 그리고 혼인한 다음 해(1461년)에 아들 인성대군을 낳지요.

> "밤에 왕세자빈(王世子嬪)이 녹사(錄事) 안기(安耆)의 사제(私第)에서 아들을 낳으니, 임금이 심히 기뻐하여 즉시 한명회(韓明澮) 및 홍응(洪應)을 불러 입궐(入闕)하도록 하고." 『세조실록』 26권, 7년(1461) 11월 30일

즉, 12세의 소년이 아버지가 된 거예요. 이로써 조선의 왕 중 최연소 아버지가 탄생합니다. 오늘로 치면 초등학교 4학년의 남자 어린이가 아이를 낳은 겁니다. 어떻게 이럴 수 있냐고요? 아마 왕자라서 영양 만점인 음식들을 골고루 잘 섭취할 수 있었기에 일찍이 몸이 조숙했던 게 아닌가 추측해봅니다.

하지만 아들을 낳은 장순왕후 한씨는 산후병으로 사망하고, 아들인 인

성대군 역시 3세의 어린 나이로 풍질[1]을 앓다 죽게 됩니다.

이후, 예종은 두 번째로 맞이한 아내, 안순왕후를 통해 아들 제안대군을 얻지요.

1468년 **아버지를 닮고자 했던 징검다리 임금**

"예종? 그런 임금이 조선에 있었나요? 처음 듣는 이름인데?"

이런 질문을 종종 듣는데요.

조선의 임금은 총 27명이지만, 이 중에는 우리에게 익숙하지 않은 왕이 몇 명 있지요. 그중 한 명이 바로 예종이에요. 예종은 재위기간이 1년 3개월밖에 되지 않는 데다 교과서에서 거론되는 주요 인물이 아니기 때문에 그럴 겁니다.

게다가 세조 때 일어난 계유정난 이후 형성된 원훈세력(구공신)과 이시애의 난 이후에 성장한 세력(신공신)의 갈등이 심해져 나라가 어지러웠어요. 따라서 안정적인 왕위를 지켜나가기 어려웠지요.

Q. 이시애의 난에 대해서 더 자세히 알고 싶어요.

A. 이시애의 난은 세조 말년인 세조13년(1467)에 일어난 대규모의 반란을 말해요. 세조는 중앙집권을 강화하기 위해 함경도 출신 수령(사또)의

---

1 풍질(風疾) : 신경의 고장으로 생기는 병.

임명을 제한하고 대신 한양 출신으로 대체했어요. 그리고 조선판 주민등록증인 호패법을 강화하여 지방민의 이주를 금지하였답니다. 한마디로 지방에 사는 지주들에게 사또도 못하게 하고, 한양으로 이사도 못하게 한 거지요.

▶호패. 조선시대의 신분증명서. 조선시대에는 호패법에 따라 16세 이상의 남자들은 모두 호패를 차고 다녀야 했다. 국립중앙박물관 제공.

당시 이시애는 함경도 출신의 유력자였어요. 당연히 세조의 이러한 지방 압박이 맘에 들지 않았겠지요. 오늘로 치면 세조는 지역감정이 심한 리더였던 거잖아요. 그래서 이시애가 대규모의 반란을 일으켜요. 동시에 세조의 측근인 '한명회와 신숙주가 반역을 꾸미고 있다' 라는 소문도 퍼뜨리지요.

이를 듣고 놀란 세조는 한명회와 신숙주를 옥에 가둬버려요(물론 나중에 풀려납니다). 이런 가운데 이시애의 난을 진압한 사람이 있으니 바로 왕족 출신인 구성군과 젊은 군인 출신인 남이입니다. 이시애의 난 이후 성장한 젊은 세력들을 '신공신' 이라고 불러요. 그리고 한명회와 신숙주 등 기존의 세조의 측근이었던 세력을 '구공신' 이라 부르고요.

구공신과 신공신의 갈등을 조정하고 어린 왕을 염려한 세조가 원상제(院相制)를 실시합니다. 원상제란 어린 임금이 즉위했을 때, 재상들이 임금을 보좌하는 것인데, 당시 한명회와 신숙주 등이 예종을 보필하지요. 하지만 이는 결과적으로 신하의 권력이 강해지는 걸 의미해요. 즉 왕권이 그만큼 위협받는 걸 뜻하지요.

따라서 예종이 즉위할 당시에는 신하들의 권력이 강하고 왕권은 자칫 약해질 수 있는 상황이었어요. 이때 예종은 어떠한 선택을 했을까요? 예종은 비록 19세의 나이로 어렸지만 강력한 군주였던 아버지를 닮고 싶어 합니다. 그래서 아버지처럼 강력한 왕권을 추구하려고 하지요.

예종의 아버지 따라 하기는 세조의 묘호를 정할 때 여실히 드러나요. 묘호란 황제나 왕이 죽은 후 종묘에 신위를 모실 때 붙이는 이름이라고 설명했지요? 이때, 구공신들은 세조의 묘호를 '신종'이라 올렸어요. 하지만 예종은 세조라는 묘호를 고집합니다. '조(祖)'는 나라를 세운 왕에게 올리는 이름이기 때문에 사실상 세조라는 이름은 쓸 수 없었어요. 하지만 예종이 끝까지 고집한 덕분에 '계승한 왕'이라는 의미의 '세(世)'와 '나라를 세운 군주'라는 의미의 '조(祖)'라는 최고의 묘호를 받게 된 거지요.

임금이 말하기를,

"대행 대왕께서 재조(再造)한 공덕은 일국의 신민이라면 누가 알지 못하겠는가? 묘호(廟號)를 세조(世祖)라고 일컬을 수 없는가?"

『예종실록』 1권, 즉위년(1468) 9월 24일

구공신들이 올린 '신종'을 거부하고 '세조'라 결정한 것은 더는 임금이 구공신의 이야기를 듣지 않겠다는 걸 의미합니다.

예종은 아버지 세조를 닮고 싶었고, 강력한 군주로서의 면모를 어필해 신하들의 세력을 꺾고자 했던 겁니다. 하지만 이러한 예종의 의지는 오래 가지 못하지요.

1468년 말조심의 교훈─남이의 옥(南怡─獄)

남이(南怡, 1441~1468)는 16세에 과거에 합격하고, 26세에 1등 공신에 책봉되었으며, 다음 해에 병조판서가 되는 등 파격적인 인사로 승승장구하던 인물입니다. 당시 과거 급제의 평균 나이는 30세 전후였어요. 그런데 남이는 16세에 급제했으니, 오늘로 치면 10세에 공무원 시험에 합격한 거나 다름없지요.

게다가 그의 할머니는 조선 제3대 임금인 태종의 넷째 딸 정선공주고, 장인은 좌의정까지 올랐던 권람입니다. 집안 좋고, 실력까지 출중한 인물이 바로 남이였던 거지요.

남이는 세조가 집권하던 시기에 무인으로 활약하며 세조 13년(1467)에 발발한 이시애의 난을 진압하고 일약 스타덤에 올라요.

> "북청(北靑)의 싸움에서 남이가 진(陣) 앞에 출몰(出沒)하면서 사력(死力)을 다하여 싸우니, 향하는 곳마다 적이 마구 쓰러졌고 몸에 4, 5개의 화살을 맞았으나 용색(容色)이 태연자약하였다." 『세조실록』 43권, 13년(1467) 7월 14일

세조가 승하하기 13일 전에 파격적으로 병조판서(오늘날 국방부 장관)에 임명되었던 남이. 그런데 남이는 예종이 즉위하자마자 곧바로 실각됩니

다. 왜 그랬을까요?

바로 유자광이란 인물이 남이의 역모 사실을 고발했기 때문입니다.

남이가 궁궐에서 유자광과 같이 숙직하고 있을 때 갑자기 하늘에서 긴 꼬리를 드리운 혜성이 나타나요. 이때 남이가 입을 엽니다.

"묵은 것을 없애고 새것이 오려는 징조네."

유자광은 이 사실을 그대로 전하였고, 남이는 그저 툭 뱉은 말 한마디 때문에 역모를 꾀한 것이 돼 혹독한 고문을 받습니다. 남이는 초반에 역모 사실을 부인하지만, 모진 고문 끝에 결국 자백을 해요. 그리고 사흘 후에 거열형[2]을 받게 됩니다.

일명, '남이의 옥'을 통해 남이를 비롯한 신공신들이 제거되고 이로써 구공신들의 시대가 다시 도래합니다. 남이의 일화를 통해 무심코 내뱉은 말이 얼마나 크게 되돌아올 수 있는지 알 수 있지요. 말 한마디로 천냥 빚을 갚기도 하고, 말 한마디에 만냥 빚을 얻기도 하는 것 같습니다.

이처럼 예종의 재위시절은 짧았지만, 그 와중에 '남이의 옥' 사건이 일어날 정도로 신하들 간의 세력 다툼이 있었고, 이를 타파하기 위해 예종은 아버지 세조처럼 왕권을 강화하기 위해 노력했던 것이지요. 하지만 예종은 젊은 나이로 승하합니다.

---

2 거열형(車裂刑) : 팔과 다리를 각각 소나 말, 수레 등에 묶어 각기 다른 방향으로 당겨 온몸을 찢어 죽이는 형벌.

1469년 갑작스러운 죽음

예종에게는 고질병이 있었는데, 그건 바로 발에 생기는 병인 족질입니다. 하지만 그가 세상을 떠났던 음력 11월 28일 이전의 기록을 보면 족질이 죽을 만큼 심각했던 건 아닌 걸로 보입니다.

> "내가 족질(足疾)로 오랫동안 정사를 보지 못하였는데, 지체된 일이 없느냐? 내가 무사는 활쏘기를 시험하고, 문사는 재예(才藝)를 시험하되, 한(漢)나라와 당(唐)나라 이래의 고사(故事)로써 책문하려고 하는데, 경 들은 어떻게 생각하느냐?"
>
> 『예종실록』 8권 1년(1469) 11월 18일

이후, 실록에서는 예종의 죽음이 매우 갑작스러운 것으로 서술하고 있습니다. 이에 대해 신하들 역시 당황했던 걸로 보아, 예종의 죽음을 아무도 예상하지 못한 걸로 판단돼요. 예종의 죽음 이후 신숙주와 대비의 대화를 살펴보도록 할게요.

> 신숙주 : 임금님의 몸이 안 좋은 건 알고 있었지만, 이 정도이실 줄은….
> 정희왕후 : 나 역시, 주상이 매일 아침 문안을 하였기에 크게 걱정하지는 않았소. 그런데 일이 이렇게 되었으니, 어찌하면 좋겠소?

조금 지나서 신숙주가 아뢰기를,
"신 등은 밖에서 다만 성상의 옥체가 미령(未寧)하다고 들었을 뿐, 이에 이를 줄은 생각도 못 하였습니다."

하니, 태비가 이르기를,

"주상이 앓을 때에도 매일 내게 조근(朝覲)하였으므로, 나도 생각하기를,
'병이 중하면 어찌 이와 같이 하겠느냐?' 하고, 심히 염려하지 않았는데, 이
제 이에 이르렀으니, 장차 어떻게 하겠느냐?"

『예종실록』 8권, 1년(1469) 11월 28일

이 때문에 예종은 독살설에 휘말리기도 하지요. 하지만 실록에는 예종
의 독살설에 대한 근거를 찾을 수 없습니다.

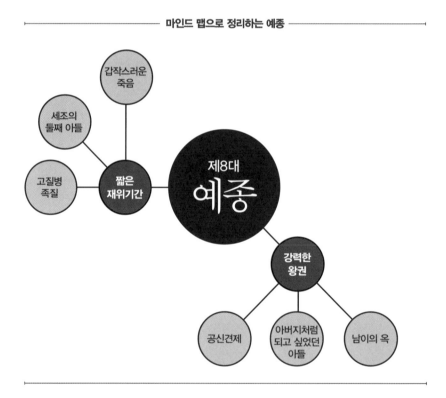

마인드 맵으로 정리하는 예종

모범생 호랑이,
조선 최고의 모범 임금

- 왕위 계승 서열 3위, 장인 한명회의 힘으로 왕이 되다

- 조선 고유의 법전, 경국대전을 완성하다

- 왕으로서는 100점! 남편으로서는 0점!이었던 성종

성종은 어떤 인물이었나?

생애 1457~1494년

재위기간 1469~1494년

휘(諱) 이혈(李娎)

묘호(廟號) 성종(成宗)

출생과 즉위 조선 제7대 세조의 첫째 아들인 의경세자의 차남으로 출생합니다. 어머니는 공신 한확의 딸 소혜왕후 한씨(인수대비)이지요. 성종은 선대왕이던 예종의 아들 제안대군이 있었고, 동복형 월산대군이 있었기 때문에 사실상 왕위 계승 서열 3위였지요. 하지만 이들을 제치고 제9대 임금이 됩니다. 왕위에 오른 나이가 불과 13세였기 때문에 1469년부터 1476년까지 할머니 정희왕후가 수렴청정하지요.

가족관계 왕비 : 3명(폐비 포함), 후궁 : 9명, 자녀 : 16남 12녀

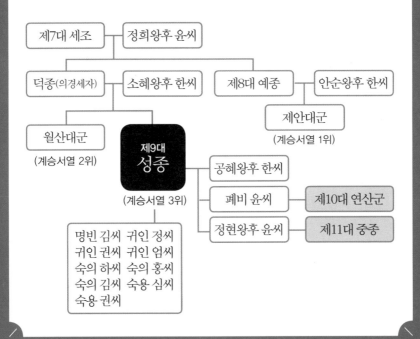

1469년 왕위 계승 서열 3위, 왕이 되다

조선의 제9대 임금인 성종은 제8대 임금이던 예종의 조카입니다. 예종이 갑자기 세상을 떠나자 왕실에서는 다음 왕을 세우는 일이 시급해졌지요. 하지만 당시 나이로 보나, 건강함으로 보나 마땅한 왕위 계승자가 없었기에 예종의 조카라 할 수 있는 자을산군이 왕위에 오릅니다. 그가 바로 성종이지요.

사실 자을산군, 즉 성종이 왕위에 오른 데는 그의 장인어른이 한명회라는 점도 크게 작용한 것 같아요.

한명회! 그가 누구입니까? 계유정난을 통해 공신으로 급부상한 꾀돌이로, 세조 이후 승승장구하던 사람이잖아요. 이런 사람이 성종의 장인어른이었으니, 새로운 임금을 보필하는 뒷배가 확실히 될 수 있었던 거지요. 또한 당시 왕실의 최고 어른인 정희왕후도 이에 동의하였고요.

뒷배가 어찌나 탄탄했는지, 자을산군은 예종이 승하한 바로 그날 왕으로 즉위합니다. 원래 왕이 세상을 떠나면 며칠 뒤에 즉위식을 거행하는 게 관례임에도 불구하고 말이지요.

1469~1476년 **7년 동안의 수렴청정**

성종이 왕위에 오른 나이는 13세였습니다. 아직 미성년자지요. 아버지 없이 왕위에 올랐다는 점에서 단종과 비슷한 상황이지요. 하지만 성종은 단종과는 확실히 조건이 달랐어요. 단종이 혈혈단신 외로운 군주였다면, 성종은 그를 보필해줄 왕실 여인들이 무려 세 명이나 있었거든요.

성종의 할머니, 정희왕후

성종의 작은어머니, 안순왕후

성종의 어머니, 소혜왕후(인수대비)

참고로 이 세 여인을 모시기 위해 지금의 창경궁이 만들어졌답니다. 어쨌든 결국 어린 성종을 할머니 정희왕후가 보필하여 수렴청정합니다. 수렴청정(垂簾聽政)이란 나이 어린 왕이 즉위했을 때, 성인이 될 때까지 일정 기간 왕실 여인이 국정을 대리 처리해주는 걸 말해요. 성종이 13세에 왕이 되었으니, 성인이 되는 20세까지 할머니가 든든한 후원자가 되었던 것이지요(단종도 어머니나 할머니가 살아있었다면, 그렇게까지 비극적인 운명을 맞이하진 않았을지도 모른다는 생각이 드네요).

이러한 할머니의 보필 속에서 어린 성종은 제2의 세종대왕을 목표로 유학 공부에 힘씁니다.

Q. 수렴청정 기간에도 중대한 국가적 결정을 할 때가 있을 텐데, 그렇다면 당시 왕실의 여인들도 국정을 대리할 만큼 수준 높은 교육을 받았나요?

A. 수렴청정이란 왕을 보필하는 것입니다. 수렴청정과 비슷한 용어로 섭정(攝政)이라는 게 있어요. 섭정은 말 그대로 왕을 대신해 정치하는 걸 말해요. 하지만 수렴청정은 본인이 직접 정치하는 게 아니라 조언자 정도의 역할을 한다고 보면 됩니다.

그리고 조선초기에는 남녀차별이 그렇게 심하지 않았어요. 물론 그렇다고 해도 학문의 깊이에 있어서 남녀는 차이가 클 수밖에 없었지요. 조선시대 여성의 역할은 기본적으로 '후계자를 낳는 것'이기 때문에 남성만큼 한문을 공부하지 못했으니까요. 대부분 한문을 익히기보다는 한글을 익히는 정도였지요. 훗날, 정조의 어머니 혜경궁 홍씨가 쓴 한중록 역시, 한글로 쓰였고요.

따라서 수렴청정이라고 해도 왕실 여인 혼자서 할 수는 없었지요. 오랜 왕실 생활로 눈치는 100단이었겠지만, 정치적인 식견을 갖추었다고 볼 수는 없으니까요. 그러므로 당연히 주변 신하들의 도움을 받아야 했습니다.

Q. 성종도 세종대왕만큼 대단한 공부벌레였나요?

A. 성종은 전형적인 모범생이었답니다. 물론 이를 뒷받침해줄 확실한 자료는 없어요. 다만, 형을 제치고 왕이 되었다는 점, 그리고 왕이 된 이후의 행적을 통해 성종이 태생적으로 공부벌레가 아니었을까 추측하는 거지요.

실제로 왕이 된 이후에 성종은 경연에 거의 매일 참석하거든요. 경연이란 유능한 신하들과 함께 공부하는 걸 말해요. 아무리 왕이라고 해도, 유교 국가인 조선에서 경연은 필수지요.

이러한 모습은 오늘날 우리 학생들의 모습과 비슷해요. 학교 마친 후 학원을 가고, 주말에도 또 공부하잖아요.

그런데 성종은 요즘 학생들보다 훨씬 더 공부를 많이 한 것으로 보여요. 성종은 조선의 왕 중에서 가장 경연에 많이 참석한 왕인데요, 25년의 재위 기간 동안 무려 9229회의 경연에 참석했어요. 연평균 369회이니까, 결국 하루도 안 빠지고, 비가 오나 눈이 오나, 허리가 뻐근하고 눈이 침침할 때도 쉬지 않고 공부를 했다는 게 됩니다. 그것도 무려 25년 동안 말이지요. 정말 대단한 왕이지요?

1469~1494년   성종의 업적: 조선 정치제도의 기틀을 완성하다

그럼 지금부터 성종의 업적을 살펴볼까요? 성종은 할아버지 세조가 없앴던 것을 전부 다시 부활시킨 왕이랍니다.

【 경연제도의 부활과 홍문관 설치 】

먼저 세조가 무엇을 없앴지요? 경연을 폐지했어요. 이에 성종은 왕이 신하들과 학문을 토론하는 경연을 부활시켜요. 그런데 아무리 어린 왕이 공부를 열심히 한다고 해도 조선 최고의 석학들과 토론하고 학문을 논하는 건 조금 부담스러웠나 봅니다. 그래서 오늘로 치면 대통령 자문기구이자 조교집단인 연구실을 따로 차려요. 그 연구기관이 바로 홍문관이지요.

【 유향소의 부활 】

그리고 세조가 없앴던 지방의회, 유향소도 부활시켜요. 유향소는 지방 사족들의 모임기구인데, 수령을 보좌하고 감시하는 기관이에요. 하지만 중앙에서 지방으로 파견된 수령이 고을의 수장으로서 행정업무를 담당할 때 유향소의 입김이 세지면서 중앙집권을 침범하게 돼요. 이 때문에 유향소를 폐지했던 거지요.

그러나 성종 시절의 신진세력들은, 중앙으로 진출한 세력가들이 유향소를 통해 지방에서의 주도권을 장악할 수 있다고 보았지요. 이러한 의견이 받아들여져 유향소가 다시 부활됩니다.

Q. 성종 시절의 신진세력은 누구인가요?

A. 성종 시절 중앙으로 대거 진출한 세력은 사림입니다. 김종직(金宗直)과 같은 인물이지요. 김종직은 조선 중기의 유학자 김굉필(金宏弼)·정여창(鄭汝昌)·김일손(金馹孫)을 제자로 둔 스승이었습니다. 김종직을 비롯한 사림 세력들은 유향소를 통해 지방에서의 주도권을 장악하고자 합니다.

【 사림(士林)의 등용 】

성종은 당시 집권세력이었던 훈구파를 견제하기 위해 지방에서 새로운 세력을 기용합니다. 그들이 바로 신진세력, 사림파지요.

사림파를 이해하기 위해서는 조선건국 당시의 상황을 되짚어봐야 해요. 당시 새로운 신진세력으로 신진사대부가 있었지요? 이때, 신진사대부는 아예 나라를 새로 만드느냐, 점진적으로 개혁해나가느냐로 파가 갈립니다. 완전히 뒤집어엎고 나라를 만들자는 사람들은 급진파 사대부이고요, 정도전이 대표적인 인물이지요.

이러한 급진파 사대부의 입장에 대해 반대하는 세력도 있었지요. 무슨 소립니까? 말도 안 됩니다! 고려를 점진적으로 개혁해야 합니다! 라고 이야기했던 사람들이 온건파 사대부이지요. 대표적인 사람이 정몽주입니다.

그런데 이방원에 의해서 정몽주가 죽지요? 이때 온건파 사대부 중에서 길재와 같은 이들이 대거 고향으로 내려가요.

이 상황에서 조선은 건국되고요. 그러면서 자연스레 정도전과 급진파 사대부는 개국공신이 되지요. 이들은 마땅히 훈장을 받아야 하는 사람들이라고 해서 훈구파라고 불러요. 당연히 태종 이방원을 도와 왕자의 난에 가담했던 사람들, 세조를 왕으로 만들었던 사람들도 훈구파가 되지요. 특히 세조와 예종 시기(15세기)에 집권 세력으로 훈구파가 크게 성장합니다.

이와 달리 지방에서는 온건파 사대부들이 제자들을 양성하면서 성리학 연구에 몰두하고 있었어요. 그런데 성종이 이들을 중앙으로 대거 등용해 관리들의 비리를 감찰하는 대간의 역할을 맡긴 거지요. 성종은 이들을 통해 훈구파를 견제할 참이었던 겁니다.

즉, 성종 때 사림파들이 대거 중앙으로 등용되면서, 김종직을 비롯한 여러 문인은 당시 언론 3사에 기용되어 훈구파를 격렬히 비판합니다. 이로써 걷잡을 수 없이 커지던 훈구파는 사림파에 의해 견제를 받게 되지요.

【 세종과 닮은 성종의 업적 】

성종 시절에는 세종대왕 시절과 비슷한 문화사적 업적이 많답니다. 특히 성종이 멘토로 삼았던 왕이 바로 세종이라 그의 업적을 많이 따르고자 한 거지요. 세종이 '정간보'라는 악보와 '여민락'이라는 곡을 만들었다면, 성종은『악학궤범(樂學軌範)』이라는 음악 백과사전을 만듭니다.

Q. 조선시대 유학에서 음악이 왜 중요했고, 어떤 목적이 있었나요?

A. 유학의 창시자인 공자는 무엇보다 인격을 닦는 것을 중요하게 생각하였고, 인간 완성의 최고의 방법이 바로 예술이라고 보았어요. 시를 통해 풍부한 감흥을 얻고 이를 예절로 다듬고, 음악을 통해 조화(和)를 얻음으로써 인간이 완성된다고 보았던 겁니다. 따라서 유학이 발전된 왕 대에는 음악을 발전시키고 장려할 수밖에 없었지요.

오늘날에는 음악으로 즐거움과 슬픔이라는 감정들을 드러내지요? 하지만 유학에서는 음악에 예가 있다고 보았고, 음률이 백성들을 교화하는 데 효과가 있다고 보았어요. 즉 음악을 단순히 감정을 표출하는 수단이 아닌, 예를

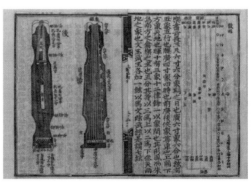

▶악학궤범. 1493년(성종 24년) 왕명에 따라 편찬된 악전. 궁중음악과 당악, 향악에 관한 이론 및 제도, 법식 등을 그림과 함께 설명하고 있다. 9권 3책. 규장각 한국학연구원 제공.

나타내는 학문이자 수련으로 본 것이지요. 그렇기 때문에 조선의 성군인 세종과 성종은 음악으로 백성들을 교화시킬 수 있다고 본 겁니다.

그리고 세종이 백성의 윤리 회복을 위해『삼강행실도』를 만들었잖아요? 성종은 조선의 오례(五禮)의 예법과 전차에 관해 기록한『국조오례의(國朝五禮儀)』를 완성합니다.『국조오례의』는 단순히 '착하게 삽시다' 가 아니라, 왕이 입는 용포의 흉배에는 용의 발톱을 몇 개 수놓고, 용포의 소매 길이는 어느 정도가 되어야 하며, 제사상 음식은 어떤 순서로 놓아야 하는지 등에 관한 예절과 규범에 대한 모든 사항을 담고 있답니다. 이 책은 세종 때 편찬하기 시작하여, 성종 5년(1474)에 완성돼요.

【『경국대전』 – 조선의 기본법전을 완성하다 】

성종의 업적 중 가장 대표적인 것은 경국대전의 완성입니다. 우리가 성종의 여러 업적 중에서 딱 한 가지만 기억해야 한다면, 바로 '경국대전의 완성'이라고 말해도 될 만큼 중요한 사실이지요. 조선에는『경국대전』이 전에도 여러 법전이 있었지만, 사회 전반의 법을 두루 다루는 법전은 없었습니다. 그래서 오랜 기간에 걸쳐 비로소『경국대전』이 완성되었지요.『경국대전』은 성종의 할아버지인 세조 때부터 만들어지기 시작해서 손자인 성종에 이르러 완성해 반포하게 됩니다.

『경국대전』은 굉장히 세밀해요. 그리고 다른 나라에서는 볼 수 없는 조선만의 독자적인 내용이 담겨있지요.『경국대전』의「형전」에는 자녀균분 상속법이라든지,「호전」에서 매매 및 사유권에 대해 절대 보호할 것 등을 명시하고 있는데요. 이는 중국의 영향을 받지 않은 우리만의 독자적인 고유법이라고 할 수 있습니다.

또한 우리 삶의 다방면을 법으로 규정하였고 이를 지키도록 장려하지요. 그때그때 즉흥적으로 일을 처결하는 게 아닌, 모든 것이 법에 기반을 둔 국가 제도가 자리 잡힌 겁니다. 이 때문에 『경국대전』은 그 의미가 매우 중요하다고 볼 수 있어

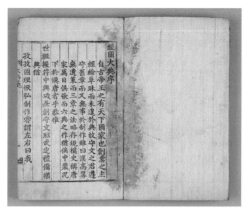

▶경국대전. 경국대전 조선 전기의 법전. 1461년(세조 7년) 부터 편찬하기 시작해 1485년(성종 16년)에 완성되었다. 국립중앙박물관 제공.

요. 태조는 조선이라는 토지를 확보하고, 태종은 그 땅의 잡초를 뽑고 자갈을 골라 땅을 일구고, 세종은 조선이라는 멋진 집을 완성하였다면, 성종은 『경국대전』이라는 그 집의 사용설명서를 만들었다고 볼 수 있겠네요.

1476~1482년 　바람의 아들 VS 질투의 화신

성종의 업적이 참 많지요? 그런데 많은 게 또 하나 있어요, 바로 후궁이지요. 성종의 후궁은 무려 9명(명빈 김씨, 귀인 정씨, 귀인 권씨, 귀인 엄씨, 숙의 하씨, 숙의 홍씨, 숙의 김씨, 숙용 심씨, 숙용 권씨)이나 되거든요.

뭐, 세상에 열 여자 싫어할 남자가 어디 있겠어요? 게다가 왕이 후궁을 많이 거느리는 건 당시에 결코 흠이 아니었거든요. 자녀를 많이 낳아 후사

를 이어가는 것이야말로 왕의 중요한 의무 중 하나였으니까요. 따라서 왕실의 여인들 역시, 다른 여자의 존재에 대해 언짢아하는 기색을 드러내지 못했어요. 후궁이 또 들어와도 늘 인자한 미소를 유지해야 했지요.

하지만 문제는 그러지 못하고 폭발하는 아내들도 더러 있었다는 겁니다. 성종의 아내이자 연산군의 어머니인 폐비 윤씨가 그 대표적인 인물이지요(아직 폐비가 되지 않았으니까 윤씨라고 할게요).

성종에게는 총 12명의 부인이 있었고, 그 중 왕비는 총 3명이었어요. 첫 번째 왕비는 한명회의 딸인 공혜왕후 한씨였지요. 하지만 한씨는 일찍 죽었기 때문에 이를 대신할 차기 왕비를 뽑아야 했지요. 이런 상황에서 후궁이었던 윤씨가 성종의 2번째 왕비가 됩니다. 보통 차기 왕비를 세울 때는 기존의 후궁에서 간택하기보다는 양갓집 규수를 새로 들이는 경우가 많았지요. 즉, 후궁이 바로 중전이 되는 경우는 사실 드물었어요.

윤씨는 가난한 집 딸이었답니다. 아버지 윤기견이 집현전 관리였지만 일찍 돌아가셨기 때문에 집안이 그리 넉넉한 편이 아니었던 거지요. 이처럼 집안의 빽이라곤 전혀 없는 상황에서 그녀가 중전이 될 수 있었던 건 어디까지나 그녀의 처세 덕분이랍니다.

성종은 1457년생, 윤씨는 1445년생이었어요. 무려 12살 연상녀이지요. 윤씨가 궁궐에 입궐했을 때의 나이가 27세였고, 당시 성종의 나이는 15세였어요. 나이가 많았던 연상녀 윤씨는 늘 검소하고 예의 바르게 행동합니다. 이를 성종의 어머니인 소혜왕후(인수대비)가 매우 흡족해하지요. 인수대비는 다른 왕실의 여자들과 달리 유학자 소리를 들을 만큼 학문에 뛰어났습니다. 『내훈(內訓)』이라는 궁중궁궐 여인들의 몸가짐에 관한 책을 쓸

만큼 똑똑했지요. 그러니 웬만한 여자들은 인수대비의 눈에 찰 리 없었을 거예요.

그런데, 딱 한 사람, 윤씨가 인수대비의 눈에 들어옵니다. 그도 그럴 것이 윤씨가 인수대비에게 그렇게 잘했어요. '어머니~ 어머니~' 하며 살갑게 부르고 따르는데다, 다른 후궁들하고도 꺄르르 웃으며 친하게 잘 지내는 거예요. 결국 인수대비 눈에 쏙 든 거지요. 거기다가 성종의 아이까지 가집니다(이 아이가 바로 연산군이에요). 그러니까 인수대비가 성종을 불러서 "새로운 중전을 들이지 말고, 윤씨를 중전으로 맞이하자"라고 한 거지요.

> "윤씨가 평소에 허름한 옷을 입고 검소한 것을 숭상하며 일마다 정성과 조심성으로 대하였으니…." 『성종실록』 69권, 7년(1476) 7월 11일

그런데!

중전이 딱 되자마자 윤씨가 본색을 드러내기 시작합니다. 질투가 어마어마했던 거지요. 성종은 윤씨 외에 다른 후궁들의 침소에 들어요. 당시 윤씨의 나이는 서른을 넘겼지만, 성종은 아직 팔팔한 20대 청년이었거든요.

'나 말고 어떻게 다른 여자를 만나?'

윤씨는 눈에 쌍심지를 켜며 화를 냅니다.

물론 개인적으로야 기분 나쁠 수 있지만, 그래도 받아들이고 참아야 하잖아요? 왕이 후궁의 침소에 드는 건 당연한 일이니까요. 하지만 윤씨는 참지 못하고 분노합니다.

끼이이이이익…!

어느 날부턴가 이상하게 기분 나쁜 소리가 궁궐에 울려 퍼집니다. 윤씨가 화를 못 참고 손톱으로 벽을 긁어대는 소리였던 겁니다. 아마도 연산이 훗날 보여주는 난폭한 모습은 윤씨의 이런 모습 때문인 건 아니었을까요. 어미의 마음이 이러했는데 아이인들 맘이 편할 리 있었겠어요.

결국 성종에 대한 질투심은 차마 해서는 안 될 행동으로 이어집니다. 윤씨가 연산을 낳은 후에도 성종이 계속 후궁의 처소에 다니자, 윤씨는 성종이 총애하던 후궁들을 죽이겠다며 독을 갖고 다닙니다. 또 시어머니에게도 바락바락 대들어요. 어쨌든 중전으로서 감히 할 수 없는 어마어마한 비행을 계속 저지르지요.

> "중궁의 침소에서 작은 상자가 있는 것을 보고 열어보려고 하자 중궁이 숨겼는데, 열어보았더니 작은 주머니에 비상(砒霜)이 들어 있고, 또 굿하는 방법의 서책(書冊)이 있었다."　　　　『성종실록』 78권, 8년(1477) 3월 29일

실록에는 나와 있지 않지만, 야사인 『소문쇄록』에는 성종이 바람을 피웠다고 남편의 얼굴을 할퀴는 사건까지 생겼다 기록하고 있어요. 이쯤 되면 도저히 답이 없는 상황이지요. 결국 윤씨는 성종 10년(1479)에 폐서인이 됩니다. 중전이 된 지 불과 3년 만의 일이었어요. 하지만 신하들이 만류해요. 윤씨가 자신의 행동을 뉘우치고 있는데다 세자의 생모이므로 살려두고자 한 거지요. 하지만 이는 오히려 성종의 불편한 심기를 더욱 건드리는 꼴이 됩니다. 결국, 폐비 윤씨는 폐서인이 된 지 3년 뒤에 사약을 먹고

▶성종의 계비이자 연산군의 생모였던 윤씨는 성종의 다른 후궁들을 질투하며 비행을 저지르다 폐비가 되어 사약을 받았다.

죽게 됩니다.

성종의 명에 따라 폐비 윤씨는 묘비도 세우지 못하고, 동대문 밖에 버려지다시피 해요. 당시 폐비 윤씨의 아들인 연산의 나이가 6세였어요. 그가 어머니의 일을 알까요? 기억할 수 있을까요? 당연히 기억하지 못하지요. 연산은 새로 들어온 중전이 자기 어머니인 줄 알고 자랍니다.

Q. 실록에서는 폐비 윤씨의 죄목을 어떻게 기록하고 있나요?
A. 실록에서는 다음과 같이 기록하고 있습니다.

"폐비 윤씨는 성품이 본래 흉악하고 위험하여서 행실에 패역(悖逆)함이 많 았다. 지난날 궁중에 있을 적에 포악(暴惡)함이 날로 심해져서 이미 삼전(三 殿)에 공순하지 못하였고, 또한 과인(寡人)에게 흉악한 짓을 함부로 하였다. 그래서 과인을 경멸(輕蔑)하여 노예와 같이 대우하여, 심지어는 발자취까지 도 없애버리겠다고 말하였으나, 이러한 것은 다만 자질구레한 일들이므로 더 말할 것도 없다."

『성종실록』 144권, 13년(1482) 8월 16일

폐비 윤씨는 성품이 포악하고, 흉악하며 심지어 왕인 성종을 노예같이 대우하였다고 기록하고 있네요. 폐비 윤씨를 향한 성종의 증오가 500년이 지난 지금까지 귀에 쟁쟁히 울리는 것 같네요.

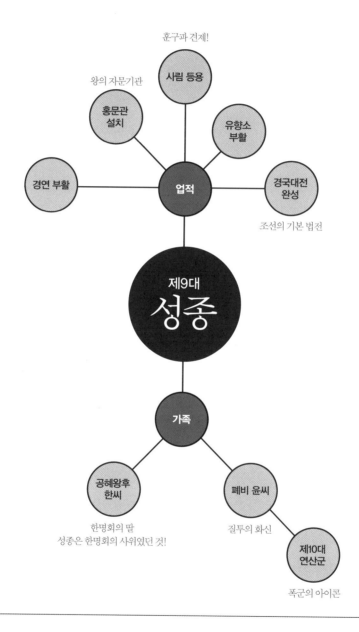

훈구파 견제!

사림 등용

왕의 자문기관

홍문관
설치

유향소
부활

경연 부활

업적

경국대전
완성

조선의 기본 법전

제9대
성종

가족

공혜왕후
한씨

폐비 윤씨

한명회의 딸
성종은 한명회의 사위였던 것!

질투의 화신

제10대
연산군

폭군의 아이콘

미친 호랑이,
조선 최고의 폭군

- 어머니 폐비 윤씨의 죽음을 알고도
  복수의 칼날을 숨기다

- 신하들의 입을 막고, 자신의 귀를 닫은 연산군

- 천 명의 기생과 '흥청망청'했던 임금

연산군은 어떤 인물이었나?

생애 1476~1506년

재위기간 1494~1506년

휘(諱) 이융(李㦕)

묘호(廟號) 없음

폐위되어 연산군(燕山君)으로 강등되었습니다.

출생과 즉위 조선 제9대 성종의 적장자로 어머니는 폐비 윤씨입니다. 하지만 3세에 어머니 윤씨가 폐서인이 되고 6세에 사약을 먹고 죽지요. 7세에 세자로 책봉되었고(성종 14년, 1483), 12년 동안 세자 수업을 받은 후, 19세에 즉위합니다. 이후, 중종반란이 일어나 왕위에서 쫓겨났기 때문에 종묘에서 제사를 지내지 않습니다. 따라서 묘호가 없으며 '연산군'이라 불리고 있지요.

가족관계 왕비 : 1명, 후궁 : 3명, 자녀 : 4남 2녀

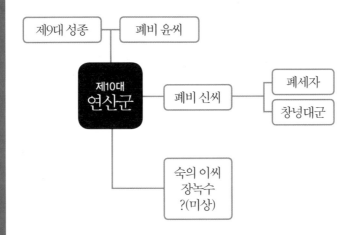

1483~1494년 존재감이 없던 고독한 세자

우리는 '연산군'을 '폭군 연산군'으로 기억하고 있지요. 우리나라 역사상 손꼽히는 악덕과 살육을 저지른 임금이기 때문입니다. 그리고 조선왕조 최초로 신하들에 의해 왕위에서 쫓겨난 인물이고요. 그렇다면 연산의 성격은 태어날 때부터 포악했을까요?

사실, 실록을 통해 연산의 세자 시절을 살펴보면 딱히 뛰어나지도 않지만 그렇다고 모자라지도 않은 왕자. 즉, 존재감이 별로 없었던 것으로 보입니다. 그냥 딱! 이만큼, 이라고 할 수 있어요.

일설에는 아버지 성종이 아끼는 사슴을 죽이는 비행을 저질렀다고 하지만, 이는 실록에서 전하고 있는 내용은 아닙니다. 만약 그랬다면 왕위에 오를 수 없었을 거예요.

세자 연산은 어린 나이에 어머니 폐비 윤씨가 죽었기 때문에 어머니의 일을 정확히 잘 알지 못했답니다. 다만, 가족들이 자신을 멀리한다는 건 어렴풋이 느끼지 않았을까 생각해봅니다. 아마 어린 연산은 무척 외로웠을 것 같아요. 실제로 이긍익의『연려실기술』을 보면 다음과 같은 이야기가 나와요.

"송아지 한 마리가 어미 소를 따라가고 있었는데, 어미 소가 음매하고 울면 뒤따르던 송아지가 곧바로 따라 울었습니다. 어미 소와 송아지가 '생전(生全)'하니 그것이 가장 부러웠습니다"라고 하였다.　　　이긍익, 「연려실기술」

연산군이 아버지 성종에게 위와 같이 이야기를 하였다고 해요. 그가 얼마나 외로운 세자였는지 짐작이 가는 대목입니다.

한편, 연산군은 폐비 윤씨의 자식이었지만, 성종의 적장자이었기 때문에 7세에 세자가 되었고 12년 동안 왕세자 수업을 받아요. 그리고 19세에 아버지 성종의 뒤를 이어 조선의 제10대 임금으로 즉위합니다.

1495년　친어머니의 존재를 알았지만 복수의 칼날을 숨기다

　　　　　　　　　　　　　　　　　　　　　　　　　사람들은 연산군이 어머니가 사약을 받았다는 걸 몰랐다가 어느 날 갑자기 알게 되고, 그때부터 미쳤다고 생각합니다. 하지만 단순히 그렇다고만 볼 수는 없어요. 아마 자신을 둘러싼 분위기가 심상치 않다는 건 그 전부터 어렴풋이 느꼈을 거예요. 그리고 어머니 폐비 윤씨에 대한 복수극이 일어나는 것은 1504년인데, 연산군은 즉위 초반에는 한 번도 미치광이와 같은 행동을 하지 않았어요.

사실, 연산은 즉위 초반에 어머니 죽음의 전말을 알게 됩니다. 즉위 초기에 아버지 성종의 묘지문(墓誌文)을 보면서 어머니의 이야기를 듣게 되거든요. 묘지문이란 무덤의 주인이 어떠한 삶을 살았는지에 관한 인생 전반을 요약한 글인데요, 아버지의 묘지문을 읽는 중에 연산이 '윤기견'이라는 사람의 이름을 보게 됩니다.

연산군 : 판봉상시상 윤기견이란 사람이 누구인가? 이름이 잘못 들어간 것이 아닌가?

신하 : 폐비 윤씨의 아버지인데, 폐비 윤씨가 왕비로 책봉되기 전에 죽었습니다.

연산군 : 아…. 오늘은 음식이 도저히 입으로 넘어가질 않는구나.

"왕이 비로소 윤씨가 죄로 폐위(廢位)되어 죽은 줄을 알고, 수라(水刺)를 들지 않았다."　　　　　　　　　　　　　　『연산군일기』 4권, 1년(1495) 3월 16일

이 이야기를 들었을 때, 연산군의 마음은 어땠을까요?

'아, 내가 세자 시절에 기미 나인에게 물어봐도 외면하고, 내관에게 물어봐도 외면하던 우리 어머니의 실체가 바로 이것이구나!'

실록에는 기록되지 않았지만, 아마 연산군이 사람을 시켜서 뒷조사하지 않았을까요? 그런 후 연산군은 자기 어머니의 죽음에 동조하거나 방관한 자들에 대한 복수의 칼날을 잠시 뒤로 숨깁니다.

1494~1498년　성군으로서의 자질을 보였던 연산군

연산군은 왕위 초

반에 빈민을 구제하는 데 힘을 쓴 임금이었지요. 또한 선대왕들부터 진행되었던 여러 편찬사업을 마무리합니다. 『국조보감(國朝寶鑑)』, 『여지승람(興地勝覽)』 등 여러 서적을 완성시켰거든요. 게다가 왜구를 물리치기도 하지요.

또한 당시 궁중의 어른이었던 3명의 대비(연산군의 할머니인 인수대비, 연산군의 작은할머니인 안순왕후, 연산군의 새어머니인 정현왕후)를 잘 모셨어요. 그리고 아버지 성종 대에 신하들의 권한이 강해지자 이를 바로잡기 위하여 왕권을 강화하고자 노력한 임금이기도 했고요.

또 연산군 시절에는 큰 혼란이 없었어요. 연산군 6년(1500)에 발발한 홍길동의 난이 유일했지요. 성군이었던 세종의 집권시기에는 국제적으로 중국과 일본과의 관계가 원만하지 않았는데, 폭군이라 불리는 연산군 시기에는 도리어 안정된 시기였지요. 이 시기에 연산군이 아버지 성종처럼 유학에 힘썼다면 역사가 어떻게 바뀌었을까 생각해봅니다.

1498년 첫 번째 피바람이 불다, 무오사화(戊午士禍)

연산군의 아버지 성종은 조선 최고의 성군인 세종을 닮고자 왕권과 신권의 조화를 중요하게 여겼고, 신하들의 목소리에 경청하였습니다. 그렇다 보니 왕과 대신, 대간(언론 활동을 하는 관리)들 간의 적절한 균형 속에 정치가 순조롭게 운영되었지요. 하지만 이는 자칫 왕권이 약화될 소지가 있었지요. 특히 바른 소리를 하는 대간의 행동이 왕권강화를 원하는 연산군에게는 눈엣가시였을 거예요.

이런 가운데 '무오사화(戊午士禍)'가 발발해요. 조선시대에는 총 4차례의 사화가 일어나는데요, 사화는 조선의 사림파(신진 관료 세력)가 훈구파(보수 관료 세력)에 의해 목숨을 잃은 사건을 말합니다. 연산군 때에는 총 2차례가 있었고요.

첫 번째 사화인 무오사화는 사초(史草)가 계기가 되어 일어나게 되었어요. 사초란 『실록』을 만들기 위한 역사기록입니다. 사초 중에서도 사림의 대표 주자였던 김종직이 쓴 『조의제문(弔義帝文)』이 계기가 되어 일어났지요. 『조의제문』이란 김종직이 수양대군(세조)의 왕위찬탈을 비난한 글입니다.

김종직이 어느 날 꿈을 꾸었는데, 꿈속에 중국의 의제[1]가 슬픈 얼굴로 나타났다 사라집니다. 중국은 이역만리 땅인데 말이지요. 그래서 김종직은 이렇게 생각했어요.

"의제가 왜 하필이면 내 꿈에 나타났을까? 항우[2]에게 죽임을 당한 게 억울해서 그런 게 아닐까?"

중국의 항우는 황제였던 의제를 죽인 후 시체를 물에 던집니다. 공교롭게도 김종직이 꿈을 꾼 때가 바로 세조가 조카 단종을 쫓아낸 날이었습니다. 이에 의제의 죽음을 슬퍼하며 김종직이 글을 쓴 것이 바로 『조의제문』

---

1 의제(義帝, ?~기원전 206) : 중국 진(秦) 말기, 다시 세워진 초(楚)의 왕으로 반진(反秦) 세력의 상징적인 맹주(盟主) 구실을 하였다. 처음에는 회왕(懷王)이라는 칭호를 썼지만, 진(秦) 멸망 후에 의제(義帝)로 바꾸었다.

2 항우(項羽, 기원전 232~기원전 202) : 중국 초(楚)의 왕(王). 이름은 적(籍), 우(羽)는 자(字)이다. B.C. 209년 진(秦)을 멸망시키고 함양(咸陽)을 함락하여, 의제(義帝)를 옹립하고 서초(西楚)의 패왕(霸王)으로 자청하였다.

이지요. 문제는 항우는 수양대군을, 의제는 단종에 비유하였던 겁니다.

이 글을 쓰고 김종직이 죽었는데, 그의 제자가 성종실록을 만들 때 사초에 이 글을 실은 거예요. 이것을 훈구대신이 발견한 겁니다.

여기서 중요한 것 한 가지! 역사를 기록하는 사관은 이를 외부에 공개하면 절대 안 됩니다. 하지만 사관이 이것을 훈구세력인 유자광에게 알렸고, 유자광이 무릎을 탁 치면서 쾌재를 부릅니다.

"아주 잘됐다! 말 많은 사림파 요놈들 혼쭐 좀 나봐라."

그래서 유자광이 연산군에게 이를 일러바칩니다. 가뜩이나 사림파의 세력을 약화시킬 궁리를 하던 연산군 입장에서는 무척 잘된 일이지요.

연산군은 조의제문을 읽으며 손을 부들부들 떱니다. 연산군은 수양대군의 증손자이기 때문에, 증조할아버지를 비방한 건 곧 왕인 자신을 비방한 것이기 때문이지요. 이렇게 훈구파의 계략과 왕권을 강화하고자 한 연산군의 목적이 일치하게 되면서, 여러 사림파 관료들이 목숨을 잃거나 귀양을 가게 되지요.

『조의제문』을 쓴 당사자인 김종직은 이미 죽었기 때문에 부관참시(剖棺斬屍)를 당합니다. 부관참시가 뭐지요? 관을 절단하고, 시신을 다시 벤다는 뜻이지요. 조선시대에 있던 극형 중의 극형입니다.

1500년~1504년　폭군의 길을 걷기 시작하다

연산군은 조선의 27명의 임금 중 최악의 임금이었습니다. 연산군의 폭정은 예를 중시하는 조선

사회에서 상상도 할 수 없는 비상식적인 행동이었거든요.

그러나 연산군 시대에는 전쟁이 없었어요. 궁궐 밖은 나름의 태평성대였습니다. 하지만 조선을 이끄는 연산군 자체는 전쟁의 소용돌이와 같았지요. 연산군의 포악함이 조금씩 실체를 드러내거든요.

이때쯤 궁궐은 개 짖는 소리로 가득합니다. 심지어 나랏일을 논의할 때에도 개가 나타날 정도였다니까요.

> "궁궐 안에 사냥개를 많이 길러서 때로는 조회(朝會) 때에 함부로 드나드니,
> 보기에 좋지 않습니다."   『연산군일기』 40권, 7년(1501) 5월 6일

심지어 궁궐 주변의 집을 허물기까지 해요. 궁궐이 내려다보이는 위치의 절이나 암자를 폐쇄하였고, 사람들이 산에 올라가 궁궐을 내려다보지도 못하게 막습니다.

Q. 왜 산에서 궁궐을 내려다보지 못하게 한 거예요?

A. 아마도 연산군은 누군가 임금을 내려다보는 것 자체를 용납하지 못한 것 같아요. 임금이란 존재는 그 누구보다도 높고 권위 있는 거지만, 동시에 백성들을 사랑하는 마음을 가져야 합니다. 하지만 연산군은 권위만 생각했지, 백성에 대한 사랑은 부족한 군주였던 거지요.

> "어제 궁궐 뒷산에 올라가 바라본 비자(婢子) 3명은 그 주인이 하인을 단속
> 하지 못한 죄까지 아울러 다스리라."   『연산군일기』 42권, 8년(1502) 2월 11일

심지어 신하들에게는 신언패(愼言牌)를 차게 해요. 신언패란 '말을 삼가라'라고 적힌 패인데요. 한마디로 신하들에게 "너희들 입조심해. 안 그럼 죽여 버린다"라고 협박하는 거랑 같아요.

口是禍之門　입은 화를 초래하는 문
舌是斬身刀　혀는 몸을 자르는 칼
閉口深藏舌　입을 다물고 혀를 놀리지 않고 있으면
安身處處牢　가는 곳마다 편안하리라

이러한 연산군의 비정상적인 행동은 어머니에 대한 복수심이 커질수록 더욱 심해지지요.

1502년　연산군의 눈은 낮았다? 연산군의 장녹수에 대한 사랑

연산군을 이야기할 때, 빠질 수 없는 여인, 바로 장녹수이지요. 연산군에게는 어질고 현숙한 중전이 있었지만, 그런 중전보다 장녹수를 더 아끼고 총애합니다. 과연 장녹수에게 어떤 매력이 있길래 그렇게 푹 빠진 걸까요?

"나이는 30여 세였는데도 얼굴은 16세의 아이와 같았다.
얼굴은 중인(中人) 정도를 넘지 못했으나, 남모르는 교사(巧詐)와 요사스러운 아양은 견줄 사람이 없었다."　『연산군일기』 47권, 8년(1502) 11월 25일실록은 장녹수의 얼굴은 지극히 '평범'하다고 기록하고 있네요. 대신 30대여도 얼굴이 16세와 같다고 한 거로 보아, 엄청난 동안이었나 봅니다.

장녹수의 출생연도를 구체적으로 알 수는 없지만, 장녹수는 연산군보다 나이가 많은 연상녀였어요. 그래서인지 장녹수는 연산군을 때로는 어린아이 대하듯이, 때로는 노예처럼 다룬 유일한 사람이었다고 해요. 연산군은 장녹수를 매우 사랑하였는데요. 화가 나있다가도 장녹수를 발견하면 바로 웃음꽃을 피웠다고 할 정도예요. 장녹수에 대한 연산군의 사랑은 거의 맹목에 가까웠답니다. 옥지화라는 기녀가 장녹수의 치마를 실수로 밟았다는 이유로 참형을 당할 정도였다니까요.

승정원에 전교하기를,

"운평 옥지화(玉池花)가 숙용(淑容)의 치마를 밟았으니, 이는 만상 불경(慢上不敬)에 해당하므로 무거운 벌을 주고자 하니, 승지 강혼(姜渾)은 밀위청(密威廳)에 데려가 형신(刑訊)하라." 『연산군일기』 60권, 11년(1505) 11월 7일

1504년 갑자사화─어머니를 향한 피의 전상서

만약에 연산이 정말 사이코패스였으면, 즉위 초기에 어머니 폐비 윤씨의 이야기를 들었을 때 그 자리에서 쇠망치를 들었을 거예요. 그러나 연산군은 가만히 있어요. 뱀처럼 차가운 사람이지요. 대신 신하들이 왕권에 도전할 때마다 이를 핑계 삼아 어머니의 죽음을 주관하고 방관한 신하들을 처단하고자 다짐합니

다. 그리고 그 날이 찾아왔으니, 1504년, 갑자년이었습니다.

연산군은 폐비 윤씨 사건과 관련된 신하들을 세 그룹으로 나누었습니다.

- 어머니의 죽음을 주관한 그룹
- 어머니의 죽음을 방관한 그룹
- 어머니의 죽음을 끝까지 말린 그룹

어머니의 죽음을 막았던 사람들은 이미 성종 때 죽고 없었어요. 즉, 연산군 주변의 대부분은 폐비 윤씨를 죽음에 이르게 한 세력과 방관한 세력이었던 거지요. 이런 가운데 성종 때 신하이자 대간(언론) 활동을 하였던 사림파 학자들이 목숨을 잃게 됩니다.

사람은 폭력을 행하면 할수록 이에 무감각해진다고 하지요. 오히려 더 잔인해지고 희열을 느낀다고 하잖아요. 전쟁 영화만 보더라도 병사들이 처음엔 총 한 방을 쏘기 힘들어하지만 나중에는 큰 죄책감 없이 총기를 난사하는 것처럼요. 손에 피를 묻히면 묻힐수록 감각이 없어지는 거지요. 결국 연산군도 피를 보면 볼수록 피에 굶주려 더 많은 피를 보지 않고는 못 견디는 상황에 이르지 않았을까요?

심지어 연산군은 아버지 성종을 모셨던 후궁 중에서 폐비 윤씨의 죽음에 앞장섰던 후궁 엄씨와 정씨를 부릅니다. 어떻게 보면 그녀들은 연산군의 의붓어머니예요. 하지만 연산군은 그녀들을 까만 두건으로 뒤집어씌우고 몽둥이로 사정없이 때려요. 그리고 그녀들의 자식을 불러 이렇게 말합니다.

"이년들이 간밤에 역적질한 년들이다. 너희가 처단하라!"

엄씨와 정씨의 아들들이 와서 보곤 깜깜하니, 꿈에도 자기 어머니인 줄 모르고 때리기 시작해요. 하지만 그중의 한 명은 자기 어머니인 줄 알고 차마 때리지 못하고 무릎을 꿇고 통곡을 합니다.

> "밤에 엄씨·정씨를 대궐 뜰에 결박하여 놓고, 손수 마구 치고 짓밟다가, 항과 봉을 불러 엄씨와 정씨를 가리키며 '이 죄인을 치라' 하니 항은 어두워서 누군지 모르고 치고, 봉은 마음속에 어머니임을 알고 차마 장을 대지 못하니…."
>
> 『연산군일기』 52권, 10년(1504) 3월 20일

또한 야사에 의하면 연산군은 할머니 인수대비(소혜왕후)를 찾아가 자기 어머니를 죽음에 몰게 하였다며 머리로 들이받았다는 패륜적인 이야기가 전해지기도 하지요.

연산군은 손에 피를 묻히면서까지 어머니를 제안왕후로 추승[3]합니다. 이로써 폐비 윤씨는 아들을 통해 잠시나마 왕후의 이름을 갖게 됩니다.

1505~1506년　천명의 기생과 향락을 즐긴 폭군

연산군 11년(1505) 6월, 연산군은 전국 팔도의 미녀와 튼튼한 말을 구하는 지방 관리인 '채홍

---

3 추승(追陞) : 후대에 이름이나 관직을 올림.

준사'를 파견하지요.

> "이제 이계동(李季仝)을 전라도에, 임숭재(任崇載)를 경상도·충청도에 보내
> 어 채홍준사(採紅駿使)라 칭하여 좋은 말과 아름다운 계집을 간택해 오게 하
> 라." 『연산군일기』 58권, 11년(1505) 6월 16일

또한 천 명의 기생들을 둡니다. 그중에 재주만 뛰어나면 '운평'이라 하
였고, 재주뿐만 아니라 미모가 아름다운 기생은 '흥청'이라 불렀어요. 이
들은 연산군의 증조할아버지인 세조가 세운 원각사(현 탑골공원)에 수용
되지요. 연산군은 수많은 기생들에게 많은 상을 내리고 궁궐에서 함께 놀
이를 즐깁니다.

이러한 놀이 때문에 국고는 텅텅 비게 되고, 나라가 망할 지경까지 이르
게 됩니다. 여기서 바로 '흥청망청'이라는 말이 유래한 거지요.

또한 연산군은 처용무를 좋아하고, 이를 즐겼습니다.

> 왕이 술에 취하면 기꺼이 처용의를 입고서 처용무를 추며, 또한 스스로 노래
> 하기도 하였다. 『연산군일기』 57권, 11년(1505) 4월 7일

심지어 기생 앞에서 처용무를 추며 기생들에게 춤을 가르쳐달라 지시하
기도 하였습니다. 또한 처용무에 능한 사람은 상을 주고, 그렇지 못한 사

▶친어머니의 죽음을 알게 된 연산군은 천 명의 기생과 향락을 즐기며 폭군이 되었다.

람에게는 벌을 주었지요. 그러니 타고난 몸치들은 얼마나 괴로웠을까요?

또한 연산군은 유교국가에서는 할 수 없는 행동들을 서슴없이 하는데요, 학문을 연구하는 성균관의 대성전을 동물원으로 만들어요. 동물을 좋아해서가 아니라 동물들을 풀어놓고 사냥을 하기 위해서였지요.

> "우리에 큰 호랑이와 큰 멧돼지를 실어 후원에 들여오기도 하고 혹 호랑이를 대성전(大成殿) 안에 가둬놓고 벽에 구멍을 뚫어 활을 쏘기도 하였다."
>
> 『연산군일기』 61권, 12년(1506) 2월 13일

결국 연산군 근처에는 그를 보필할 만한 강직한 신하들이 한 명도 없게 됩니다. 두 차례의 사화를 거치면서 입바른 이야기를 하는 신하들은 모두 죽이거나 유배를 보냈기 때문에 간신들만 남았던 거지요. 특히 이때 임사홍과 그의 아들인 임숭재는 연산군에게 미녀를 갖다 바치기 위해 성심성의를 다한 나름의 충신 아닌 충신이었습니다.

> "작은 소인(小人) 숭재, 큰 소인 사홍이여! 천고에 으뜸가는 간흉(奸凶)이구나!"
>
> 『중종실록』 1권, 1년(1506) 9월 2일

1506년 연산군의 최후

연산군의 폭정은 날이 갈수록 심해져요. 이에 연산군을 보필하던 그나마 남아있던 신하들조차도 그를 포기해버립니

다. 그에게 남아있는 마지막 신하는 내시 김처선이었습니다. 내시로서의 최고 관직인 '상선'에 올랐던 김처선은 세종 대부터 연산군까지 왕을 모신 인물인데, 이런 김처선도 더는 참지 못해 연산군에게 간언하자, 화가 난 연산군은 김처선의 팔과 다리를 자르고 활로 쏴 죽여요.

몇 년 동안 자신을 돌봐준 사람마저 무참히 살해한 것입니다.

> "사람들이 말하기를 '왕이 처선에게 술을 권하매, 처선이 취해서 규간(規諫) 하는 말을 하니, 왕이 노하여 친히 칼을 들고 그의 팔다리를 자르고서 쏘아 죽였다'고 한다."　　『연산군일기』 57권, 11년(1505) 4월 1일

더는 연산군의 폭정을 참을 수 없는 신하들은 반정을 일으켰고, 결국 연산군은 강화도로 유배되지요. 그리고 2개월 뒤에 병으로 숨을 거두었습니다.

그런데 연산군의 마지막 유언이 무엇인 줄 아세요?

> "죽을 때 다른 말은 없었고 다만 신씨(연산군의 아내)를 보고 싶다 하였습니다."　　『중종실록』 1권, 1년(1506) 11월 8일

평소에는 장녹수를 가까이하더니, 모든 것을 잃고 나서야 조강지처를 그리워한 겁니다.

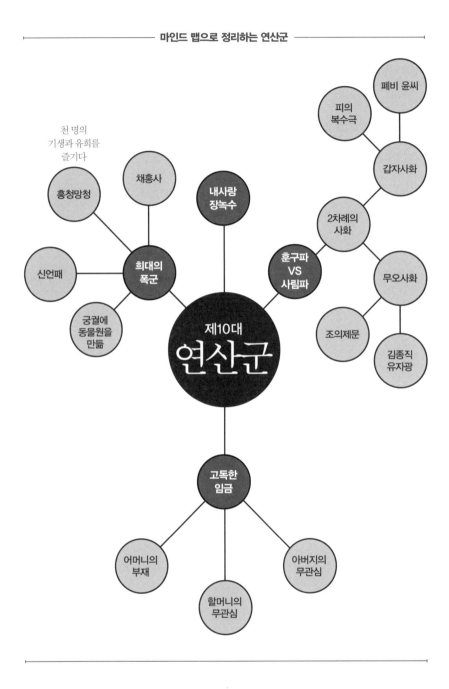

변덕쟁이 호랑이,
조광조를 등용하고 버린 임금

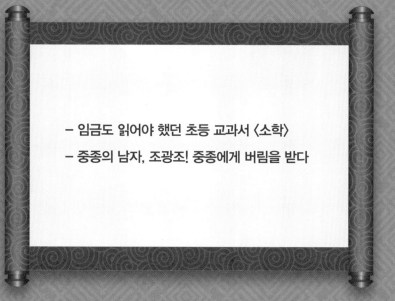

– 임금도 읽어야 했던 초등 교과서 〈소학〉

– 중종의 남자, 조광조! 중종에게 버림을 받다

중종은 어떤 인물이었나?

생애 1488~1544년

재위기간 1506~1544년

휘(諱) 이역(李懌)

묘호(廟號) 중종(中宗)

출생과 즉위 조선의 제9대 임금 성종과 계비인 정현왕후 사이에서 차남으로 출생해요. 왕자 시절의 이름은 진성대군(晉城大君)입니다. 이복형인 연산군의 폭정 이후 1506년 중종반정으로 왕위에 오르지요. 연산군 시기의 폐해를 개혁하기 위해 조광조와 같은 신진세력을 등용해 왕권 강화를 시도하지만, 훗날 기묘사화로 그들을 숙청합니다.

가족관계 왕비 : 3명, 후궁 : 9명, 자녀 : 9남 11녀

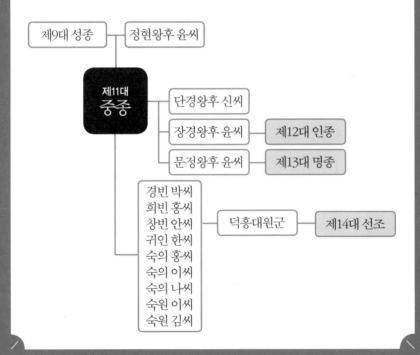

1488~1506년　연산군의 이복동생, 진성대군

성종은 폐비 윤씨가 쫓겨나고 정현왕후 윤씨를 왕비로 맞았는데, 그 사이에서 태어난 아들이 바로 중종반정의 주인공, 진성대군입니다.

연산군과 진성대군은 각각 1476년, 1488년생으로, 12살의 나이 차이가 나는 이복형제였어요.

진성대군이 7세일 때, 형인 연산군이 왕으로 즉위했고 당시 아들이 있었기 때문에 진성대군은 사실상 왕위 계승과는 거리가 멀었지요. 그 가운데 진성대군은 연산군의 처남인 신수근의 딸과 혼인을 합니다. 그러나 날이 갈수록 심해지는 연산군의 폭정으로 인해, 그는 목숨을 부지하기 위해 숨소리도 내지 않고 조용히 살아야 했어요.

1506년　바지임금의 치마이야기

연산군의 폭정이 지속되자 박원종·유순정·성희안을 중심으로 반정이 일어납니다. 이로써 목숨만 겨우 버티던 왕자가 하루아침에 왕위에 오르게 되지요.

▌Q. 반정을 일으켜 성공한 이들은 이후에 어떻게 되었나요?

▌A. 박원종·유순정·성희안은 중종반정을 일으켜 연산군을 몰아내고 중종을 왕으로 세운 3인방입니다. 반정 후, 이들은 좌의정·우의정(오늘날 부총리), 형조판서(오늘날 법무부 장관)에 오르지요.

그때 중종의 나이 19세였습니다. 하지만 중종은 한 번도 정식으로 왕위 수업을 받은 적이 없지요. 그저 무능한 형을 대신해 신하들에게 떠밀리다시피 왕이 된 겁니다.

즉 정통성을 이어받은 왕이 아닌, 그저 신하들의, 신하들에 의한, 신하들을 위한 임금이 될 수밖에 없었어요. 쉽게 말해 바지사장 같은 바지임금이었던 겁니다.

게다가 중종은 조강지처까지 버려야 했어요. 그의 아내였던 단경왕후의 아버지 신수근이 연산군의 처남이었기 때문입니다. 중종반정이 일어나기 전, 반정 주모자들은 신수근에게 반정에 가담할 것을 권유하지만, 그는 연산군을 배신할 수 없다면서 이를 거절하지요. 결국 반정이 성공하자 신수근의 딸인 단경왕후는 궁에서 쫓겨나야 할 신세가 된 겁니다.

쫓겨난 단경왕후는 중종을 그리워하여 경회루와 마주한 인왕산 바위에 자신의 치마를 펼쳐놓았다고 해요. 이것이 오늘날까지 내려온 인왕산 치마바위 전설이랍니다.

쫓겨난 단경왕후는 지아비를 그리워했던 거지요. 그렇다면 당시 중종의 마음은 어땠을까요? 안타깝게도 중종은 단경왕후의 폐출에 대해 크게 슬퍼하거나 이렇다 할 반대도 하지 않았다고 해요. 오히려 단경왕후 신씨가

궐 밖으로 쫓겨난 바로 다음 날인 1506년 9월 10일에 새 왕비를 들입니다.

그러니 단경왕후는 얼마나 슬펐을까요? 그래서 그녀는 인왕산에서 치마를 펄럭이며 "어떻게 사랑이 쉽게 변하니?" 라고 소리 없이 외쳤던 겁니다.

> 예조 판서 송일·참판 정광세(鄭光世)가 아뢰기를,
>
> "신씨가 이미 나갔으니, 처녀를 간택하여 내직(內職)을 갖추고, 또 중궁(中宮) 책봉할 일도 미리 거행하소서."
>
> 하니, '모두 아뢴 대로 하라' 전교하였다.　　　『중종실록』 1권, 1년(1506) 9월 10일

1515~1519년　중종의 남자, 조광조

꿈에도 왕위에 오를 거라 생각지 못했던 왕자였건만, 자고 일어나니 왕이 되어 있던 사람, 그가 바로 중종입니다. 그러니 중종의 시대가 아닌, 반정의 주역인 박원종, 성희안, 유순정의 시대였던 거지요. 하지만 이들의 세상은 오래가지 못해요. 중종 4년에 박원종이, 6년에는 유순정이 7년에는 성희안이 약속이나 한 듯 줄줄이 세상을 떠났기 때문이지요. 막강했던 반정 공신의 세력도 하늘이 정해놓은 죽음 앞에서는 속수무책이었나 봅니다.

왕위에 오른 지 10년! 중종은 이제 바지임금이란 오명을 벗고 자신의 포부를 펼쳐보고자 합니다. 하지만 어디서부터 어떻게 해야 할지 아무것도 알 수가 없었지요. 한 번도 왕세자 교육을 받아본 적이 없으니까요. 그래서 자신을 보필할 인물을 찾으니, 그가 바로 조광조입니다.

▶조광조(趙光祖, 1482~1519)는 중종반정 후 조정에 출사해 도학 정치의 실현에 애썼다. 다양한 개혁정책을 시도하였으나 기묘사화가 일어나 사약을 받고 죽었다.

조광조는 1510년에 과거 초시(1차 시험)에 장원으로 합격하였으며, 이후 성균관에서 치른 알성시(특별 비정기 시험)에서 뛰어난 성적을 거둔 인물입니다. 그는 이후에 사림파의 핵심인물로 자리매김하며, 성리학 이념을 실천하고자 개혁정치를 단행합니다.

조광조는 급진적인 개혁가였어요. 아마도 학교에서 역사를 배울 때 선생님들이 조광조의 업적에 대해 강조했을 거예요.

교과서에서 그의 개혁을 중요하게 기록할 만큼 그가 혁신적이었다는 뜻이지요. 그럼 지금부터 그의 업적을 구체적으로 살펴볼게요.

Q. 개혁정치를 했다는 조광조의 실제 성격은 어땠어요?

A. 조광조는 모범생 중의 모범생이었어요. 성균관에서 공부할 때, 한 번도 흐트러지지 않고 온종일 반듯한 자세로 앉아 책만 봤다고 합니다. 그 모습에 반한 다른 이들이 그를 따라 했을 정도였답니다. 또한 신념이 강해 한 번 정한 뜻을 절대 굽히지 않았던 거로도 유명해요. 결국 이 때문에 나중에 목숨을 잃게 되지만요.

【 소격서 폐지 】

사림파 이전의 세력이던 훈구파는 상대적으로 타 종교, 타문화에 대해 개방적이었습니다. 하지만 사림파는 달랐어요. 그들은 성리학 이외의 학문은 모두 이단이라고 생각하고 배척합니다. 따라서 불교와 도교를 모두 억압해요.

여러분, 도교가 어떤 종교인지 아나요? 도교는 무위자연과 신선사상을 기반으로 한 중국의 대표적인 민족종교인데요, 자연 속에서 욕심 없이 검소하게 사는 걸 중요하게 생각하지요. 지금까지도 우리 생활 곳곳에 도교의 숨결이 살아있답니다. 예를 들어볼게요.

전래동화 '금도끼 은도끼'에 나오는 산신령, '선녀와 나무꾼'의 선녀 모두 다 신선이잖아요? 이런 것들이 도교의 영향인 거지요.

도교는 유교 국가인 조선의 국가 기관에까지 미쳤답니다. 조선의 관청 중에 소격서(昭格署)라는 곳이 있는데요, 이곳에서 도교와 관련한 제사와 의식을 행했거든요. 그런데 조광조가 이것을 폐지하자 주장하지요.

> "소격서가 요사하고 허탄(虛誕)함은 이미 경연에서 다 아뢰었고 상께서도 그것이 허탄함을 환히 아시니 지금 다시 말할 것이 없습니다."
>
> 『중종실록』 34권, 13년(1518) 8월 22일

소격서를 폐지하고자 한 조광조의 의지는 다른 성리학자들에게까지 퍼져, 결국 소격서는 폐지돼요.

【 향약의 보급과 현량과 실시 】

조선 중기, 지방에서는 향약이 전파되기 시작해요. 향약(鄕約)이란 향촌 사회의 자치규약을 말합니다. 지방의 질서를 안정시키기 위한 자치규약으로 만들어진 향약은 동시에 지방에 대한 사림의 영향력을 강화시켰어요. 조광조는 중국의 『여씨향약(呂氏鄕約)』을 간행해 좋은 일은 서로 권하고(덕업상권), 잘못은 서로 바로잡아주며(과실상규), 예속을 서로 권장하고(예속상교), 어려운 일은 서로 돕는다(환난상휼)란 4가지 덕목이 널리 퍼지도록 합니다.

한편, 조선시대에는 관리가 되기 위해서는 과거시험을 봐야 하잖아요. 물론 아버지가 고위 관료일 경우 낙하산으로 관직을 얻을 수 있긴 하지만(음서제도), 높은 관직에는 오를 수 없어요. 한마디로 과거를 치러야만 승진이 가능한 거지요.

과거시험은 오늘날 수능과 비슷해요. 아무리 공부를 잘해도 시험을 잘 보지 못하면 아무런 소용이 없잖아요. 시험을 잘 보기 위해서는 나름의 시험용 기술이 필요한 것처럼 과거 역시 마찬가지였지요. 오늘날 시험을 잘 보기 위해 학원에 다니고 과외를 하는 것처럼 그 시대에도 과거 전용 과외 선생님이 있었어요. 상황이 이렇다 보니 과거는 주로 중앙의 훈구대신들의 자녀들이 합격을 많이 합니다. 아무리 지방에서 난다 긴다 할지라도 중앙의 관리가 되기 쉽지 않은 거예요. 사실 족집게 과외라는 게, 유학에 대한 본질적인 학문을 탐구한다기보다는, 시험에 나올만한 문제만 콕 콕 집어 공부하는 속성 학습이잖아요? 그래서 1518년, 조광조가 중종에게 파격적인 인사제도를 제안해요. 실록의 내용을 살펴볼까요?

"한(漢)나라의 현량과(賢良科)·방정과(方正科)의 뜻을 이은 것입니다. 덕행(德行)은 여러 사람이 천거하는 바이므로 반드시 헛되거나 그릇되는 것이 없을 것이요, 또 대책에서 그가 하려고 하는 방법을 알게 될 것이요, 두 가지가 모두 손실이 없을 것입니다." 『중종실록』 32권, 13년(1518) 3월 11일

즉 시험을 보지 않고 품성이 좋은 사람을 추천하여 관리로 쓰자고 건의한 거지요. 중종이 이러한 조광조의 건의를 받아들이니, 그게 바로 '현량과'예요. 추천을 통해 사람을 모으고 그 사람들을 대상으로 시험을 치른 후 관리로 등용하자는 겁니다.

이에 따라 1519년에 120명의 후보자를 추천해 시험을 보았고, 이를 통해 28인의 합격자를 선발했는데 그중 대부분은 사림파 학자들이었어요. 그리고 이들은 언론기구인 삼사(三司, 사헌부[1]·사간원[2]·홍문관[3])에 근무하며 여론을 장악하기 시작합니다.

조광조는 도덕정치와 이상정치를 펼치기 위해서는 왕이 몸소 모범을 보여야 한다고 생각합니다. 그래서 왕의 교육과 경연을 강조해요. 경연이 뭐라고 했지요? 왕과 신하가 함께 토론하고 공부하는 거잖아요. 이 또한 왕이 과외를 받는다고 보면 되지요. 조광조는 중종에게 열심히 공부할 것을 강조해요. 제대로 공부를 해본 적 없는 중종이지만, 왕다운 왕이 되기 위

---

1 사헌부(司憲府) : 고려·조선시대에, 시정(時政)을 논의하고 풍속을 바로잡으며 관리의 비행을 조사하여 그 책임을 묻는 일을 맡아보던 관청.
2 사간원(司諫院) : 조선시대 언론을 담당했던 기관. 국왕에 대한 간쟁과 논박을 담당한 관청.
3 홍문관(弘文館) : 조선시대에 궁중의 경서·사적을 관리하고 왕의 자문에 응하는 일을 맡아보던 관청.

해 시키는 대로 열심히 공부합니다.

특히 조광조는 중종에게 『소학』을 중심으로 공부할 것을 강조해요. 『소학(小學)』은 8세의 아이들에게 유학을 가르치기 위해 만든 도덕책입니다. 일상생활의 예의범절, 수양을 위한 격언 등을 모아 놓은 유교사회의 기본 서적이자 입문서 및 필수서지요.

> 조광조 : 전하, 『소학』을 읽고 또 읽으셔야 합니다.
>
> 중종 : 이것은 어린아이들이나 읽는 책 아니오?
>
> 조광조 : 어린아이들도 아는 것을 행하지 않는 것이 무슨 소용이 있겠습니까? 가장 근본인 것에 충실해야 합니다.
>
> 중종 : !!!

> "사람이 나서 8세가 되어 『소학』을 배우기 시작하면 동몽(童蒙)의 교양이 지극히 바르고 지수(持守)하는 것이 굳게 정해지나, 후세에는 『대학』·『소학』이 죄다 폐퇴하였으므로 인재가 나지 않고, … 세종조(世宗祖)에서는 오로지 『소학』의 도(道)에 마음을 썼으므로 책도 중외(中外)에 반포하였는데, 근래는 사람들이 읽지 않을 뿐 아니라 책도 아주 없어졌으며, 뜻이 있는 선비들까지도 몸소 행하기를 꺼립니다." 『중종실록』 29권, 12년(1517) 9월 13일

▌ Q. 그런데 중종 때 『소학』이 금서가 되었다고 들었어요.

▌ A. 맞습니다. 『소학』 보급의 전도사였던 조광조가 비극적으로 세상을 뜨자 『소학』은 금서(禁書)가 됩니다. 아마도 후에 조광조의 정치사상을 부

정한 중종이 내린 결단이 아닌가 싶어요. 사실『소학』은 조선 건국 때부터 중요하게 여긴 책으로, 유교사회인 조선의 대표적인 도덕책이거든요. 하지만 기묘사화 이후, 중종은 조광조뿐만 아니라 그의 사상까지도 없애버리고자 했던 겁니다. 중종과 조광조의 어긋난 인연은 뒤에서 자세히 다룰게요.

1510~1519년　조선 최고의 승진 속도

조광조가 파격적인 개혁을 할 수 있었던 건 중종의 절대적인 신임이 있었기 때문이지요. 조선시대에 초고속 승진을 한 사람이 두 명 있어요. 바로 이순신과 조광조입니다(이순신은 임진왜란이 발발하기 1년 전인 1591년, 류성룡의 천거로 종6품 정읍현감에서 정3품인 전라좌수사로 파격승진 합니다).

조광조의 승진 속도를 보면, 중종이 얼마나 그를 총애했는가를 알 수 있지요.

〈조광조의 이력서〉

중종 10년 : 9월 문과에 급제

중종 10년 : 11월 종6품 사간원 정원

중종 11년 : 봄 호조좌랑 → 예조좌랑 → 공조좌랑

중종 11년 : 3월 홍문관 부수찬 겸 경연검토관 겸 춘추관기사관

중종 12년 : 2월 홍문관 부교리 (종5품)

중종 12년 : 3월 홍문관 교리 (정5품)

중종 12년 : 7월 홍문관 응교 (정4품)

중종 12년 : 8월 홍문관 전한 (종3품)

중종 13년 : 1월 홍문관 부제학 겸 경연참찬관 (정3품)

중종 13년 : 5월 승정원 동부승지 겸 경연참찬관 (정3품)

중종 13년 : 7월 동지성균관사 겸 가선대부 (종2품)

중종 13년 : 11월 사헌부 대사헌 (종2품)

▌Q. 정○품과 종○품의 차이는 뭐예요?

▌A. 조선시대의 관직은 1~9품이 각각 '정'·'종'으로 분류되어 있는 18품계입니다. '정'과 '종' 중에서 '정'이 더 높은 관직이에요. 즉, 똑같은 정3품, 종3품이라 할지라도 정3품이 더 높은 거지요. 만약 정3품의 관리 자리가 빌 경우, 종3품의 관리가 대리로 업무를 맡아보기도 했답니다.

조선시대 사헌부의 대사헌은 종2품의 고위관직이었지요. 오늘로 치면 검찰총장과 비슷해요. 이제 갓 공무원 생활을 시작한 관리가 3년 만에 검찰총장이 된 거지요. 어마어마한 초고속 승진인 겁니다.

1519년 **버림받은 조광조와 기묘사화**

조광조는 유교적 도덕정치가 가능하게 하려면 무엇보다 왕이 먼저 모범을 보여야 한다고 생각했습니다. 그래서 중종에게 경연을 통해 공부에 힘쓸 것을 강조하고 또 강조하지요. 이를 중종은 어떻게 받아들였을까요?

중종은 본인이 얼마나 부족한 왕인지 잘 알았어요. 그래서 진정한 왕으로 인정받고자 열심히 학문에 몰두합니다.

하지만 공부라는 게 처음 잠깐은 즐거울지 몰라도 매일 하다 보면 지겨워지기 마련이잖아요? 게다가 왕의 공부인 경연은 조강(朝講)·주강(晝講)·석강(夕講)이라고 해서 아침, 점심, 저녁 2시간씩 총 6시간을 매일 공부해야 했으니까요. 여기서 끝이 아니에요. 야대(夜對)까지 합치면 총 8시간 동안 공부하는 거예요. 지금의 고3 수험생과 똑같아요. 고3 수험생 생활이야 수능을 보면 끝이지만, 왕의 경연은 왕위에 앉아있는 한 네버엔딩, 끝없이 지속됩니다. 조광조는 중종을 밤새워 공부시켜요. 공부하느라 밤을 하얗게 불태운 후 다음 날 해 뜨는 것을 보면, "와! 나 진짜 열심히 했구나!"라는 뿌듯함을 느꼈겠지요. 하지만, 오늘 밤도, 내일 밤도, 그리고 그다음 밤도 영원히 하얗게 불태우라고 하면 어떻게 될까요? 정말 책만 봐도 구토가 나지 않을까요?

사실 조선의 왕 중에서 경연을 좋아한 사람은 별로 없어요. 성군으로 꼽는 왕들 빼고는 모두 꺼렸지요. 밥 먹고 나면 공부, 또 공부, 공부… 얼마나 지겨웠겠어요. 그렇게 열심히 해도 나라에 무슨 일만 닥치면, 신하들이 약속이나 한 듯 합창을 하지요.

"전하가 부덕하신 까닭이 아니고 무엇이겠습니까? 부디 덕을 쌓으시옵소서!"

정말 환장할 노릇이었을 겁니다. 결국 시간이 지나면 지날수록 조광조를 향한 중종의 신뢰와 애정은 서늘히 식어갑니다.

한편, 훈구세력들은 조광조의 개혁정치에 불안해하고 있었어요. 조광조가 현량과를 실시하면서, 다수의 사림파 학자들이 삼사에서 근무하게 되었고 그들이 훈구파들을 맹렬히 비난하고 있었으니까요. 게다가 1519년에는 삼사에서 훈구세력을 공개적으로 비판하기 시작해요. 소위 '위훈삭제사건'이라 불리는데요, 중종반정 때 공을 세운 자와 없는 자를 가려, 공이 없는 자의 지위를 박탈해야 한다고 주장한 겁니다. 조광조를 비롯한 여러 사림파 학자들은 공신 작호가 부당하게 부여된 76명의 공훈을 없애야 한다고 외칩니다.

사실 중종반정 이후, 반정에 조금이라도 곁다리로 껴있던 사람들까지 모두 공신으로 인정받았기 때문에, 한 일도 없이 재산과 권세를 누린 이들이 많았거든요. 하지만 그들이 대놓고 공개적으로 비난하니 훈구파 입장에서는 위기를 느낀 거지요. 그리고 어떻게든 조광조와 그 일당들을 물리쳐야겠다고 결심합니다.

이런 와중에 훈구파들은 기발한 방법을 생각해내요. 주초위왕이라고 쓰인 나뭇잎을 중종에게 보여주는 거였지요.

주초위왕(走肖爲王)!

주(走)+초(肖)=조(趙)가 됩니다. 따라서 이 글자를 풀이해보면, '조씨가 왕이 된다!'라는 뜻이에요.

이것을 본 중종의 마음은 어땠을까요? 반역을 꾀했다는 건 굉장히 괘씸한 일입니다. 중종 자신도 반정을 통해 왕위에 올랐으니, 반정에 더욱 민감했겠지요.

▶중종은 조광조가 반역을 꾀했다는 훈구파의 말을 믿고 그에게 사약을 내렸다.

그래서일까요? 중종은 단지 훈구파가 들고 온 나뭇잎 하나만으로 조광조를 몰아내버려요.

임금이 이르기를,

"죄인에게 벌이 없을 수 없고 조정에서도 청하였으니, 빨리 정죄(定罪)하도록 하라." 『중종실록』 37권, 14년(1519) 11월 15일

결국 훈구 공신들을 공격하고자 했던 조광조와 사림 세력들은 중종의

변심과 함께 목숨을 잃게 돼요. 이 사건은 기묘년에 일어났다고 해서 '기묘사화(己卯士禍)'라고 부릅니다.

한편, 조광조는 중종이 내린 사약을 마시기 전 아래의 시를 썼다고 해요.

절명시(絶命詩)

愛君如愛父 임금 사랑하기를 어버이 사랑하듯 했고

憂國如憂家 나라 걱정을 내 집 걱정하듯 했노라

白日臨下土 밝은 해가 이 세상을 내려다보고 있으니

昭昭照丹衷 내 충성스러운 마음을 환히 비추리라

개혁을 꿈꿨던 젊은 학자 조광조는 왕의 신임을 잃으면서 목숨까지 잃습니다. 하지만 조광조는 목숨을 잃었지만 중종은 개혁 의지를 잃어버렸지요. 재위기간이 38년이나 되는 왕이지만, 후손들이 왕보다 조광조를 더 기억하고 있다는 건 무얼 말할까요? 왕의 업적보다 신하인 조광조의 업적이 더 위대하다는 뜻이지요. 하지만 조광조의 개혁에는 아쉬운 점도 있어요. 바로 너무 급진적이었다는 것이죠. 조광조의 일화를 통해 우리는 너무 급진적인 개혁이 부작용을 일으키기도 한다는 걸 알 수 있습니다. 어떤 일을 추진할 때는 항상 주변을 살펴가며 차근차근 해나가야겠지요.

중종의 38년은 조광조의 죽음과 함께 물거품처럼 사라져버린 게 아닐까요?

— 마인드 맵으로 정리하는 중종 —

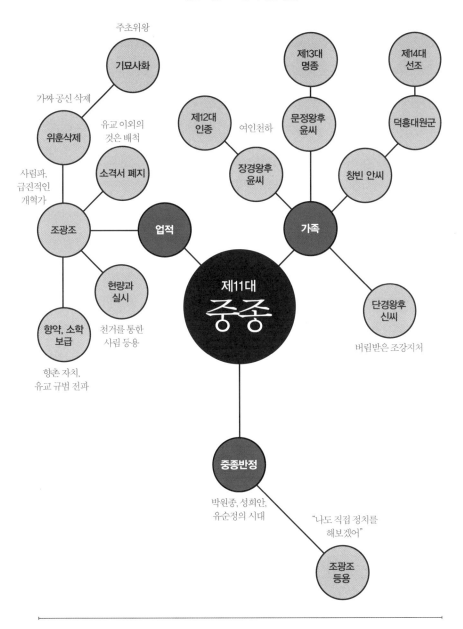

주초위왕

기묘사화

가짜 공신 삭제

위훈삭제

유교 이외의
것은 배척

소격서 폐지

사림파,
급진적인
개혁가

조광조

업적

현량과
실시

향약, 소학
보급

천거를 통한
사림 등용

향촌 자치,
유교 규범 전파

제12대
인종

여인천하

장경왕후
윤씨

제13대
명종

문정왕후
윤씨

제14대
선조

덕흥대원군

창빈 안씨

가족

단경왕후
신씨

버림받은 조강지처

제11대
중종

중종반정

박원종, 성희안,
유순정의 시대

"나도 직접 정치를
해보겠어"

조광조
등용

9개월만 호랑이.
1년도 채우지 못한 조선 최단기 임금

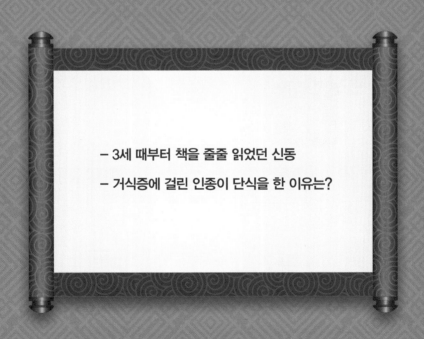

- 3세 때부터 책을 줄줄 읽었던 신동

- 거식증에 걸린 인종이 단식을 한 이유는?

인종은 어떤 인물이었나?

생애 1515~1545년

재위기간 1544~1545년

휘(諱) 이호(李峼)

묘호(廟號) 인종(仁宗)

출생과 즉위 조선 제11대 중종의 장자로 어머니는 장경왕후 윤씨입니다. 중종은 후궁인 경빈 박씨와의 사이에서 얻은 맏아들 복성군이 있었지만, 정비의 소생인 인종을 왕세자로 앉히지요. 인종의 어머니인 장경왕후는 인종을 낳은 뒤 산후병으로 숨져, 후에 문정왕후가 새어머니가 됩니다. 인종은 6세에 왕세자가 되었지만, 새어머니인 문정왕후가 경원대군(훗날, 명종)을 낳은 후에 입지가 불안해져요. 결국 힘겹게 왕위에 오르지만, 불행히도 즉위한 지 9개월 만에 병으로 세상을 떠납니다. 그의 재위기간은 조선의 27명 임금 중에서 가장 짧습니다.

가족관계 왕비 : 1명, 후궁 : 2명, 자녀 : 없음

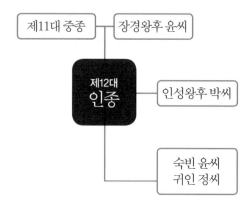

1515~1520년 · 왕세자의 이름 바꾸기

인종은 제11대 임금인 중종과 장경왕후 윤씨 사이에서 태어났어요. 당시 중종에게는 맏아들인 복성군이 있었지만, 그의 어머니는 후궁 경빈 박씨였습니다. 조선시대에는 적자와 서자 간의 차별이 있었기 때문에 당연히 적자인 인종이 세자로 책봉되지요.

하지만 불행히도 어머니인 장경왕후는 인종을 낳은 지 불과 7일 만에 산후병으로 세상을 뜹니다. 그런데 그녀는 눈을 감기 전 남편인 중종에게 의미심장한 이야기를 합니다.

"아이를 가졌을 때 꿈을 꾸었는데, 어떤 사람이 나타나 아이 이름을 '억명(億命)' 하라고 했사옵니다."

> 장경왕후가 이르기를 '지난해 여름 꿈에 한 사람이 말하기를, 이 아이를 낳으면 이름을 억명(億命)이라 하라 하므로 써서 벽상에 붙였었습니다' 하였다. 상(중종)이 상고하여 본즉 사실이었다. 이 얼마나 기이한 일인가?
>
> 『중종실록』 21권, 10년(1515) 3월 7일

그러면서 반드시 아이 이름을 '억'으로 지어달라고 부탁해요. 하지만 당시 억(億)이 들어간 이름은 매우 많았어요. 그런데 임금의 이름을 아무거나 쓸 수 없잖아요? 다른 사람들이 함부로 말하거나 쓸 수 없는 게 바로 임금 이름이니 더 까다롭지요.

백성들의 편의를 위해 실생활에서 잘 사용하지 않는 어려운 한자로 왕의 이름을 쓰는 걸 뭐라고 한다고 했지요? 네, '피휘(避諱, 이름을 피하다)' 예요. 그래서 인종의 이름도 원래는 '이억(李億)'이었지만, 왕세자로 책봉되던 6세 때, '이호(李峼)'로 개명하게 돼요.

1527년 세자를 저주한 세력들- 작서의 변

인종은 3세 때부터 책을 줄줄이 읽어 신동 소리를 듣습니다. 당연히 아버지 중종은 너무 기쁜 나머지 인종의 유모에게 큰 상을 내립니다.

> 원자(元子)가 기질이 침중하여 경솔하게 말을 하지 않고, 『천자문(千字文)』과 『유합(類合)』을 모두 환하게 익혔다. 임금이 책을 들고 문자 따라 외되 한 자도 틀리지 않으니, 임금이 가상히 여겨 감탄하기를 마지않았고, 이어 유온(乳媼)에게 후한 상을 주었다. 『중종실록』 27권, 12년(1517) 4월 13일

그리고 1520년, 인종은 6세에 왕세자로 책봉돼요. 또한 1522년, 8세의 나이에 성균관에 입학한 후 30세에 왕위에 오를 때까지 24년 동안 세자 수업을 받아요.

하지만 이렇게 완벽한 왕세자에게도 결핍이 있었으니, 바로 외로움이 었습니다. 어머니가 너무 일찍 세상을 떴으니까요. 특히 세자에게 어머니가 없다는 건 든든한 정치적 후견인이 없다는 뜻이지요. 실제로 유독 인종 주변에는 자기 아들을 왕으로 만들고자 기를 쓰는 왕의 여인들이 많았습니다.

특히 중종이 총애하던 경빈 박씨는 중종의 장남인 복성군을 낳았지요. 비록 후궁이지만, 왕의 첫아들을 낳은 만큼, 자기 아들을 왕위에 올리고자 안간힘을 씁니다.

1527년 2월 29일 세자의 생일날. 세자가 머무는 동궁 뜰에서 끔찍한 것이 발견되지요. 쥐 한 마리가 입, 눈, 귀가 모두 불탄 끔찍한 모습으로 나무에 매달려 있었던 거지요.

세자는 쥐띠였어요. 따라서 동궁 뜰에 불에 탄 쥐가 매달려 있다는 건 세자를 저주한 거로 해석되지요. 게다가 그 옆에 세자의 생년월일과 세자를 저주하는 내용이 쓰여진 종이가 함께 있었어요.

아버지 중종은 이 사실을 알고 불같이 화를 냅니다.

상(중종)이 깜짝 놀라면서 이르기를,

"동궁에 이런 요괴스런 일이 있었단 말인가? 즉시 추문¹ 해야겠다."

『중종실록』 58권, 22년(1527) 3월 22일

---

1 추문(推問) : 어떠한 사실을 자세하게 캐며 꾸짖어 물음.

이 사건을 '작서의 변(灼鼠-變)'이라고 불러요. 불사를 작(灼), 쥐 서(鼠) 말 그대로 '쥐를 불태운 사건'이라는 뜻이지요. 당시 범인은 잡히지 않았어요. 하지만 궁궐 사람들은 모두 경빈 박씨를 의심하지요. 평소에 그녀만큼 세자의 자리를 노린 사람은 없으니까요. 물론 정확한 물증은 없었습니다. 하지만 심증이 워낙 강력한지라 그녀는 체포되었고 심문을 받습니다. 결국 이 해괴한 사건의 주모자는 경빈 박씨와 복성군으로 밝혀졌고 그들은 폐서인으로 강등되어 사약을 받습니다.

그런데, 이게 웬일인가요? 진짜 범인이 따로 있었던 겁니다. 1532년 이종익의 상소에 의해 밝혀진 진범은 당시 권세가였던 김안로의 아들 희(禧)였습니다.

경빈 박씨와 복성군 입장에서는 굉장히 억울한 일이었지요. 하지만 당시 심증만으로 그들이 범인이라 주목되었다는 건 그만큼 경빈 박씨가 세자를 헐뜯지 못해 안달나 있었단 걸 증명해줍니다.

1534~1544년　2인자에게 위협받는 1인자

세자는 생모를 일찍 여의었으나 아버지 중종이 새 중전을 맞이하게 되면서 새어머니가 생깁니다. 당시 세자의 나이 3세(1517)였지요. 중종의 세 번째 부인이자 세자의 새어머니인 문정왕후는 17세에 왕비가 되었으나, 그 후로 17년이나 지난 후에 아들을 낳습니다. 그가 바로 훗날의 명종인 경원대군이지요.

문정왕후가 경원대군을 낳았을 때, 세자의 나이는 20세였습니다. 따라서 문정왕후는 감히 세자의 자리를 넘볼 수 없었지요. 하지만 그녀는 자신의 아들 경원대군을 차기 왕으로 만들고자 눈에 불을 켭니다.

당시 죽은 장경왕후의 오빠인 윤임이 세자의 후원자 역할을 하고 있었고, 문정왕후의 동생인 윤원형은 경원대군의 후원자 역할을 하고 있었지요. 세자의 생모인 장경왕후와 문정왕후가 모두 윤씨였기 때문에 이 둘을 구분하기 위해 자기들끼리 윤임 세력을 '대윤(大尹)'이라 부르고, 윤원형 세력은 '소윤(小尹)'이라 불러요. 그런데 이 두 세력의 대립이 너무 심해, 신하들이 임금에게 이를 아뢸 정도였지요.

> 대사간 구수담이 아뢰기를,
> "풍문에 의하면 간사한 의논이 비등하여 '윤임(尹任)을 대윤(大尹)이라 하고 윤원형(尹元衡)을 소윤(小尹)이라 하는데 각각 당여(黨與)를 세웠다' 합니다." 『중종실록』 100권, 38년(1543) 2월 24일

> 대사헌 정순붕이 아뢰기를,
> "대윤(大尹)·소윤(小尹)이라는 말은 일어난 지 이미 오래고 점점 표적이 되어, 어느 재상(宰相)은 어느 윤(尹)의 당(黨)이라고 지칭하여 대소 두 길로 가르니, 어찌 이러한 일이 있습니까." 『중종실록』 104권, 39년(1544) 9월 29일

왕세자 교육을 받은 지 10년이 넘은 왕세자가 있는 마당에, 문정왕후와 윤원형이 경원대군을 차기 왕으로 만들고자 서둘렀다는 건 말이 안 되는 이야기지요. 그들이 얼마나 욕심이 많았는지 알 수 있는 대목입니다.

그러던 와중에 동궁에 의문의 화재사건이 발생해요. 야사에 따르면 당시 세자가 "어머니가 나의 죽음을 원하시니, 이를 따르는 것이 효가 아니겠는가!"라고 탄식하며, 뛰쳐나가지 않고 불구덩이 안에 가만히 있었다고 합니다. 하지만 밖에서 아버지 중종이 애타게 자신을 부르는 소리를 듣고 생각을 바꿉니다.

이러한 이야기는 후대에 문정왕후를 깎아내리기 위해 각색된 것으로 보여요. 하지만 이런 이야기가 지어질만큼 인종이 새어머니의 눈치를 봤던 건 아닐까 하는 생각도 해봅니다.

1544~1545년 — 인종을 둘러싼 독살설과 거식증

세자 나이 30세에 아버지 중종이 세상을 떠납니다. 그러자 세자가 곧바로 왕위에 올랐으니, 그가 바로 조선 제12대 임금 인종이지요. 문정왕후와 윤원형이 제아무리 두 눈을 시퍼렇게 뜨고 세자의 자리를 노린다 해도 30세가 된 세자를 11세의 이복동생이 어찌 넘보겠어요.

인종은 어질고 순한 성격에 학문에 매진하는 임금님이었습니다. 이에 대해 실록은 다음과 같이 기록하고 있습니다.

사신은 논한다. 상은 자질이 순미(純美)하여 침착하고 온후(溫厚)하며 학문은 순정(純正)하고 효우(孝友)는 타고난 것이었다. 동궁(東宮)에 있을 때부터 늘 종일 바로 앉아 언동(言動)은 때에 맞게 하였으니 사람들이 그 한계를 헤

▶몸이 허약했던 인종은 금식으로 몸이 허약해져 재위 9개월 만에 세상을 떠났다.

아뢸 수 없었다. 즉위한 뒤로는 정사(政事)할 즈음에 처결하고 보답하는 데에 이치에 맞지 않은 것이 없었고, 때때로 어필(御筆)로 소차(疏箚)에 비답(批答)하되 말과 뜻이 다 극진하므로 보는 사람이 누구나 탄복하였다.

『인종실록』 2권, 1년(1545) 7월 1일

하지만 안타깝게도 인종의 재위기간은 짧아도 너무 짧았어요. 조선의 27명의 임금 중 제일 짧은 재위기간을 보낸 이가 바로 인종입니다. 31세의 창창한 나이에 세상을 떠났거든요. 도대체 그는 왜 죽은 걸까요?

젊은 인종의 죽음에 대해 독살설이 제기되기도 하지요. 아들을 늘 차갑게 대하던 문정왕후가 어느 날 인종에게 떡을 권했는데, 그 떡을 먹고 인종이 쓰러져 죽었다는 겁니다. 하지만 이것은 일설일 뿐이고 실제 실록을 보면, 그가 '금식'을 했기 때문에 몸이 약해져 죽었다는 걸 알 수 있어요.

인종은 효심이 지극한 왕이었어요. 그래서 아버지 중종이 승하하자, 단식을 합니다. 문제는 단식을 너무 열심히 했다는 겁니다. 그래서 거식증에 걸린 게 아닌가 추측해봅니다. 임금이 음식을 제대로 먹질 못하니, 당시 신하들의 가장 큰 고민 역시 "어떻게 하면 전하께서 한 수저라도 더 떠서 입에 넣으실까"였다고 합니다.

실록을 보면 신하들의 간절한 외침이 아직도 들리는 듯합니다.

"전하, 제발, 고기 한 점만 드세요, 네?"

"육선(肉膳)[2]에 대한 일은 … 자전께서도 드시도록 간곡히 청하셔야 하겠습니다."

『인종실록』 1권, 1년(1545) 2월 7일

"다른 증세가 또 발생할까 염려되니 오늘 안에 육선(肉膳)을 권하지 않을 수 없습니다. 자전에서 간곡히 청하여 드시도록 권하소서."

『인종실록』 1권, 1년(1545) 2월 10일

하지만 인종은 아버지 중종의 상례 중이라는 이유로 철저하게 금식을 합니다. 게다가 곧바로 제사며, 사신접대 등 왕으로서의 빡빡한 일정을 수

---

2 육선(肉膳) : 고기붙이로 만든 반찬.

행해요. 심지어 죽기 한 달 전의 상황을 보면, 몸이 굉장히 안 좋은데도 신하들에게 걱정하지 않아도 되니, 자신을 진료하지 말라고 말해요. 이런 걸 보면 인종은 정말 아무도 못 말리는 황소고집이었던 것 같아요. 쉴 땐 쉬어야 하는데 말입니다. 결국 인종은 재위 9개월도 채우지 못하고 승하하지요. 당시 인종은 서른이 넘도록 후사를 보지 못했기 때문에 이복동생인 경원대군(명종)은 자연스럽게 차기 왕이 됩니다.

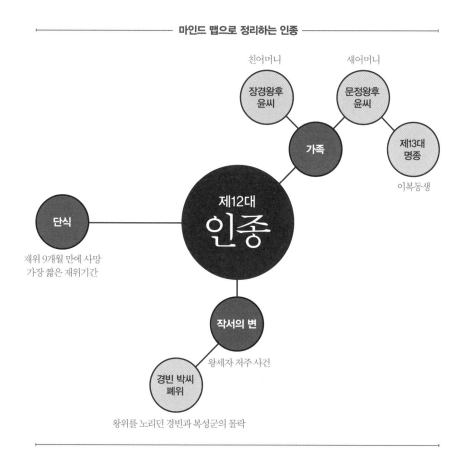

마인드 맵으로 정리하는 인종

친어머니
장경왕후
윤씨

새어머니
문정왕후
윤씨

제13대
명종

이복동생

가족

제12대
인종

단식
재위 9개월 만에 사망
가장 짧은 재위기간

작서의 변
왕세자 저주 사건

경빈 박씨
폐위
왕위를 노리던 경빈과 복성군의 몰락

엄마가 호랑이.
어머니의 그늘에 가린 존재감 없는 임금

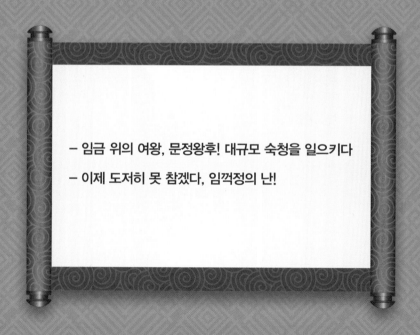

- 임금 위의 여왕, 문정왕후! 대규모 숙청을 일으키다

- 이제 도저히 못 참겠다, 임꺽정의 난!

명종은 어떤 인물이었나?

생애 1534~1567년

재위기간 1545~1567년

휘(諱) 이환(李峘)

묘호(廟號) 명종(明宗)

출생과 즉위 조선 제11대 중종의 두 번째 적자(정실부인 소생)로 어머니는 문정왕후 윤씨입니다. 인종이 후사를 두지 못하고 승하한 후 이복동생인 경원대군이 왕위에 오르니, 그가 바로 제13대 임금, 명종입니다. 12세의 어린 나이에 즉위했기 때문에 어머니 문정왕후가 수렴청정하지요. 수렴청정 시기 윤원형을 비롯한 외척들의 부정부패가 심했고, 을사사화가 발생하는 등 사회가 극도로 어지러워집니다.

가족관계 왕비 : 1명, 후궁 : 6명, 자녀 : 1남

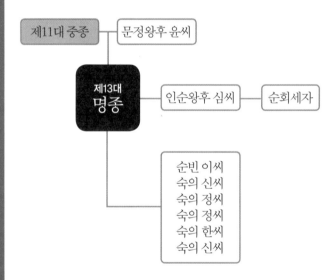

1545년 문정왕후의 수렴청정과 을사사화

인종의 이복동생인 경원대군이 조선의 제13대 왕으로 즉위하였으니, 바로 명종입니다. 명종은 12세의 어린 나이로 즉위한지라 당시 왕실의 최고 어른인 어머니 문정왕후가 8년 동안 수렴청정을 합니다.

문정왕후는 명종의 어머니이자 조선 최고의 치맛바람을 일으킨 여성으로 유명하답니다. 그녀는 자기 아들을 왕으로 만들기 위해 동생 윤원형과 그의 첩인 정난정의 도움을 받아 인종을 지지했던 '대윤파'와 맞서 싸우며 억척스럽게 아들을 지켜냅니다.

중종의 두 부인인 장경왕후와 문정왕후는 모두 파평 윤씨 사람이었어요. 그래서 사람들은 윤임을 비롯한 장경왕후의 친정 세력을 대윤, 윤원형을 비롯한 문정왕후의 친정 세력을 소윤이라고 구분해 부르고 있었습니다.

하지만 인종이 일찍 승하하고 명종이 즉위하면서 드디어 학수고대하던 문정왕후와 소윤파의 세상이 되지요. 그리고 문정왕후가 수렴청정합니다. 자, 이제 어떻게 해야 할까요? 그동안 당했던 설움을 모두 갚아줘야겠지요. 게다가 문정왕후는 세조의 왕비인 정희왕후처럼 뒷방 늙은이로 앉을 생각이 전혀 없는 여인이었거든요.

명종 1년, 1545년 을사년!

드디어 중종 대부터 서로 으르렁거리던 대윤(윤임)과 소윤(윤원형)이 맞붙어 피를 흩뿌립니다. 당시 권력을 잡고 있던 소윤세력이 대윤파를 모두 숙청한 사건, '을사사화'가 일어난 겁니다. 소윤파 정순붕은 대윤파를 몰아내기 위해 상소를 올려요.

"윤임이 명종을 몰아내고 다른 왕족을 왕으로 세울 역모를 꾀하는 줄로 아룁니다."

이 보고를 받은 문정왕후가 가만히 있었을까요? 그녀에게 윤임이 진짜 역모를 꾀했는지 아닌지는 중요하지 않아요. 단지 그를 몰아낼 구실이 필요했을 뿐이지요. 이에 문정왕후는 자신을 지지하는 세력인 소윤파와 함께 대윤파를 대거 숙청합니다. 이러한 외척 간의 갈등에 휘말린 수많은 사림 세력들은 또 한 번 목숨을 잃습니다. 한마디로 고래 싸움에 새우등 터진 격이지요.

> 명하여 의금부 낭청을 보내어 윤임은 성산(城山)에서【양화진(楊花津) 근처】 유관은 과천(果川)에서, 유인숙은 문의(文義)에서 추참(追斬)하고 3일간 효수(梟首)한 다음 그 수급과 수족을 사방에 돌려 보이게 하였다.
>
> 『명종실록』 2권, 즉위년(1545) 9월 11일

실록에 적힌 '효수'란, 죄인을 죽여 머리를 벤 후 그 머리를 장대에 매달아 놓는 형을 말해요. 죄인을 2번 죽이는 셈이지요. 어마어마한 피비린내를 통해 정적을 없앤 문정왕후와 그의 외척들, 그야말로 인정이라곤 조금도 없는 사람들이지요.

1545∼1565년 | 임금 위의 여왕

1547년 9월, 경기도 과천(현, 서울) 양
재역 근처에 벽서 한 장이 붙습니다.

여왕이 권력을 잡고 간신들이 판을 치는 세상이구나! 장차 나라가 망할
징조가 아니고 무엇이더냐.

'여주(女主)가 위에서 정권(政權)을 잡고 간신(奸臣) 이기(李芑) 등이 아래에

▶명종의 어머니인 문정왕후는 수렴청정 동안 외척의 횡포를 방치하여 백성들의 원망을 샀다.

서 권세를 농간하고 있으니 나라가 장차 망할 것을 서서 기다릴 수 있게 되었다. 어찌 한심하지 않은가.' 『명종실록』6권, 2년(1547) 9월 18일

당시 문정왕후의 섭정에 대한 불만을 적어놓은 것이지요. 이를 일명 '양재역벽서사건'이라고 하는데요, 이에 문정왕후는 반성하기는커녕 다시 한 번 외척 윤원형을 비판하던 남은 세력을 이 잡듯 뒤져 완벽히 제거하고자 날뜁니다.

이 사건은 2가지를 의미한다고 볼 수 있어요. 첫 번째, 윤원형과 같은 외척세력들을 당대 사람들이 매우 싫어했다는 것. 두 번째, 문정왕후가 거의 당대 여왕(女王)으로 불릴 만큼 기세등등했다는 겁니다.

문정왕후는 명종이 즉위한 후, 8년만 수렴청정을 하고 이후에는 물러나 있었으나, 그녀의 존재감은 끝까지 매우 강력했지요. 따라서 그녀가 살아 있는 동안은 한마디로 그녀와 외척 세상이었지요. 당시 그녀의 동생인 윤원형은 거리낌 없이 수많은 악행을 저질러요. 하지만 임금인 명종조차도 이를 어찌할 수가 없어 그저 방관합니다.

명종 : 외가 쪽 사람들의 죄가 큰데 이것을 어떻게 처리해야 할까?
문정왕후 : 아니, 주상! 저와 제 동생이 없었다면, 지금 그 자리에 주상이 앉아 있는 것이 가당키나 합니까?

하루는 상이 내수에게 '외친이 대죄가 있으면 어떻게 처리해야 하는가?'라고 하였는데, 이는 대개 윤원형을 지칭한 것이었다. 이 말이 마침내 누설

되어 문정왕후에게 알려졌는데 문정왕후가 이를 크게 꾸짖어 '나와 윤원형이 아니었다면 상에게 어떻게 오늘이 있었겠소' 하니, 상이 감히 할 말이 없었다.

『명종실록』 31권, 20년(1565) 11월 18일

1545~1565년 문정왕후의 불교 사랑

조선은 성리학을 중심으로 유교를 받들던 국가입니다. 하지만 조선 왕실에서는 남몰래 불교를 키우고 있었지요. 선대왕이던 세종, 세조 모두 불교를 통해 죽은 부모의 넋을 위로하고자 했거든요. 하지만, 조선의 왕실 중에서 불교 사랑의 끝판왕을 보여준 이는 바로 문정왕후였습니다.

조선 왕실 여인 중에 독실한 불교 신자는 많았지만, 그녀만큼 대대적인 정책을 펴진 못했어요. 아마 문정왕후가 조선의 왕실 여인 중에서 제일 막강한 권력을 가지고 있었기 때문에 가능한 일이 아니었을까요?

카리스마 넘치던 군주 세조도 차마 대놓고 하지 못한 불교 정책을 여인의 몸으로 문정왕후가 단행하기 시작해요. 바로 승려 보우를 봉은사 주지스님으로 임명한 겁니다.

또한 문정왕후는 불교를 장려하기 위해 도첩제를 시행합니다. 그리고 전국에 300여 개의 절을 공인하지요. 도첩제란 출가한 승려에게 국가가 발급해주는 일종의 허가증이에요. 명종 시기에는 도첩제가 폐지되어 있거든요. 한마디로 당시 승려들은 국가에서 인정하지 않은 무허가 승려들이라고 볼 수 있어요. 그런데 도첩제를 시행함으로써 그들의 지위를 법적으로 보장해준 것이지요.

하지만 이를 안 유생들이 조선 팔도 각지에서 들고 일어납니다. 문정왕후의 불교 부흥책에 대해 반발하는 거지요. 당시 이를 반대하는 상소가 어마어마했어요. 이때 제일 난감했던 사람이 누굴까요? 바로 유학 관료 및 전국의 유생과 어머니 문정왕후 사이에 낀 명종이지요. 그렇다면 과연 누가 이겼을까요?

자식 이기는 부모는 없다고 하지요? 하지만 명종만큼은 예외입니다. 그는 어머니를 이기지 못했어요. 결국 문정왕후가 살아있는 명종 재위 20년 동안 불교 장려책은 계속됩니다. 하지만 아이러니하게도 이때, 훗날 임진왜란이 발발한 후 활약하던 서산대사와 사명대사가 발탁되었답니다.

문정왕후는 불교를 매우 사랑했어요. 죽을 때까지 유언으로 불교를 장려할 것을 부탁할 정도였다니까요. 하지만 조선왕조에서 불교가 화려했던 시절은 이때가 마지막이었습니다. 그녀가 죽자 전국 유생들이 숭유억불[1]을 외쳤고, 결국 불교는 다시 찬밥 신세가 되거든요. 보우는 제주도로 유배되었다가 살해되고, 불교는 또다시 핍박을 받아요.

무소불위의 권력을 갖고 있던 문정왕후는 후대의 사림과 학자들에게 엄청난 비판과 욕을 듣습니다. 아마 가장 큰 이유는 그녀가 유교 국가인 조선에서 대놓고 불교를 장려했기 때문일 겁니다.

사신은 논한다. 양종을 설립한 뒤부터 국가의 저축이 고갈되고 승도들이 마

1숭유억불 : 유교를 숭배하고 불교를 억압하는 것.

구 방자해져 장차 국가를 다스릴 수 없게 되고 한 시대에 화를 끼친 것이 많

았는데도 후세에 이를 남기고자 하여 임종하던 날 마음에 두고 잊지 못하니,

어찌 그리도 심히 혹하였을까.　　　　　『명종실록』 31권, 20년(1565) 4월 6일

무소불위의 권력을 잡았던 여인. 하지만 후대의 평가는 그저 시끄러운 암탉이라는 조롱 일색이었습니다. 당시 많은 사람이 그녀를 얼마나 싫어했는지 알 수 있는 대목이지요.

Q. 정말 문정왕후가 그렇게 나쁜 여자였나요?

A. 문정왕후는 조선 최고의 권력을 장악한 여인이었어요. 아들을 앞세운 치맛바람으로 잡은 권력이지요. 이 때문에 많은 유학자로부터 질타를 받아야 했고요. 여인의 몸으로 능력을 펼치는 게 대단히 어려운 조선이라는 시대적 한계에도 불구하고 그녀는 아들을 등에 업고 권력을 휘두릅니다. 그 권력이 나라와 백성을 위한 것이라면 오죽 좋았겠어요. 하지만 그녀는 오직 자기 집안만을 위한 무소불위의 힘을 행사했기 때문에 오늘날까지 그녀를 비판하는 목소리가 큰 것이지요.

사신은 논한다. 윤씨는 천성이 강한(剛狠)하고 문자(文字)를 알았다. 조금만 여의치 않으면 곧 꾸짖고 호통을 쳐서 마치 민가의 어머니가 어린 아들을 대하듯 함이 있었다. 『서경(書經)』 목서(牧誓)에 '암탉이 새벽에 우는 것은 집안이 다함이다' 하였으니, 윤씨(尹氏)를 이르는 말이라 하겠다.

『명종실록』 31권, 20년(1565) 4월 6일

1555년, 1562년 을묘왜변과 임꺽정의 난

명종의 재위기간 22년은 나라 안팎으로 혼란이 컸습니다. 안으로는 왕실 외척의 폭정이 심했고, 탐관오리들이 득세했으며 과도한 세금을 징수하는 등 각종 비리가 난무했어요. 게다가 밖으로는 왜구의 피해가 극심했습니다.

명종 10년(1555)에 왜구가 전라남도의 강진, 영암, 장흥, 진도 일대를 쑥대밭으로 만들고 약탈과 살인을 자행했습니다. 고려 말부터 조선건국 초까지 왜구의 약탈은 빈번했고 이를 진압하기 위해 세종이 대마도 정벌을 단행했을 정도였지요.

그런데 1555년에 일어난 을묘왜변 때는 왜구의 난립이 너무 심해 비변사[2]라는 임시기구를 설치할 정도였지요. 이후, 조선 수군은 더욱 강화되었는데 결과적으로 이 때문에 임진왜란 당시 큰 활약을 할 수 있게 됩니다.

한편, 임꺽정의 난도 명종 대에 일어났습니다. 임꺽정의 난은 조선에서 일어난 반란 중에서도 꽤 장기적으로 지속되는데요. 급기야 조선 전체가 흔들리는 지경까지 이르러요. 임꺽정의 활동은 명종 14년(1559)부터 시작되는데, 특히 황해도를 중심으로 활발히 전개됩니다.

황해도는 중국의 사신들이 왕래하는 곳이기 때문에 다른 지역에 비해 백성들의 세금 부담이 컸어요. 당시 임꺽정은 갈대를 엮어서 생활도구를 만드는 일을 했는데, 나중에는 이 갈대를 돈 주고 사는 지경까지 이릅니다. 길가에 자라는 풀을 돈 주고 사야 한다니, 당시 조선의 부패 정도가 얼

---

2 비변사(備邊司) : 조선시대 군국기무(軍國機務)를 맡아보던 문무합의기구.

마나 심했는지 상상이 되나요? 설상가상으로 극심한 흉년이 몇 년째 지속됩니다.

오죽하면 임꺽정이 활약하기 전, 명종 12년(1557)의 실록은 다음과 같이 기록합니다.

사신은 논한다. 지금 수재(水災)와 한재(旱災)가 잇달아서 백성이 항업(恒業)을 잃은 데다가 수령이 탐학스럽고 부역이 번거로우니 백성들이 도적이 되는 것은 당연한 것이다. 세금을 박하게 하고 요역을 가볍게 하는 데는 힘쓰지 아니하고 포획해서 죽여 없애는 것을 급하게 여겼으니 백성을 그물질하는 데에 가깝지 않겠는가. 애석하게도 백성의 항업을 마련해 주는 법을 건의하는 자가 없다.　　　　　　　　　『명종실록』 23권 12년(1557) 6월 8일

조선 정부는 황해도 각 지역을 강화하고 상당수의 병력을 동원해 임꺽정 세력을 토벌하고자 하지요. 결국 임꺽정의 모사(謀士)였던 서림이 관군에게 체포되고 관군에 가담하게 되면서 임꺽정도 1562년 1월에 체포됩니다. 하지만 여전히 부패된 사회는 회복될 기미가 안 보였던지라, 제2, 제3의 임꺽정은 여전히 조선 팔도에 생길 수밖에 없는 상황이었지요.

1562년　후사가 없는 죽음

명종에게는 자식이 없었어요. 외아들 순회세자가 있었으나 14세에 병으로 갑자기 사망했거든요. 중종의 적자였

던 인종과 명종 모두 자녀가 없었기 때문에 다음 왕위는 중종과 후궁 사이에서 태어난 자손에게 넘겨져야 했습니다. 즉 중종의 손자 중에서 선택되어야 했던 거지요.

이때, 선택된 사람이 바로 중종과 창빈 안씨 사이에서 일곱 번째 아들로 태어난 덕흥대원군의 셋째 아들 하성군입니다. 인종과 명종에게는 조카뻘이지요.

드디어 16세의 하성군이 왕위에 올랐으니, 그가 바로 제14대 임금, 선조입니다.

한국사 교과서에는 명종이라는 이름보다 '을사사화'라는 사건이 더 많이 등장하지요. 명종은 22년 동안 재위했으나, 자신의 이름을 후세에 알리지 못한 왕인 거지요. 안타깝게도 어머니의 입김이 워낙 세서 마마보이로 알려지기도 했고요.

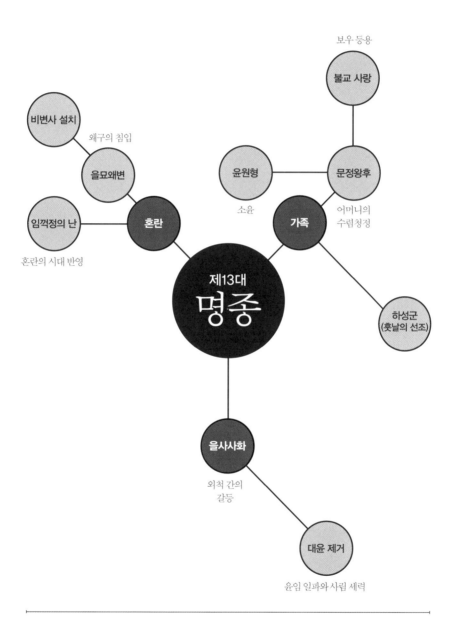

보우 등용

불교 사랑

비변사 설치

왜구의 침입

을묘왜변

윤원형

문정왕후

임꺽정의 난

혼란

소윤

가족

어머니의
수렴청정

혼란의 시대 반영

제13대
명종

하성군
(훗날의 선조)

을사사화

외척 간의
갈등

대윤 제거

윤임 일파와 사림 세력

【 제14대 · 선조 】

도망간 고양이,
백성을 버리고 도망간 임금

- 조선 최초의 방계 출신 임금, 선조

- 임진왜란 발발 1년 전! 조선은 무엇을 했는가?

- 임진왜란에서 일본이 질 수밖에 없었던 3가지 이유

선조는 어떤 인물이었나?

생애 1552~1608년

재위기간 1567~1608년

휘(諱) 이균(李鈞), 이연(李昖)

묘호(廟號) 선조(宣祖)

출생과 즉위 조선의 제11대 중종의 손자로, 아버지 덕흥대원군은 후궁 창빈 안씨의 소생으로 인종, 명종과는 이복형제 사이입니다. 명종이 후계자 없이 세상을 떠나자 덕흥대원군의 셋째 아들인 하성군이 왕이 되었으니, 조선 최초로 방계 출신의 임금이지요. 본래 이름은 균(鈞)이었으나, 당시 중국 명나라 황제의 이름이 '주익균'이었기 때문에, 연(昖)으로 개명하지요. 그가 재위하던 시기에 조선 왕조를 뒤흔든 임진왜란이 일어납니다.

가족관계 왕비:2명, 후궁:6명, 자녀:14남 11녀

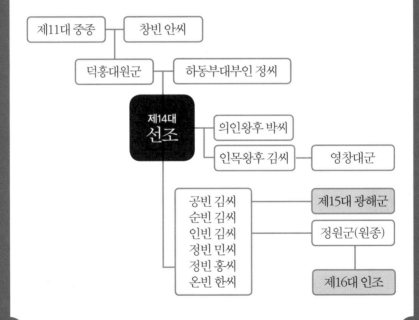

1567년 최초의 방계 출신 임금, 선조

조선왕조 최초로 후궁의 자녀가 왕위에 올랐으니, 그가 바로 조선의 제14대 임금인 선조입니다. 물론 조선의 27명 임금 중에서 후궁의 자녀가 왕위에 오른 경우는 많지요. 다만, 선조 이전에는 모두 왕과 왕비 사이에서 태어난 왕자들이 왕위에 올랐습니다.

'조선의 제14대 임금이 선조니까, 선조는 제13대 임금인 명종의 아들이겠지?'라고 생각할 수 있지만, 명종과 선조는 삼촌과 조카 사이인 거지요.

쉽게 말하면 선조는 중종의 손자이지만 왕비와의 사이에서 난 후손이 아닌, 후궁과의 사이에서 난 후손이었습니다. 명종 입장에서는 배다른 형제가 낳은 아들인 것이지요.

명종은 여러 조카 중에서 유독 창빈 안씨의 아들인 덕흥대원군의 아들들을 많이 아꼈다고 합니다. 덕흥대원군의 아들은 총 3명이 있었는데, 그 중 막내아들인 하성군이 왕위에 오르니 그가 바로 조선 최초의 방계 출신 임금, 선조입니다.

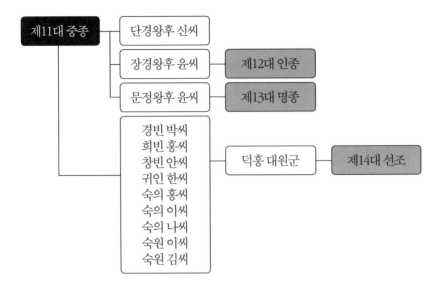

Q. 명종은 왜 유독 덕흥대원군의 아들들을 아꼈을까요?

A. 그건 바로 덕흥대원군의 어머니인 창빈 안씨 때문인데요. 창빈 안씨는 다른 후궁들과 달리, 명종의 어머니인 문정왕후와 대립하려 하지 않고 오히려 문정왕후의 편을 들어줬어요. 중종의 또 다른 후궁이었던 경빈 박씨와 희빈 홍씨는 문정왕후와 대립하다 결국 쫓겨나지만, 창빈 안씨만큼은 홀로 살아남습니다. 자신을 낮춘 창빈 안씨의 겸양 덕분에 명종은 배다른 동생이었던 덕흥대원군과 그의 아들들을 아꼈답니다.

전해지는 이야기에 따르면 명종은 하성군(훗날 선조)과 그 형제들을 불렀다고 합니다. 그리고 임금이 쓰는 익선관[1]을 친히 벗어주며 써보라고 하

---

1 익선관(翼善冠) : 조선시대 때 임금이 시무복인 곤룡포에 쓰던 관.

지요. 그러자 하성군의 두 형은 차례대로 익선관을 써보는데, 막내인 하성군은 쓰지 않고 가만히 있었답니다.

명종 : 너는 왜 익선관을 쓰지 않는 것이냐?

하성군 : 임금님이 쓰시는 것을 어찌 감히 신하가 쓸 수 있겠습니까?

막내이지만 하성군의 기지가 남다르지요? 그리고 명종이 "임금과 아버지 중에 누가 더 중요한가?"라고 물으니, 하성군이 이렇게 답합니다.

"임금과 아버지는 다르지만, 충과 효는 본래 하나입니다."

명종 입장에서 어린 하성군이 얼마나 기특하고 예뻤을까요?

자고로 사람은 지혜로워야 하나 봅니다. 하성군의 이러한 현명함 때문에 셋째임에도 불구하고 왕위에 오를 수 있었던 것이 아닐까요? 그러나 이 일은 명종의 최대 실수라고 생각합니다. 이 일 이후 선조가 왕이 되었기 때문이지요.

1575년 사림의 시대와 붕당 발생

선조는 조선의 27명의 임금 중에서 4번째로 즉위기간이 긴 임금입니다.

1. 영조 : 약 52년(1724~1776)
2. 숙종 : 약 46년(1674~1720)

3. 고종 : 약 44년(1863~1907)

4. 선조 : 약 41년(1567~1608)

선조 시기에는 참 많은 사건이 있었어요. 그중에서도 정치적으로 매우 중요한 일이 발생하니, 이는 바로 사림의 시대가 시작된 것과 붕당[2]이 발생했다는 겁니다.

사림이 누구인가요? 지방에서 중앙으로 등용된 원리원칙주의자 성리학자들이지요. 제9대 임금인 성종 대부터 중앙에 등용되었지만, 제10대 연산군부터 제13대 명종 대까지 총 4차례의 사화를 겪으면서 수많은 사림 학자들이 목숨을 잃어야 했지요.

하지만 명종 말년부터 사림들은 다시 중앙으로 재기하는 데 성공합니다. 그리고 이황·조식·성혼·이이를 중심으로 학파가 결성되어 학문이 더욱더 발전하게 되지요. 하지만 정치적인 논쟁은 보다 심화됩니다.

Q. 사림이 네 차례나 몰살을 당하면서도 오뚝이처럼 귀환할 수 있었던 힘은 뭔가요?

A. 사림이 오뚝이처럼 일어설 수 있던 힘은 바로 서원과 향약 때문이지요. 중앙에서 네 차례나 몰살을 당하여도 서원과 향약을 통해 다시금 힘을 모았던 겁니다. 서원은 오늘로 치면 지방 사립대학과 비슷해요. 서원에서는 유학자에 대한 제사와 지방 교육을 담당했어요. 사림은 이를 통해 자신

---

2 붕당(朋黨) : 조선 중기 학문적·정치적 입장에 따라 형성된 집단.

과 정치적 견해가 같은 세력을 형성한 거지요. 또 사림이 주도하여 보급한 향촌 자치 규약인 향약은 지방에서 사림의 입지를 더욱 단단하게 해주었답니다.

그러나 얼마 후 사림 세력은 둘로 나뉘게 됩니다. 서로 학문적, 정치적 입장이 달랐기 때문이었죠.

사림파들은 맨 처음 동인과 서인으로 나뉘는데요, 그 이유는 바로 '이조전랑(吏曹銓郎)'이라는 관직 때문이에요. 이조전랑이란 조선시대 6조 중하나인 이조의 관직 이름으로 정5품 정랑(正郎)과 정6품 좌랑(佐郎)을 합쳐 부르는 것을 말해요. 높은 관직은 아니었지만 인사권을 갖고 있기 때문에 누구나 탐내는 관직이었지요. 그런데 이 관직 자리를 두고 김효원과 심의겸이라는 두 사람이 한판 붙게 됩니다.

처음에는 젊은 관료인 김효원이 정랑에 임명되었는데, 명종 때부터 관료였던 심의겸이 이를 반대했습니다. 김효원이 과거에 윤원형과 가까이 지냈다는 이유에서였죠. 그럼에도 김효원이 이조정랑의 자리에 오르게 됩니다.

심의겸 : 그는 과거 윤원형에게 얹혀살던 자일세. 권력 대신의 집에 더부살이했던 사람의 행실이 과연 올바르겠는가?

그런데 이후 김효원의 후임으로 심의겸의 동생 심충겸이 거론되었어요. 문제는 이때 발생합니다. 김효원 역시 심의겸과 심충겸이 명종의 외척이라는 이유로, 공정하지 못하다고 반대했던 것인데요.

> 김효원 : 심의겸과 심충겸은 선왕인 명종의 외척입니다. 어찌 이조정랑과
> 같은 중요한 업무를 외척에게 맡길 수 있겠습니까?

사실 이 두 사람의 대립은 어떻게 보면, 뒤끝 있는 두 남자의 다소 유치한 신경전이라 볼 수 있습니다. 어쨌든 이 일을 계기로 사림 세력은 도성의 동쪽 건천동에 거주하는 김효원을 지지하는 동인, 도성의 서쪽 정동에 거주하는 심의겸을 지지하는 서인으로 점차 나뉘게 되었습니다.

즉 지역의 근거지가 어디냐에 따라 동인과 서인으로 나뉜 거지요. 이러한 모습은 현대에서도 볼 수 있는데요, 전 김영삼 대통령을 따르는 이들을 상도동계, 전 김대중 대통령을 따르는 이들을 동교동계라고 부르는 것도 같은 이치니까요.

1589년   **정여립 모반사건과 동인의 분열**

           그런데 동인은 한 번 더 갈라지게 됩니다. 다시 남인과 북인으로 분열된 거지요. 그 이유는 무엇일까요? 바로 1589년에 정여립의 모반사건이 발발했기 때문입니다. 정여립을 둘러싸고 동인이 분열된 겁니다.

    정여립은 1570년에 과거에 급제하여 오늘날 외교부와 교육부의 기능을 하는 예조좌랑이 되었어요. 그는 율곡 이이의 문하생이었지요. 서인 쪽에서 활동하였고, 초기의 관직 생활도 서인들과 함께했어요. 하지만 이후 당시 정권을 장악하고 있던 동인 편에 들어가 서인의 이이, 성혼 등을 비판하기 시작합니다. 서인의 입장에선 어떻겠어요? 오늘날 야당 국회의원이 당적을 바꿔 여당으로 들어가더니 옛 정치 동료를 비판한다고 생각해보세요. 처음부터 욕했던 사람보다도 더 미울 수밖에 없을 거예요.

> "이 일은 다른 사람이라면 그럴 수 있어도 여립은 그렇게 할 수가 없습니다. 여립은 본래 이이의 문하생으로서 몸에 학사(學士)의 명함(名銜)을 띠고 조정에 들어와 천안(天顔)을 뵙게 된 것도 모두 이이의 힘이었습니다."
>
> 『선조실록』 19권, 18년(1585) 5월 28일

    정여립의 박쥐 같은 행동에 화가 난 의주목사 서익은 왕에게 글을 올려 이를 비판할 정도였지요. 이후, 정여립은 동인을 지지했음에도 불구하고 결국 관직에서 물러나 고향으로 낙향하였습니다. 그리고 고향에서 대동계(大同契)라는 모반 단체를 조직해서 사람들과 군사훈련을 하며 세력을 모

았습니다. 하지만 이러한 정여립의 활동은 결국 그의 발목을 잡게 되지요.

1589년 임금님께 한 상소가 날아옵니다.

"정여립이 한강이 얼면 한양으로 쳐들어와 병조판서 신립과 조정의 신하들을 죽이고 어명을 위조하여 지방관들을 파직하고 죽일 것이라는 역모를 꾀하고 있다고 합니다."

정여립의 역모 소식에 당시 권력을 잡고 있던 동인들은 당황할 수밖에 없었습니다. 당시 정여립은 동인에 속했던지라, 동인들은 정여립의 결백을 주장해왔지요.

그러나 실제 정여립이 역모를 꾀하고자 했는지는 알 수가 없습니다. 역모 소식에 놀란 조정은 급히 체포대를 보내 정여립을 잡아오게 했지만, 정여립은 같이 갔던 변숭복과 자신의 아들 옥남을 죽이고 자신도 칼을 거꾸로 세운 다음 자살을 했기 때문이지요. 즉, 주모자였던 정여립이 자살했으니 진실 여부는 알 수가 없지요. 물론 정여립 주변의 사람들을 고문하여 역모의 진상조사를 실시했지만, 아무래도 고문을 통한 진상조사이기 때문에 허위 자백을 할 가능성이 높았을 겁니다.

역모를 꾀하기 위해 군사력을 키웠다면, 왜 힘 한 번 써보지 않고 자살을 했을까요? 그래서 일설에서는 당시 정여립의 모반사건은 비집권 세력이었던 서인이 집권세력인 동인을 몰아내기 위해 만든 거짓 시나리오라는 설이 제기되기도 합니다. 그리고 그 시나리오를 기획한 이로는 서인의 지도자였던 송강 정철이 지목되고 있지요(고전문학 시간에 송강 정철의 관동별곡, 사미인곡, 속미인곡을 무척 힘들게 공부했던 기억, 모두 있지요?).

정여립 모반사건으로 동인들은 크게 당황합니다. 당시 정여립은 동인

쪽 사람이었기에, 정여립 사건에 대해 동인 내에서도 의견이 분분했기 때문입니다. 그리고 선조는 정여립에게 조금이라도 동조했거나 관련된 인물들을 다 죽여 버려요. 특히 남명 조식(曺植, 1501~1572)의 문하생 중에 정여립과 연루된 사람들이 많았어요. 그래서 피해를 많이 보았지요. 이와 달리 퇴계 이황(李滉, 1501~1570)의 문하생들은 그나마 피해가 덜했어요. 그 결과 이황과 조식의 문하생들이었던 동인세력은 정여립 모반사건을 계기로 학맥에 따라 남과 북으로 분열하게 됩니다.

1590~1591년　전쟁이 일어나기 1년 전의 조선과 일본

우리나라가 힘이 약해질 때마다, 일본은 항상 우리를 넘봤어요. 그렇다면 16세기 말, 조선의 상황이 어땠는지 살펴보도록 할게요. 조선은 건국 후 200년 동안 전면전 즉 직접적인 전쟁이 없었어요. 평화가 지속되다 보니, 나라가 문약[3]에 빠지고 붕당이 형성되어 대립이 점점 심화되는 등 내부적으로 문제가 많았지요.

이때 일본은 전쟁을 하고 있었어요. 100년 동안 전국시대가 펼쳐지고 서로 군사력을 키워 싸웠지요. 또 이 가운데 일본은 우리나라와는 다르게 서양과 교역을 활발하게 하고 있었어요.

당시 포르투갈 상인들이 일본으로 건너왔어요. 전쟁 중인 일본에게 가

---

3 문약(文弱) : 글에만 열중하여 정신적으로나 신체적으로 나약한 상태.

장 필요한 것은 무엇일까요? 후추일까요? 산호일까요? 아니면 총일까요? 바로 총이지요. 그래서 포르투갈 상인에게 총을 수입한 겁니다. 그 결과 오다 노부나가와 그의 부하였던 도요토미 히데요시가 그 조총으로 일본의 전국시대를 통일하게 됩니다.

여기서 잠깐 도요토미 히데요시에 관해 설명하자면, 도요토미 히데요시는 원래 높은 신분이 아니었어요. 하급 무사의 아들이었지요. 생김새는 원숭이를 닮았다고 합니다. 당시 최고 장군이던 오다 노부나가의 눈에 들어 승승장구한 사람이지요. 그렇다면 도요토미 히데요시는 어떻게 오다 노부나가의 마음을 사로잡았을까요?

도요토미 히데요시는 상관의 명령이라면 충성을 다하고 잘 보이기 위해 노력한 지략가였지요. 예를 들어 만 원을 주고 만 원짜리 물건을 사오라고 하면, 자기 돈 5천 원을 보태요. 그리고 상관에게 5천 원을 거스름돈으로 줍니다. 그러면 상관은 '아, 이 물건은 원래 5천 원인가 보군' 하고 생각하게 되겠지요? 그리고 이후, 다른 사람에게 같은 물건을 사오라고 만 원을 줍니다. 하지만 그 사람은 원래 가격이 만 원이니까 그대로 사오겠지요.

이때 상관은 어떤 생각을 할까요?

'이 녀석이 나머지 돈을 횡령했구나!'

이와 비슷한 방식의 지략으로 도요토미 히데요시는 주인 오다 노부나가의 마음에 들기 위해 고군분투했어요. 추운 겨울 상관의 신발이 차가워질까 봐 품속에 넣고 다녀서 오다 노부나가를 감동시켰다는 이야기가 전해질 정도지요.

오다 노부나가가 죽은 후 그를 계승하여 도요토미 히데요시가 일본의 전국을 통일합니다. 전쟁은 끝났지만 도요토미의 고민은 이제부터 시작되었어요. 100년 동안 전쟁을 했으니, 대부분의 일본 사람들 직업은 군인이잖아요? 하지만 평화 시기에는 군인들이 할 일이 별로 없어요. 따라서 일본에 대량 실업자가 발생합니다. 자, 그렇다면 이 문제를 어떻게 해결해야 할까요?

▶도요토미 히데요시(豊臣秀吉, 1536~1598)의 초상화. 일본의 무장이자 정치가. 일본의 전국 시대를 통일하고 대륙침공 전략을 펼쳤다.

도요토미는 이제 눈을 국외로 돌립니다. 애당초 도요토미 히데요시는 조선에 관심이 없었어요. 오히려 조선을 병참기지화하여 명나라를 일본의 사무라이에게 선물하고자 하였지요. 어떻게 이런 생각을 다 했을까요? 그만큼 그는 엄청난 몽상가였던 거예요. 마침내 그 몽상가는 조선에 편지를 보냅니다.

▌Q. 조선을 병참기지화 시킨다는 뜻이 뭐예요?

▌A. '병참기지화'라는 용어는 일본 제국주의가 조선을 발판삼아 만주를 침략하는 과정에서 등장했어요. 이러한 형태는 임진왜란 당시 일본의 모습과 매우 닮아있어요. 일본 전국을 통일한 도요토미 히데요시는 대륙을 침공하고자 하지요. 하지만 일본과 중국과의 거리가 멀기 때문에 조선이 중간기지 역할을 해야 한다고 보았던 거예요. 그게 바로 병참기지화랍니다.

명나라를 공격하고자 하니, 조선은 길을 빌려주어야 한다!

일본의 이 허무맹랑한 소리를 당연히 조선은 받아들일 수 없었지요. '일본이 제정신이 아니구나' 라고 생각을 했을 거예요. 하지만 일본은 끊임없이 통신사의 파견을 요구합니다.

아무래도 일본의 태도를 심상치 않게 여긴 조선은 1590년 동인의 김성일과 서인의 황윤길을 일본에 통신사[4]로 파견해요.

그리고 이들은 1년 뒤인 1591년에 선조에게 도요토미 히데요시를 만난 일을 보고합니다. 그런데 문제는 김성일과 황윤길이 상반된 보고를 했다는 거예요.

황윤길(서인) : 풍신수길(도요토미 히데요시)의 눈빛을 보니 심상치 않습니다. 저들이 틀림없이 공격해 올 것입니다!

김성일(동인) : 아닙니다. 풍신수길은 쥐같이 생긴 얼굴이라 감히 전쟁을 일으킬만한 인물이 아닙니다.

상이 하문하기를,

"수길(도요토미 히데요시)이 어떻게 생겼던가?"

하니, 윤길은 아뢰기를,

"눈빛이 반짝반짝하여 담과 지략이 있는 사람인 듯하였습니다."

하고, 성일은 아뢰기를,

---

4 통신사(通信使) : 조선시대 조선 국왕의 명의로 일본의 막부장군(幕府將軍: 足利·德川幕府 등)에게 보낸 공식적인 외교사절.

"그의 눈은 쥐와 같으니 족히 두려워할 위인이 못됩니다."

『선조수정실록』 25권, 24년(1591) 3월 1일

누구의 의견이 채택되었을까요? 당시 동인 김성일의 보고가 채택돼요. 결국 조선은 전쟁 준비를 소홀히 하지요. 그렇다면 왜 당시 김성일의 의견이 선택되었을까요? 이유는 바로 책임지기 싫어서입니다.

전쟁은 예나 지금이나 최악의 상황이지요. 이런 최악의 상황을 대비하기 위해서는 막대한 돈이 들 수밖에 없어요. 만약 전쟁 준비를 하고 군대를 키웠는데, 전쟁이 일어나지 않게 된다면 어떻게 될까요? 세금 낭비를 했다는 이유로 엄청난 비난을 받게 됩니다. 그럼 이것을 누가 책임지지요? 그 누구도 전쟁에 대한 중압감과 책임을 지고 싶지 않았고, 또한 민심이 나빠질까 봐 걱정했던 것도 있었죠.

하지만 일본은 치밀하게 전쟁을 준비하였습니다. 전쟁이 일어나기 전, 조선에 간첩을 보내 조선의 정황을 살펴보도록 하고, 한양으로 가기 위한 도로를 조사할 정도였어요.

이렇게 전쟁이 일어나기 1년 전, 조선과 일본은 서로 다른 꿈을 꾸며 1592년 임진년을 맞이하고 있었습니다.

하지만 조선에서 유일하게 전쟁 준비를 한 사람이 있었으니, 그가 바로 충무공 이순신입니다. 이순신은 본래 정읍 현감(종6품)의 관직에 있었어요. 1591년, 당시 국무총리이자 이순신 형의 친구였던 류성룡[5]이 이순신을

---

5 류성룡(柳成龍, 1542~1607) : 임진왜란 때 선조 임금을 수행하며 왜군을 물리치는 데 큰 역할을 했던 재상.

추천하여 전라좌수사(정3품)의 관직으로 7단계의 관직을 뛰어넘는 파격 승진을 합니다.

1592년 16세기 동아시아 최대 전쟁, 임진왜란의 발발

1592년 4월 13일, 일본은 부산을 공격합니다. 그리고 4월 15일에는 동래성 전투를 치릅니다. 부산을 함락한 일본은 한양으로 쭉쭉 올라옵니다.

그리고 4월 24일, 충주에서 딱! 조선의 군대를 만나게 되지요. 당시 조선은 제승방략체제라는 군사체제를 갖고 있었어요. 제승방략체제란 각각의 진지에 있던 군사가 집결지에 모여서 한방에 적군을 몰아내는 거지요. 그러나 군대가 대규모이면 뭐하나요, 조선의 군대는 일본에 비하면 형편이 없었습니다. 오랜 평화의 시기 동안 체계적인 군사훈련이 이뤄지지 않았기 때문이지요.

게다가 당시 군사를 이끌던 신립장군은 왜군에 대한 정확한 정보가 없었어요. 전쟁이란 정보와의 싸움이지요. 북방의 여진족을 소탕한 영웅이어서 그런지 왜군을 만만하게 보았나 봅니다. 조선의 군사는 충주 탄금대에서 배수진(背水陣)을 치고 왜군과 만났습니다. '군자는 물러남이 없다'고 보았기 때문일까요? 류성룡이 쓴『징비록』을 보면, 신립이 얼마나 왜군을 만만하게 보았는지 알 수 있어요. "조총이라는 것이 쏘는 대로 맞춰집니까?"라면서 거들먹거려 이를 류성룡이 걱정하였다고 쓰여있거든요.

"당시 조야(朝野)에서는 모두 신립의 용력과 무예를 믿을 만하다고 하였고 신립 자신도 왜노(倭奴)들을 가볍게 여겨 근심할 것이 못 된다고 생각했는데, 조정에서는 그것을 믿었다."

『선조수정실록』 26권, 25년(1592) 2월 1일

『실록』을 살펴보면 당시 조선의 조정에서는 신립을 매우 신뢰하였음을 알 수 있습니다. 하지만 그 신뢰는 처참히 깨지지요. 결국 신립은 군대가 섬멸되자 남한강에 몸을 던져 자결했다고 합니다. 이후, 왜군은 큰 저항 없이 한양으로 달려옵니다.

당시 일본인의 생각은 재빨리 조선의 왕인 선조를 잡고, 왕을 볼모로 조선의 군사를 모아 명나라를 친다는 거였어요. 그런데 서울로 딱 왔는데 황당한 사건이 일어났습니다. 왕이 없어요, 왕이 사라졌습니다!

왜군이 한양으로 쭉쭉 침입해오고 있는 가운데, 한양에서는 희대의 사건이 발생합니다. 임금이 궁궐을 버리고 도망을

▶동래부순절도. 선조 25년(1592) 임진왜란 당시 동래성에서 왜군의 침략에 대응하다 순절한 부사 송상현과 군민들의 항전 내용을 묘사한 그림이다. 육군사관학교 육군박물관 소장. 문화재청 제공.

간 거지요. 선조는 자신의 몸을 보전하기 위해 한양을 떠나 개성으로, 평양으로, 의주로 옮기며 점점 북쪽으로 몸을 피신하였습니다. 물론 조선에서 왕의 신변은 중요했지만, 선조의 행동은 일본이 전혀 상상하지 못했던 일이었습니다. 일본은 작은 성의 성주일지라도 전쟁에서 질 위협에 처하면 할복[6]하거나 항복하지, 절대 자기 성을 버리고 도망가지 않거든요.

왕이 도망갔다는 사실에 왜군뿐만 아니라 조선의 백성들 또한 분노했습니다. 한 나라의 어버이가 자식인 백성을 버리고 자기만 살려고 도망을 치다니! 백성들의 분노는 경복궁으로 향합니다. 그리고 경복궁의 노비 문서들을 불태우면서 궁궐도 함께 활활 불태웠습니다.

> "도성의 궁성(宮城)에 불이 났다. 거가가 떠나려 할 즈음 도성 안의 간악한 백성이 먼저 내탕고(內帑庫)에 들어가 보물(寶物)을 다투어 가졌는데, 이윽고 거가가 떠나자 난민(亂民)이 크게 일어나 먼저 장례원(掌隸院)과 형조(刑曹)를 불태웠으니 이는 두 곳의 관서에 공사 노비(公私奴婢)의 문적(文籍)이 있기 때문이었다. 그리고는 마침내 궁성의 창고를 크게 노략질하고 불을 질러 흔적을 없앴다." 『선조수정실록』 26권, 25년(1592) 4월 14일

---

6 할복(割腹) : 배를 가름.

▶신하들의 붕당정치는 선조 때부터 시작되었다. 선조는 임진왜란이 발발하자 백성을 버리고 궁을 떠났고, 이에 분노한 백성들은 경복궁을 불태웠다.

1592~1598년 　전쟁의 신, 이순신의 활약

　　　　　　　　　　　　　　일본은 전쟁이 일어나면 단숨에 한양을 점령하고 조선을 장악할 수 있을 것이라 생각했습니다. 그러나 일본이 몰랐던 3가지 사실이 있었습니다.

　첫째, 왕이 궁궐과 백성을 버리고 도주할 거라 감히 생각조차 하지 못했습니다. 결국 선조의 도망은 전쟁을 장기화시켰고, 이 때문에 전쟁의 물자 수송은 승패의 큰 요소로 작용하지요.

　둘째, 여진족의 존재를 몰랐습니다. 여진족은 예부터 숙신·읍루·말갈·물길로 불리는 북방의 강력한 세력이었습니다. 하지만 이를 간과한 일본은 두만강을 건너 여진족과 싸우다 크게 패하지요.

　셋째, 가장 치명적인 실수! 일본은 이순신의 존재를 몰랐습니다. 이는 전쟁에서 승승장구하던 그들의 발목을 크게 잡지요.

　전쟁에서 가장 중요한 것은 무엇일까요? 강한 군사력? 빠른 정보력? 모두 전쟁에 중요한 것들입니다만, 무엇보다도 제일 중요한 것은 물자 보급입니다. 일본은 전쟁이 장기화되면서 물자 보급이 가장 중요한 요소가 되었어요. 그렇다면 물자를 어떻게 보급해야 할까요? 부산에서 서울까지 쌀 1,000섬을 보낸다고 생각해보세요. 이것을 어떻게 옮겨야 하나요? 그때는 자동차도 기차도 없었습니다. 유일한 운송수단은 소나 말이었지요. 쌀 1,000섬을 옮기기 위해서는 말 500필이 필요할 겁니다. 하지만 배로 옮길 경우 선박 단 1척만 있으면 되지요. 그래서 일본의 수군은 전라도 앞바다를 지나 서울로 물자를 보급하고자 하였습니다. 하지만 그럴 수 없었지요. 왜냐하면 전쟁의 신, 이순신 장군이 그 물자 보급로를 모조리 끊어놨기 때문입니다.

당시 고니시 유키나가는 평양으로, 가토 기요마사는 함경도까지 올라갔는데, 오겠다는 물자가 오지를 않아요. 군인들이 배고파합니다. 게다가 총을 쏴야 하는데 총알도 없어요. 그때 수풀 속에서 낫을 든 의병이 나타납니다.

"배고프니?"

이렇게 물으면서요.

즉, 이순신의 물자 보급로 차단으로 전세는 역전된 겁니다.

1592년 4월에 시작한 전쟁은 다음 해 봄까지 이어졌습니다. 전쟁이 생각보다 장기화되자 명나라와 일본은 전쟁에 대한 강화교섭을 시작해요. 그런데 1596년 9월, 일본이 말도 안 되는 허무맹랑한 요구를 해요. 명나라의 황녀를 일본의 후비, 첩으로 보내라고 하질 않나, 조선의 경기, 충청, 경상, 전라 지역을 내놓아야 한다고 하질 않나, 또 조선의 왕자와 신하들을 인질로 삼아야 한다고도 말합니다. 도요토미의 무례한 협상 요구 조건으로 인해 회담은 결렬되었고, 1597년 다시 전쟁이 발발하였으니 이것이 바로 '정유재란'입니다.

한편, 이순신은 왜란이라는 7년 동안의 어려움 속에서 빛난 명장입니다. 1592년 5월, 옥포해전을 시작으로 한산도대첩, 명량해전, 노량해전 등 눈부신 23전 23승의 승리를 이끈 장군이지요.

하지만 이순신의 이러한 화려한 활약이 탐탁지 않은 사람이 있었습니다. 도요토미 히데요시만큼 이순신을 좋아할 수 없는 인물이 있었으니, 그가 바로 선조였습니다. 자신은 의주로 피난을 가고 있는데, 이순신은 백성들의 영웅이 되고 있었거든요. 임금인 자기보다 이순신의 인기가 더 높았던 것입니다.

안타깝게도 이순신은 임진왜란의 마지막 전투인 노량해전에서 '나의 죽음을 적들에게 알리지 말라!'라는 유언을 남기고 순국하지만, 그의 죽음을 안 선조는 겨우 한숨을 돌리지 않았을까요? 실제로 선조는 이순신을 달가워하지 않았어요. 이순신의 공이 매우 컸음에도 이를 높이 치켜세우지 않았을 만큼이요.

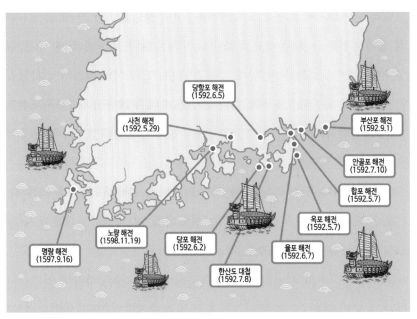

▶이순신 장군은 임진왜란에서 23전 23승으로 단 한 번도 패한 적이 없었다. 위의 그림은 이순신 장군의 전투 중 13건의 주요 전투를 담았다.

1598~1608년	임진왜란 이후, 선조의 비겁함과 친명정책

7년간의 전쟁이 끝났습니다. 전 국토는 황폐해졌고, 이 가운데 나라를 지킨 자와 자신을 지킨 자가 분명하게 구분되었지요. 그렇다면 전쟁 이후, 이들에 대한 대우는 어땠을까요? 당연히 왜란 당시에 목숨 걸고 싸운 사람에게 상을 주어야 합니다. 하지만 선조는 그러지 않았어요. 경상도 지역에서 많은 의병이 일어났지만 이들에 대한 홀대가 심했지요. 결국 전쟁 이후에 의병은 오히려 몸을 숨겨야 했습니다.

또한 전쟁 당시 앞장서서 싸운 선무공신(宣武功臣)보다 선조를 따라 피난 갔던 호성공신(扈聖功臣)을 더 높이 평가합니다.

그리고 전쟁 승리의 모든 공을 명나라에게 돌렸습니다. '아버지 명나라가 있기 때문에, 명나라가 원군을 보내지 않았다면 오늘날 조선은 없었을 것이다'라고 생각한 거지요. 이때부터 조선은 명나라에 대해 '재조지은[7]'을 강조합니다. 나라가 다시 세워질 수 있었던 은혜가 바로 중국 명나라에게 있다고 본 겁니다.

> "이제 통보하기를 우리나라가 중국이 아니었다면 이들 적을 끝내 죽여 물리치지 못하였을 것이며 이들 적을 지난해에 몰아내고 섬멸하지 않았다면 우리나라는 이미 멸망했을 것이다." 『선조실록』 109권, 32년(1599) 2월 9일

---

7 재조지은(再造之恩) : 조정(조선 정부)이 다시 세워질 수 있도록 도와준 은혜.

이처럼 명나라를 높이고 찬양하는 일은 조선을 지켜내지 못한 기득권 세력에 의해 더욱 강화되었으며, 이는 이후 다시금 큰 전쟁을 초래하는 결과가 됩니다.

선조는 조선의 27명 왕 중에서 명필 중의 명필이었다고 해요. 선조의 딸인 정명공주가 쓴 '화정(華政)'이라는 두 글자는 아버지 선조의 필체와 매우 유사하다는 이유만으로 높이 평가받습니다(이것은 오늘날 간송미술관에 전시되어 있습니다). 즉, 선조는 학문을 좋아하고, 영특하여 후궁의 소생이었음에도 왕위에 오를 수 있었던 겁니다.

하지만 선조는 국가의 리더로서 책임감이 부족했습니다. 개인적으로는 뛰어난 능력을 갖추고 있었지만, 위기를 극복할 수 있는 용기와 포용력이 부족했던 거지요. 그렇기 때문에 선조는 조선왕조 최악의 군주로 평가받습니다.

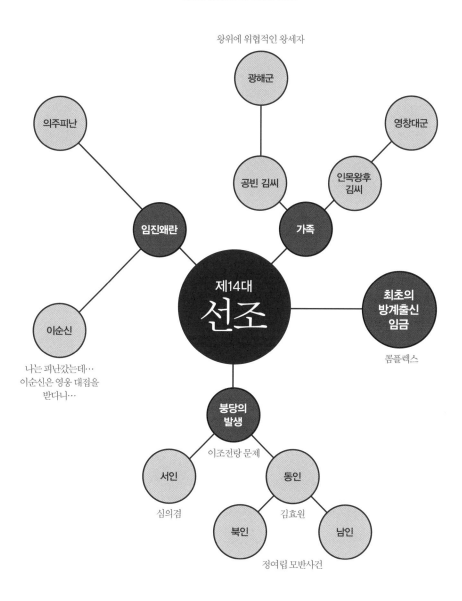

왕위에 위협적인 왕세자

광해군

영창대군

의주피난

공빈 김씨

인목왕후
김씨

임진왜란

가족

제14대
선조

최초의
방계출신
임금

이순신

콤플렉스

나는 피난갔는데…
이순신은 영웅 대접을
받다니…

붕당의
발생

이조전랑 문제

서인

동인

심의겸

김효원

북인

남인

정여립 모반사건

억울한 호랑이,
백성을 사랑한 전쟁의 영웅

- 명나라와 후금 사이에서 이유 있는 양다리

- 어머니를 폐하고 동생을 죽일 수밖에 없었던
  광해군의 최후

광해군은 어떤 인물이었나?

생애 1575~1641년

재위기간 1608~1623년

휘(諱) 이혼(李琿)

묘호(廟號) 없음

출생과 즉위 조선의 제14대 선조와 후궁 공빈 김씨 사이에서 선조의 차남으로 태어났습니다. 선조는 당시 왕비와의 사이에서는 자녀가 없고, 후궁 공빈 김씨와의 사이에서 장남 임해군과 차남 광해군을 두었지요. 그런데 임해군의 성품이 포악해 광해군이 후계자로 지목되고 있었던 겁니다. 임진왜란이 발발하고 나서야 세자로 책봉된 광해군은 전장을 누비며 전쟁의 총사령관 역할을 충실히 하며 백성들을 위로합니다. 전쟁 이후, 아버지 선조와 새 왕비 인목왕후 사이에서 아들이 태어나자 왕위 세습의 위협을 받지만, 얼마 되지 않아 선조가 승하하면서 조선의 제15대 왕으로 즉위합니다.

가족관계 왕비 : 1명, 후궁 : 9명, 자녀 : 1남 1녀

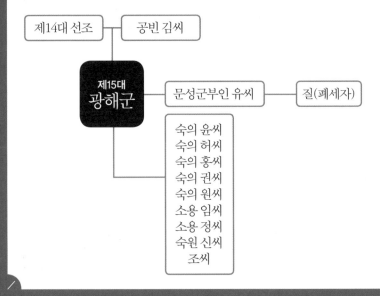

1592~1608년　전쟁이 만든 왕세자

　　　　　　　　　　　　　　　　　　　　1592년 임진왜란이 일어났을
때, 조선에는 선조 다음의 후계자가 없었어요. 당시 선조에게는 왕비인 의
인왕후가 있었지만, 그 사이에서 자식이 없었기 때문입니다. 다만, 후궁
공빈 김씨와의 사이에서 장남 임해군과 차남 광해군을 두었지요. 그런데
장남 임해군의 성격이 말도 못하게 포악한지라, 열심히 학문에 몰두하던
광해군을 세자로 세워야 한다는 이야기가 신하들 사이에서 나오기 시작
합니다.

Q. 임해군의 성격이 얼마나 포악했길래 동생에게 세자 자리를 뺏겼나요?
A. 음, 그의 범죄 수준은 구타와 강도는 평범(?)할 정도이고요. 권력을
이용한 재산 탈취는 기본이었답니다. 심지어 마음에 드는 여자를 빼앗기
위해 사람을 시켜 강도로 위장해 도승지(오늘날 대통령 비서실장) 유희서
를 살해할 정도였으니, 뭐 말 다했지요.

　하지만 정작 선조의 마음은 달랐어요. 즉위한 지 20여 년이 지났음에도
불구하고 후사를 정하지 않은 이유는, 아마 자신의 콤플렉스 때문이었을
거예요. 자신이 후궁의 소생이었기 때문에 후계자만큼은 정실부인에게서

얻은 자녀로 정하고 싶었던 겁니다.

하지만 1592년 4월, 전쟁이 발발하지요. 조선 왕조가 살아남느냐 무너지느냐의 갈림길에 서 있는 상황에 부닥친 겁니다. 이때, 선조는 의주로 피난을 가면서 전쟁의 지휘권은 왕세자에게 넘기려고 하지요. 이른바 조정을 둘로 나누는 분조(分朝)가 발생한 겁니다.

> "중국에 청병하는 것과 선군(先君)을 위해 주선하는 일을 내 어찌 감히 심신을 다 바쳐 만에 하나라도 도움되기를 바라지 않겠는가. 그 나머지의 기무는 분조(分朝)에서 처리하도록 하라. 회복의 희망이 모두 여기에 달려 있다."
>
> 『선조실록』 31권, 25년(1592) 10월 20일

결국 광해군은 18세가 되고 나서야 왕세자의 자리를 받습니다. 그리고 그는 피난 가는 아버지를 대신해 의병을 독려하고 백성을 위로하는 역할을 충실히 해내요.

드디어 7년간의 참혹한 전쟁이 끝났습니다. 선조 입장에서는 전쟁이 끝난 후련함보다 피난 떠난 왕으로서 느끼는 창피함이 더 컸겠지요. 하지만 불행 중 다행인 게 1598년 노량해전 전장에서 이순신이 사망하였고, 같은 해 류성룡은 임진왜란에의 책임을 지고 고향에 돌아갔으며, 1599년 권율 역시 노환으로 사망합니다. 즉 전쟁의 영웅들이 조정에 없던 거지요. 단 한 명, 선조의 가장 큰 라이벌로 자란 광해군만 빼고요.

1602~1608년 위협받는 후계자의 자리

전쟁을 통해 광해군은 다음 왕으로서의 자질을 채워나가고 있었고, 백성들의 지지도 높았습니다. 이런 광해군이 선조는 과연 예뻐 보였을까요? 안 그래도 후궁 소생을 왕세자로 세워서 찝찝한데, 정치적 라이벌로 성장했으니 어떻게든 저 녀석을 안 보고 싶다! 라는 생각을 하지 않았을까요?

Q. 아들을 정치적 라이벌로 본다는 게, 쉽게 와 닿지 않습니다. 선조는 어떤 마음이었을까요?

A. 임진왜란 이후, 백성들 사이에서 선조의 인기는 하락하고 있었고, 반대로 전장을 누비며 백성을 위로한 광해군의 인기는 상승하고 있었어요. 자신의 입지가 불안한 선조의 입장에서 광해군은 더 이상 아들이 아닌 라이벌일 수밖에 없었던 거지요.

또 아무리 광해군이 후계자라고 할지라도 임금이 버젓이 있는 상태에서 자기보다 더 인기 많은 아들을 바라봐야 하는 건 아마도 두려운 일 아닐까요? 광해군이 왕이 된다는 건 자기가 물러나야 한다는 뜻이니까요.

이런 가운데 광해군 인생에 최대위기가 찾아옵니다. 바로 아버지가 맞이한 새로운 왕비가 아들을 낳은 거지요.

임진왜란 이후, 선조의 왕비였던 의인왕후가 세상을 떠났습니다. 왕비의 자리는 비워둘 수 없으므로 새 왕비를 맞이해야 했지요. 이때, 51세의 선조가 19세의 어린 왕비를 맞이하니 그녀가 바로 인목왕후입니다. 새어머니의 나이가 광해군보다 9세나 어렸던 거지요. 이후, 인목왕후는 1606년 떡하니 아들을 낳아요. 선조가 그렇게 바라던 적장자를 55세가 되어서야 얻은 거지요.

선조의 눈에는 이 아이가 얼마나 예뻐 보이겠어요? 아이의 이름은 영창대군입니다. 왜 대군이냐고요? 왕비의 아들은 '대군', 후궁의 아들은 '군'을 붙이기 때문이지요.

도망간 아버지를 대신해 모진 전쟁을 겪어낸 광해군 입장에서는 얼마나 상실감이 컸을까요. 하루아침에 갓난아이에게 왕세자 자리를 뺏기게 되었으니 말입니다. 아마도 하늘이 무너지는 것 같았을 거예요.

신하들도 두 세력으로 갈라집니다. 임진왜란 이후, 왜적과 싸운 북인들이 크게 성장했는데, 이들은 광해군을 지지하는 대북파로, 새로 태어난 적장자 영창대군을 지지하는 이들은 소북파로 나뉜 거지요. 그리고 선조의 마음을 읽은 소북파는 왕세자를 영창대군으로 바꾸자고 말합니다.

하지만 영창대군이 3세가 되던 해에 선조가 승하하지요. 적장자이긴 하지만 어떻게 3살이 왕이 될 수 있겠어요. 그래서 우여곡절 끝에 광해군이 왕위에 오릅니다. 물론 훗날 정치적 라이벌이 될 수 있는 이복동생 영창대군의 존재를 안고 말이지요.

1608~1623년 **광해군의 즉위와 개혁**

자, 드디어 광해군이 왕이 되었습니다. 광해군은 험난한 전쟁을 온몸으로 겪은 왕이라 백성들의 궁핍을 누구보다 잘 알았어요. 그렇기 때문에 전후 복구를 위해 많은 노력을 기울입니다. 게다가 그가 즉위한 1608년은 전쟁이 끝난 지 10년이 되는 해였어요. 여전히 전후복구 사업이 중요한 시점이었던 거지요. 광해군이 시행한 개혁사업은 어떤 게 있는지 살펴볼까요?

【 양전사업(量田事業) 실시 】

조선의 토지는 전쟁을 치르면서 크게 훼손되었겠지요. 또 세금을 걷는 기준이 되는 토지 대장에 누락된 토지가 많아서 전면적인 토지 재조사를 착수할 수밖에 없었어요. 그래서 광해군은 가장 먼저 양전 사업을 통해 안정된 세금확보를 하고자 합니다.

【 『동의보감』 완성 】

또한 병으로 지친 백성들의 삶을 위로하기 위해 『동의보감』을 완성하지요. 『동의보감』 편찬사업은 선조 당시에 시작되었는데, 정유재란으로 잠시 중단되었거든요. 그러다 전쟁이 완전히 끝난 후 편찬이 재개되어, 광해군 때인 1610년 수백 권의 의서를 종합한 최고의 의서, 『동의보감』이 탄생하게 됩니다.

사실 『동의보감』을 저술한 허준은 당시 유배지에 있었어요. 1608년 선조가 세상을 떠났을 때, 당시 의원이던 허준에게 그 책임을 물어 유배를 보냈기 때문이지요. 허준은 약 2년 동안의 유배 생활 이후 한양에 돌아와 드디어 『동의보감』을 완성합니다. 그리고 이후 광해군에게 이를 바칩니다.

【 조선 최고의 세금 개혁: 대동법 시행 】

조선에서는 본래 세금을 크게 3가지 측면으로 나뉘어 징수하였습니다. 토지를 중심으로 하는 전세(田稅), 노동력을 제공하는 역(役), 그리고 각 지역의 특산물을 내는 공납(貢納)이었지요. 이 3가지 중에서 가장 문제가 심했던 게 바로 공납이었어요.

조선시대에는 지금처럼 상업이 발달하지 않고, 화폐의 유통도 활발하지 않아서 국가에서 필요한 물품이 생기면 각 지역에서 내도록 했어요. 붓이 유명한 지역은 붓을, 곶감이 유명한 지역은 곶감을 내도록 한 거지요. 세금의 납부 기준은 '집집마다'였고요. 따라서 부자든, 가난한 사람이든 모두 다 각 지역의 특산물로 세금을 내야 했어요. 하지만 시간이 흐르면서 이를 제때 수량 맞춰 내는 게 불가능해집니다.

왜 그런 걸까요? 자, 경북 상주하면 어떤 특산품이 생각나지요? 바로 곶감입니다. 하지만, 원래 상주는 사과로 유명했어요. 중앙 정부에서는 상주 사람들에게 사과를 보내라고 합니다. 하지만 더 이상 상주에서 사과가 나지 않아요. 그럼 어떻게 해야 할까요? 사과를 대신 내주는 사람을 통해 보냅니다. 이렇게 대신 납부해주는 것을 '대납(代納)'이라고 해요.

그런데 문제는 대납가를 통해 내는 세금이 어마어마하게 비쌌다는 거예요. 이런 문제는 방납의 폐단과 함께 더욱 심해져요.

방납(防納)이라는 것은 '내는 것을 막는다'라는 뜻이에요. 정부가 수박 100통을 내라고 했지만, 품질이 나쁜 경우도 있잖아요. 예를 들어 호박에 줄을 그어놓고 수박이라고 우길 수도 있는 법이니까요. 이렇게 특산품의 품질을 보장하기 위해 정부가 방납제도를 만든 겁니다. 그런데 방납이 지방 관리들에 의해 악용이 되기 시작해요.

관리 : 감 위의 하얀 게 뭐지? 품질이 이상한 거 아니냐?

백성 : 아닙니다. 하얀 것은 당분입니다. 맛이 좋다는 의미입죠.

관리 : 아니야, 이건 썩은 것 같은데? 네가 납품하는 건 받을 수 없어!

백성 : 아니, 그런 억지가 어디 있습니까? 억울합니다!

공물을 방납(防納)하는 폐단이 날로 외람되니, 본토에서 생산되는 물건이라도 모리배가 먼저 자진 납부하여 본 고을에서 손을 쓸 수 없게 만듭니다. 행여 본색(本色)을 가지고 와서 내는 자가 있으면 사주인(私主人)들이 백방으로 조종하여 그 물건이 좋은 것이라고 하더라도 퇴짜를 놓게 하고 결국은 자기 물건을 내도록 도모하였으며, 값을 마구 올려 10배의 이익을 취하니 생민의 고혈(膏血)이 고갈되었습니다.

『선조실록』 217권, 40년(1607) 10월 3일

애써 곶감 100개를 준비해갔는데, 관리가 받아주지 않아요. 그리고 대납가가 납품하는 곶감만 받겠다고 하는 겁니다. 그렇게 되면 울며 겨자 먹는 심정으로 백성들은 비싼 곶감을 사서 납품해야 해요. 그리고 비싼 곶감을 통해 얻은 이익은 대납가와 관리들이 차지하는 거지요. 『실록』에 의하면 실물가보다 무려 10배의 이익을 취해 백성들의 고혈을 빨아먹고 있다고 지적할 정도입니다.

게다가 물건의 양이라는 것이 해마다 일정하지 않다 보니, 문제가 자주 발생해요. 음식물은 대체로 보관이 짧기 때문에 이에 따른 문제가 발생하였던 겁니다.

국가에서 내라는 세금이 100만 원인데 이게 10배가 돼서 1천만 원이 되었어요. 백성들이 이를 어찌 낼 수 있겠어요? 게다가 공납에 대한 세금의 부담이 날이 갈수록 커져요. 이쯤 되면 백성들은 무슨 생각을 할까요? 당연히 야반도주하고 싶어 하지요.

부랴부랴 도망갈 준비를 하고 있는데, 이걸 어째? 옆집 철수네가 먼저 도망을 갔다고 합니다. 그렇게 되면, 철수네 세금까지 대신 납부해야 합니다. 도망자의 체납을 이웃이 대신 납부하는 인징(隣徵)이 적용되었기 때문이지요. 세금이 무려 두 배로 올랐어요. 다음 날엔 기필코 도망가야지 했는데, 그 사이에 뒷집 사는 친척 영희네가 먼저 도망갔다네요. 친척이 도망가면 이 세금을 대신 납부해야 하는 족징(族徵)이 적용되지요. 그러니, 세금이 이제 3천만 원으로 오른 거지요.

힘없는 백성들은 도망갈 수밖에 없었고, 결국 이는 국가적 손실이 되지요. 세금을 착취하는 중간관리와 대납가들 때문에 조선 정부나 백성이나 괴롭기는 매한가지였던 겁니다. 이를 바로잡기 위해 조광조는 지역의 특산물 대신 쌀을 내도록 하는 수미법(收米法)을 건의했었지요. 하지만 실현되지 못했어요. 이후, 율곡 이이가 임금님에게 또다시 수미법을 건의하지만, 이때도 역시 실천이 안 되었고요.

그런데 드디어 광해군 때 이르러 지역의 특산물 대신 쌀을 내게 하는 '대동법(大同法)'을 실시하게 됩니다. '대동'이란 공자가 말하는 이상사회를 말해요. 우리 모두가 잘사는 사회를 만들기 위한 세금 제도라는 뜻이 담겨있다고 볼 수 있어요.

대동법은 세금의 기준을 '집집마다'에서 '토지'로 전환한 거예요. 이렇게 되면 세금을 내는 기준이 돈 있는 사람들, 지주가 되기 때문에 결국 땅을 가진 사람만이 세금을 내게 되지요. 광해군 때 대동법을 시행한 건 역사적으로 매우 중요한 일이에요. 사실, 대동법을 시행하면 백성들이야 좋지만 지주들은 싫어할 수밖에 없지요. 게다가 사또와 방납업자들은 자신들의 취할 수 있는 이익이 사라지니 이 시행을 반대했어요. 하지만 다행히 영의정 이원익의 주장대로 경기도 지역에 대동법이 시행됩니다. 그리고 숙종 대에 이르러 전국으로 확대되고요.

"봄을 만나 초목과 온갖 생물이 모두 즐거워하는데 유독 우리 백성만이 위망(危亡)의 입장에 처하여 있다. 그런데도 그들은 보살펴주지 않는다면 하늘을 본받아 하민에 임하는 백성의 부모된 도리가 아니다."

『광해군일기』 24권, 2년(1610) 1월 13일

1618~1619년 백성을 위한 실리외교, 중립외교

임진왜란 이후, 한·중·일 동아시아 국제정세는 크게 변합니다. 특히 중국은 200년 넘게 유지한 명나라가 흔들리기 시작해요. 임진왜란 당시 조선에 원군을 파견하여 도와주었던 명나라는 내부적으로 관리의 부패가 심한 데다, 일본과의 전투에 군사력이 집중되면서 북방 변경에 대한 견제가 소홀해진 것이지요. 이러한 가운데 북방민족 여진족이 힘을 키워 나라를 건국하였으니 바로 '후금'입니다.

광해군이 즉위했을 당시, 중국의 국제정세는 기존의 지배자인 명나라와 북방의 새로운 세력인 후금이 크게 대립하고 있었어요. 이때 광해군은 어떠한 태도를 보였을까요?

사실 조선의 입장에서는 난감할 수밖에 없어요. 명나라는 왜란의 위협 속에서 조선을 도와준 가족과 같은 나라잖아요. 하지만 그렇다고 해서 새롭게 성장한 후금을 무시하고 명나라에게 붙을 수는 없었어요. 자칫하면, 또다시 후금이 쳐들어올지도 모르니까요. 왜란이 끝나고 이제 겨우 숨 고르고 살게 됐는데, 또다시 전쟁이 일어난다면 조선은 모든 게 파탄이 날 게 분명했어요.

후금 역시 조선의 조정을 압박합니다. 후금 입장에서는 명나라와 전쟁 중에 조선이 뒤에서 자국을 칠 수 있다고 생각한 겁니다. 그래서 후금은 조선 정부에게 그들과 외교관계를 맺지 않으면, 조선을 침략하겠다고 선포하지요. 이러한 가운데 명나라에서는 조선에게 군대 요청을 합니다. 후금과 전쟁 중이니 도와달라는 거지요.

명나라 : 야! 조선! 너희가 왜놈들한테 공격받고 있을 때, 우리가 도와줬던 거 기억하지?

옛정을 생각하면 명나라에 원군을 보내야 합니다. 하지만 그렇게 되면 조선이 오히려 피해를 보게 되지요. 이때, 광해군은 명나라에 원군으로 파견될 강홍립 장군을 조용히 불러요. 그리고 아마 이런 이야기를 하지 않았을까요?

　광해군 : 홍립아! 우리 군대는 앞장서서 싸우는 척하다가 바로 항복해야
한다. 그래야 명과 후금 모두의 눈 밖에 나지 않아.

　물론 정말로 광해군이 이런 이야기를 했는지는 『실록』에서 확인할 수는
없습니다. 다만, 강홍립이 후금에 투항한 소식을 듣고도 광해군은 화를 내
지 않아요. 이러한 정황을 볼 때, 광해군과 강홍립 둘 사이에 은밀한 대화

▶광해군은 안으로는 피폐해진 나라를 복구하였고 밖으로는 후금과 명나라 사이에서 실리외교를 펼
쳤다.

가 오가지 않았을까 생각해 보는 거지요.

"고상한 말은 국사에 보탬이 되지 않는다. 강홍립 등의 죄를 논할 때가 어찌
없겠는가. 젊은이들의 부박한 논변은 잠시 멈추는 것이 좋을 것이다."

『광해군일기』 139권, 11년(1619) 4월 8일

　　광해군의 이러한 행동은 비겁하다기보다는 당시 조선의 상황에서 선택
할 수 있는 최선이자 최고의 방법이라고 볼 수 있어요. 이러한 선택은 오
늘날에도 잘 통하지요. 하지만 17세기 조선에게 광해군의 외교 방법은 오
랑캐나 하는 짓이라고 인식되었어요. 조선이 어떤 나라입니까? 대의! 의
리! 명분을 중요시하는 유교 국가입니다. 왜란 때 조선을 도운 재조지은의
나라 명나라의 뒤통수를 치는 일은 결코 용서가 안 되지요. 특히 서인세력
들은 광해군의 중립외교가 큰 문제라고 인식해요. 그리고 그런 광해군을
더 이상 왕으로 세울 수 없다고 생각합니다. 그리고 이때 광해군의 과거
행동인, '폐모살제'를 주목합니다.

1623년　폐모살제와 인조반정

　　　　　　　　　　　　　　폐모살제(廢母殺弟)! '어머니를 폐하
고 동생을 죽이다'라는 뜻입니다. 어째서 이러한 비극적인 일이 일어났을
까요?

　　1613년 경상북도 문경 새재에서 강도사건이 일어났습니다. 당시 범인

들은 은 수백 냥을 약탈하였지요. 알고 보니 범인 일당은 주요 관리들의 서자(첩의 소생) 7명으로 밝혀졌어요. 그런데 이 사건이 광해군을 지지하는 대북파에 의해 정치적 사건으로 변질되기 시작합니다. 당시의 훔친 돈이 광해군을 모함하고 제거한 후 영창대군을 옹립하기 위한 자금으로 쓰였다고 몰아간 거지요.

영창대군이 누구지요? 성인으로 성장하고 있던 선조의 적장자이지요. 그러니 광해군과 대북파에겐 위협적인 존재가 될 수밖에 없었어요. 그러니 영창대군과 그를 지지하는 소북파가 광해군을 제거하기 위해 이와 같은 사건을 벌였다고 한 거지요.

이로 인해 인목왕후의 아버지 김제남이 목숨을 잃고, 영창대군은 강화도로 유배됩니다. 그리고 얼마 되지 않아 작은 골방에 불을 때서 증살(蒸殺)시켜요. 사우나실에 오랫동안 앉아 있어본 적 있나요? 오래 있으면 숨이 막혀 정신을 잃어요. 이처럼 영창대군의 방을 뜨거운 사우나실로 만들어 증기에 질식해 죽게 한 거지요.

인목왕후는 광해군보다 나이가 어렸지만, 법적으로 어머니였기 때문에 죽일 수 없었어요. 대신, 오늘날의 덕수궁에 가두어 창덕궁 출입을 하지 못하도록 하지요.

어머니를 가두고 동생을 죽이는 폐모살제의 행동은 권력을 유지하기 위함이었지만, 대의와 명분, 효를 강조하는 서인들에게는 용납할 수 없는 일이었지요. 결국 서인을 중심으로 남인이 동조하여 인조반정이 발생합니다.

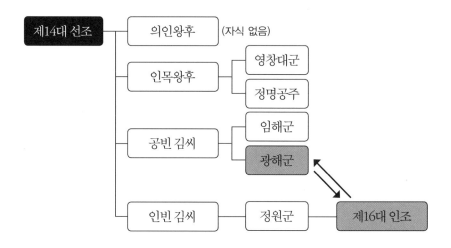

광해군과 인조(당시, 능양군)는 서로 삼촌과 조카 관계입니다. 인조는 삼촌인 광해군에 대한 반감이 높았어요. 그 이유는 광해군이 자신의 불안한 왕위를 지키기 위해, 위협이 될 만한 종친들을 모두 제거했기 때문이지요.

결국 종친 견제로 인한 한 왕족의 반발과 폐모살제 및 중립외교에 대한 신하들의 반발이 서로 일치하면서 인조반정이 일어나게 된 겁니다.

광해군의 중립외교는 그 당시의 시각에서는 충분히 비판받을 수 있는 일이에요. 조선의 관료들이 답답한 사람들이라서가 아니라, 당시엔 성리학의 관점으로 정치를 이끌어가는 것이 당연한 일이었으니까요. 하지만 21세기를 살아가는 우리의 입장에서는 나라의 실리를 추구했던 광해군의 뜻을 지지해줄 수 있겠죠. 어찌보면 광해군은 조선시대보다 21세기에 더 잘 맞는 사람이 아니었을까요?

인조반정이 일어나자 광해군은 몸을 숨겼으나 금세 발각되었고, 강화도

교동에 유배됩니다. 이후 유배지는 제주도로 옮겨져요. 광해군은 1623년 49세의 나이에 폐위되었으나, 18년의 유배생활 끝에 1641년 67세의 나이로 세상을 떠났습니다.

앞서 쫓겨난 임금, 연산군이 얼마 되지 않아 죽은 것에 비해 광해군은 오랫동안 고된 유배생활을 견뎌낸 거지요. 아마도 광해군은 '조금만 더 견디면 또다시 재기할 수 있을 거야'라는 생각으로 버티고 견디었던 게 아닐까 싶습니다.

─ 마인드 맵으로 정리하는 광해군 ─

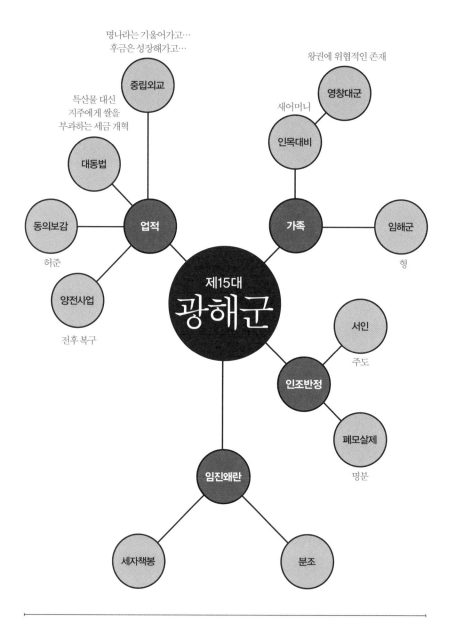

명나라는 기울어가고…
후금은 성장해가고…

특산물 대신
지주에게 쌀을
부과하는 세금 개혁

왕권에 위협적인 존재

새어머니

중립외교

영창대군

인목대비

대동법

동의보감

업적

가족

임해군

허준

형

제15대
광해군

양전사업

전후 복구

서인

주도

인조반정

폐모살제

명분

임진왜란

세자책봉

분조

무릎 꿇은 호랑이,
오랑캐에게 사죄한 임금

- 친명배금이 일으킨 2차례의 전쟁

- 인조 맏아들 소현세자, 의문의 죽음 속 진실은?

인조는 어떤 인물이었나?

생애 1595~1649년

재위기간 1623~1649년

휘(諱) 이종(李倧)

묘호(廟號) 인조(仁祖)

출생과 즉위 조선의 제14대 선조의 손자. 선조와 후궁 인빈 김씨 사이에서 태어난 정원군이 인조의 아버지이지요. 인조는 정원군의 장남으로 태어났으며, 왕위에 오르기 전의 이름은 능양군이었어요. 광해군과 인조는 숙부와 조카 사이이지만, 인조가 서인과 함께 반정으로 광해군을 몰아내고 왕위에 오릅니다.

가족관계 왕비:2명, 후궁:3명, 자녀:6남 1녀

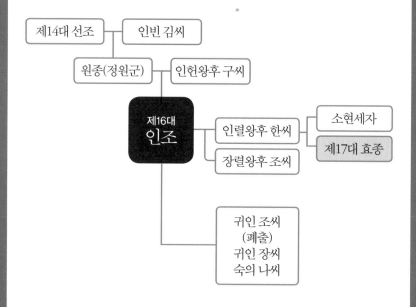

1623년　인조와 서인정권의 친명배금 정책

인조는 선조의 손자였습
니다. 선조와 후궁 인빈 김씨 사이에서 태어난 정원군의 아들이었지요.

광해군은 늘 왕위에 불안감을 느끼고 있었습니다. 그로 인해 결국 이복
동생인 영창대군을 죽이고, 새어머니인 인목대비를 덕수궁에 가두지요.
광해군의 불안은 여기서 멈추지 않아요. 자신과 같은 후궁 소생의 자녀들
에게도 적개심을 보입니다. 특히 당시 정원군 가족이 살던 집터가 '왕의
기운이 서린 곳'이라는 말을 듣고 그 집안을 풍비박산 내버려요.

이후 인조의 동생은 역모사건에 연루되어 자결하고, 인조의 아버지는
화병을 얻어 세상을 떠나요. 즉 광해군의 견제때문에 능양군(인조)은 아버
지도 잃고, 동생도 잃은 거지요. 이에 능양군은 복수하고자 이를 부득 갈
아요. 그리고 광해군의 중립외교 정책에 대해 반발을 하던 서인과 뜻을 같
이합니다. 결국 이들은 광해군을 몰아내었고, 능양군은 서인들의 도움을
받아 왕위에 오르니, 그가 바로 조선의 16대 임금 인조입니다.

인조는 왕위에 오른 이후, 광해군의 중립외교를 버리고 '친명배금' 정
책을 펼칩니다. 친명(親明), 명과 친하고, 배금(排金), 후금을 배척한다는
뜻이지요. 당시 후금은 계속 세력이 커지고 있었고 명나라는 쇠약해진 상
태였지만, 인조와 서인은 명나라와의 의리를 강조한 거지요. 하지만 그 선

택은 조선에 또다시 전쟁을 불러일으킵니다.

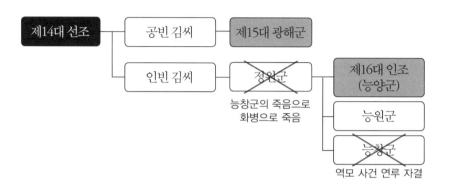

1624년, 1627년 **이괄의 난과 정묘호란**

사람들은 목표를 이루기 위해서는 똘똘 뭉치지만, 막상 목표를 이루고 나면 분열하게 됩니다. 반드시 그런 건 아니지만 대부분 그렇지요. 인조반정 이후에도 이와 같은 모습이 나타나요.

이괄[1]은 인조반정 때 큰 공을 쌓은 인물이었습니다. 원래 그는 함경도 병마절도사[2]로 임명되어 떠날 채비를 하던 중 반정에 참여하여 반정군을 통솔했어요.

하지만 서인들은 이괄의 공을 인정하지 않아요. 오히려 이괄을 배척하고 견제해요. 왜 그랬느냐고요? 당시 인조의 총애를 받고 있던 서인 김유

---

1 이괄(李适, 1587~1624) : 조선 중기의 무신. 인조반정에서 인조를 왕으로 즉위시키는 데 큰 공을 세웠다. 아들 전이 공신들의 횡포로 인한 시정의 문란을 개탄해 반역의 무고를 받자 공신들에 대한 적개심이 폭발해 난을 일으켰으나 참패해 평정되었다.
2 병마절도사(兵馬節度使) : 조선시대 각 도의 군사를 지휘하는 책임을 맡은 종2품 무관직.

와 이괄 사이에 갈등이 있었기 때문이지요. 결국 인조반정 이후 공을 치하하는 논공행상[3]에서 이괄은 김유보다 낮은 2등급에 봉해져요.

이괄의 입장에서는 억울했겠지요. 시험 점수가 똑같은데 누구는 1등급이고 자기는 2등급을 받았다면 누구라도 억울하지 않겠어요?

불만을 품은 이괄은 본래 맡았던 임무를 수행하기 위해 북방으로 파견됩니다. 그런데 문제는 이괄의 정적인 김유가 계속해서 이괄을 견제하고, 심지어 이괄의 아들이 반란을 일으킨다는 이야기를 전한 겁니다. 이에 화가 난 이괄은 아들을 잡기 위해 온 금부도사[4]에게 "아들이 역적인데 아비가 무사한 경우가 있다더냐?"라고 묻고 금부도사를 살해해버려요.

그리고 이괄은 군대를 이끌고 난을 일으킵니다. 그러나 자신의 부하였던 기익헌, 이수백에게 배신을 당하면서 이괄의 북방 세력은 무너집니다. 이때, 이괄 밑에 있던 장수들은 후금으로 도망가 조선을 침공하자고 부추겨요.

후금은 조선 정부의 친명배금 정책에 불만을 품고 있었어요. 당시 명나라 장수 모문룡(毛文龍)이 조선에 망명하자, 조선이 그에게 가도(椵島)라는 섬에서 주둔하는 것을 허락하고 군사를 원조한 것에 불만을 가졌던 것입니다. 하지만 후금 입장에서는 명나라를 치려면 조선의 경제적 지원이 절실했습니다.

이런 가운데 이괄의 잔당 세력들이 조선 침략에 앞장섰으니, 후금으로

---

3 논공행상(論功行賞) : 공적의 크기를 따져 논의하여 그에 알맞은 상을 줌.
4 금부도사(禁府都事) : 조선 시대 의금부에 속하여 임금의 명에 따라 중한 죄인을 신문(訊問)하는 일을 맡아보던 벼슬.

서는 이게 웬 떡이야 싶었겠지요. 결국 1627년 1월, 3만의 후금 군대가 '전왕 광해군의 원수를 갚는다'는 명분을 내세워 조선을 침공합니다.

이에 인조는 황급히 강화도로 피난을 떠나요. 후금은 더는 전쟁을 계속하지 않을 테니, 명나라와 사이좋게 지내지 말 것을 당부하지요. 그리고 조선과 '형제관계'를 맺을 것을 요구합니다. 이에 조선은 그간 오랑캐로 여기던 후금과 화친을 맺고, 후금은 군대를 철수하니, 이것이 1627년에 발생한 첫 번째 호란, 정묘호란입니다.

1636년 **인조의 굴욕, 병자호란**

후금은 점점 세력을 키웠고, 1632년 조선에게 양국관계를 '형제관계'에서 '군신관계'로 바꿀 것을 명합니다. 형, 동생 하던 사이인데 이제는 임금과 신하관계로서 자국을 섬기라는 거지요. 그리고 힘을 더욱 키워 국호를 후금에서 '청'으로 바꾸더니 조선을 더 압박해옵니다. 이런 상황에서 조선은 어떻게 해야 할까요?

조선의 조정은 두 파로 나뉘었습니다.

척화론자: 오랑캐에게 또다시 무릎을 꿇을 수 없다! 우리의 대의명분을 지켜야 한다.

주화론자: 오랑캐라고 하나, 우리보다 군사력이 강한 걸 무시할 수 없다. 현실을 인정해야 한다!

척화론자 윤집의 입장

"화의가 나라를 망친 것은 어제오늘의 일이 아니고 옛날부터 그러하였으나 오늘날처럼 심한 적은 없었습니다. 명나라는 우리나라에 있어 부모의 나라이고 노적(청)은 우리나라에 있어서 부모의 원수입니다."

『인조실록』 33권, 14년(1636) 11월 8일

주화론자 최명길의 입장

"요즈음 대각(臺閣)에서는 사람마다 모두 척화(斥和)를 주장하고 있으나, 유독 화의를 주장하는 의견은 언론이 몹시 정당하고 방략이 채택할 만하니 …."

『인조실록』 33권, 14년(1636) 9월 5일

여러분이라면 의리, 명분, 실리 중에서 어떤 걸 선택하겠어요? 아마 대부분의 사람들이 전쟁을 막기 위해 실리를 선택할 겁니다. 실리 추구야말로 21세기식 사고방식이니까요. 하지만 인조가 살던 17세기 조선은 달랐어요. 당시 관리들은 아주 어릴 때부터 유학을 배우고 자랐지요. 그래서 의리와 명분을 목숨보다 더 중요하게 여깁니다.

결국 '죽더라도 명에 대한 의리를 지키겠다'라는 생각으로 청을 배척하는 척화의 입장을 선택하지요.

이 사실을 청이 알았어요. 그렇다면 청은 어떻게 할까요?

"죽고 싶다고? 그럼 죽여주마!"

이렇게 청나라가 제대로 우리나라로 쳐들어왔으니 그것이 1636년의 병자호란입니다.

청의 위협이 있다는 걸 조선 역시 알고 있었겠지요. 그래서 조선도 대비를 합니다. 어떻게 대비했을까요? 우리나라의 역대 전투 스타일은 공성전⁵ 형식이에요. 즉 성에서 방어를 하지요. 평상시에는 성 밖에서 살다가 전쟁이 일어나면, 평지에 있는 식량을 산성으로 모두 옮긴 후, 민가는 적들이 이용할 수 없도록 불을 질러요. 그리고 산에 올라가서 성문을 닫고 적들에게 외쳐요.

"일단 성으로 들어와~ 들어와서 한판 싸우자고!"

그런데 이때 청나라는 듣도 보도 못한 황당한 전술을 써요. 북쪽에서 한양까지 중간 중간에 성들이 있는데, 말을 타고 성을 훅 훅 뛰어넘어 수도 한양으로 곧장 진격한 거지요. 조선은 성을 지키면서 "덤벼봐! 다 싸워줄게!"라고 기다리고 있는데, 청군은 그냥 휙휙 지나가는 거예요. 당시 청은 인조만 잡으면 된다고 생각한 거지요. 이에 놀란 인조는 정묘호란 때처럼 강화도로 도망가려고 했지만, 청군이 길목을 차단하는 바람에 그럴 수 없게 돼요. 그래서 다시 남쪽으로 도망치는데 이 또한 퇴로가 차단되니, 어쩔 수 없이 피난을 간 곳이 남한산성이었어요.

> "상(임금)이 돌아와 수구문(水口門)을 통해 남한산성으로 향했다."
>
> 『인조실록』 33권, 14년(1636) 12월 14일

이에 청나라 군대가 남한산성을 둘러싸고 "나와라! 나와라!"합니다. 남

---

5 공성전(攻城戰) : 성이나 요새 등을 빼앗기 위하여 벌이는 싸움.

▶남한산성. 경기도 광주시 남한산에 있는 조선시대의 산성. 1624년(인조 2년)에 축성하였다. 사적 제57호로 지정되었으며, 유네스코 세계문화유산에도 등재되었다. 경기문화재단 남한산성세계유산 센터 제공.

한산성 안에서 신하들은 항전할 것이냐, 항복할 것이냐 대립하였지만, 결국 인조는 항복할 것을 선택해요. 그때가 한겨울이었는데, 인조가 오늘날 잠실 고수부지까지 맨발로 질질 끌려가요.

여러분, 잠실이 원래 섬이었다는 거 아세요? 여의도와 마찬가지로 한강의 섬이었는데, 1970년대 박정희 대통령 때 매립해 현재의 모습을 갖게 된 거지요. 잠실에 삼전동이라는 곳이 있어요. 거기가 원래 나루터였는데, 그 나루터로 인조가 끌려간 거예요. 매서운 한겨울이니 한강 물이 꽁꽁 얼어 있었겠지요. 얼어붙은 한강 바닥에 제단을 쌓고 청나라 황제가 올라가 있었는데, 그 얼음 바닥에서 인조가 무릎을 꿇습니다. 그리고 청나라 황제에게 삼궤구고두례(三跪九叩頭禮)를 하지요. 즉 무릎을 꿇고 양손을 땅에 댄 다음 머리가 땅에 닿을 때까지 3번 숙여요. 그렇게 3번, 총 9번을 청나라 황제에게 절한 겁니다.

이때, 이마가 바닥에 쿵! 하고 소리가 날 정도로 닿아야 합니다. 결국 인조는 이마가 찢어져 온몸이 피로 물들어요. 이것이 바로 '삼전도의 굴욕 사건'입니다. 정말 굴욕적이지요?

자, 임금의 이마가 피나도록 깨졌습니다. 그렇다면 세자는 어떻게 되었을까요? 인조의 장남과 차남인 소현세자와 봉림대군은 인질로 끌려가게 됩니다. 세자만 끌려간 게 아니라 우리나라 여자들도 끌려가요. 청나라 사람들의 성적 노리개용으로 말입니다. 그런 후 다시 조선으로 돌려보냈어

▶병자호란에서 패한 인조는 청나라 황제에게 무릎을 꿇고 머리를 땅에 대며 총 9번 절하였다.

요. 이때 고향으로 돌아왔다는 의미로 그들을 '환향녀(還鄕女)'라고 불러요. 그런데 그녀들은 고향에서 또 한 번 굴욕을 당합니다.

나라의 힘이 약해서 인질로 끌려간 부인이 다시 돌아왔건만, 남편들의 외면을 받은 거지요. 남자들은 몸이 더러워졌다는 이유로 부인들을 버려요. 이때부터 환향녀는 행실이 부정한 여성을 지칭하는 욕으로 변질되고 말아요. 지금에야 이런 욕을 잘 사용하지 않지만, 그래도 이런 슬픈 역사가 욕으로 변질되었다는 게 그저 안타깝기만 합니다.

1646년   아들에게 욕설을 한 비정한 아버지

선조와 인조는 똑 닮았어요. 무능했고, 비겁했지요. 이 때문에 백성들의 삶은 말할 나위 없이 참혹해졌어요. 게다가 전쟁 이후에 지지리도 못나게 군 모습까지 똑 닮았습니다. 선조가 전쟁의 모든 공을 명나라에게 돌림으로써 자신의 부끄러움을 외면하고자 했다면 인조는 전쟁으로 인해 드러난 자신의 무능을 질투로 표출합니다.

그 질투는 바로 첫째 아들 소현세자로 향해요. 소현세자는 부인인 세자빈 강씨와 동생 봉림대군과 함께 심양에서 8년 동안 인질 생활을 했어요. 아니, 무능한 아버지 때문에 힘들게 인질 생활을 한 아들을 어째서 질투한 걸까요?

소현세자는 인질로 잡힌 약소국의 세자였지만 꿋꿋하게 심양에서 8년을 버텨요. 심지어 그 어려운 환경 속에서 직접 농사를 짓고, 청나라 황제가 베푸는 잔치, 황실의 혼인 등에 참여하는 등 다양한 교류를 통해 훌륭한 외교관 역할을 합니다. 또한 당시 청나라 황족인 다이곤과 사이가 좋아서 북경에 갔다 오기도 했지요.

아들인 소현세자가 이렇게 외교적으로 뛰어나다 보니, 이것이 인조에게는 위협으로 다가온 겁니다.

'혹시, 청나라가 나를 몰아내고 세자를 왕위에 앉히면 어떡하지?'

인질생활을 하던 중, 소현세자 부부가 잠시 귀국을 합니다. 세자빈 강씨가 부친상을 당하였기 때문이지요. 하지만 인조는 이들을 만나주지 않아요. 또한 1645년에 드디어 인질 생활에서 풀려나 완전히 귀환한 소현세자 부부를 반기지도 않고요. 타국에서 고생한 세자 부부에게 귀국 축하 연회를 열어주기는커녕 위로의 말 한마디도 건네지 않은 겁니다.

그런데 귀국한 지 3개월도 되지 않아 소현세자가 갑작스럽게 죽어요. 그렇기 때문에 소현세자에 대한 독살설이 떠돌기 시작하지요. 『실록』에서도 '마치 약물에 중독되어 죽은 사람 같다'고 기록하고 있을 정도예요.

> "세자는 본국에 돌아온 지 얼마 안 되어 병을 얻었고 병이 난 지 수일 만에 죽었는데, 온몸이 전부 검은 빛이었고 이목구비의 일곱 구멍에서는 모두 선혈(鮮血)이 흘러나와 검은 천으로 그 얼굴을 반쪽만 덮어 놓았으나, 곁에 있는 사람도 그 얼굴빛을 분변할 수 없어서 마치 약물(藥物)에 중독되어 죽은 사람과 같았다." 『인조실록』 46권, 23년(1645) 6월 27일

소현세자의 장례는 일사천리로 진행되었고, 혹여 누구라도 그의 죽음을

의심하는 것 같으면 인조는 크게 꾸짖었습니다. 소현세자의 처남인 강문명이 소현세자의 장례 일정이 원손(소현세자의 아들)에게 불리하니 바꿔야 한다고 하자, 인조는 "그럼 네가 다른 날로 잡아봐!"라고 크게 꾸짖습니다. 게다가 소현세자가 묻힐 땅이 '풍수지리적으로 좋지 않은 곳이다'라고 수군거린 자를 잡아 곤장을 때렸고요.

물론 인조가 소현세자를 죽였다는 증거는 어디에도 없습니다. 다만, 여러 심증만이 있을 뿐이지요. 한 가지 확실한 건 인조가 아들 소현세자에게 전혀 애정이 없었다는 겁니다.

소현세자가 죽고 나서 소현세자의 남은 가족들, 세자빈 강씨와 세 아들은 인조의 냉대를 받습니다. 신하들조차 그런 인조의 태도에 대해 한마디 올립니다.

"소현세자가 전하의 자식인데, 그의 식솔들을 어찌 그리 냉대하실 수 있습니까?"

그러자 인조는 다음과 같이 이야기를 합니다.

"개새끼 같은 것을 억지로 임금의 자식이라고 칭하니, 이것이 모욕이 아니고 무엇인가."

狗雛强稱以君上之子, 此非侮辱而何   『인조실록』 47권, 24년(1646) 2월 9일

『조선왕조실록』을 보면 개xx라는 욕이 총 5번이 나와요. 1번은 이인좌의 난 무리를 향한 욕이고, 3번은 정말 강아지의 새끼를 의미해요. 그리고 마지막 1번, 그게 바로 인조가 아들 소현세자를 향해 입에 담은 욕입니다.

권력으로 비틀린 부정(父情)은 결국 아들을 버리는 부정(否定)으로 이어졌던 겁니다.

▌Q. 어떻게 아버지가 아들에게 그럴 수 있어요? 이해가 잘 안 돼요.

▌A. 소현세자에 대한 인조의 미움은 아마 청에 대한 분노였을 거예요. 병자호란이 일어나기 전까지만 해도 인조가 장남인 소현세자에 대해 불만을 표출한 적은 한 번도 없었거든요.

하지만 병자호란 이후, 소현세자가 청 조정의 주요 인물들과 친하게 지내는 게 인조 입장에선 화가 날 수밖에 없었지요. "아들이란 녀석이 아비에게 굴욕을 준 사람들과 친하게 지내?"라며 괘씸해 한 거겠지요. 게다가 청에서 자신을 몰아내고 소현세자를 왕위에 앉힐까 봐 두려워하기도 했고요.

결국, 인조는 소현세자의 아내, 세자빈 강 씨에게 사약을 내리고 자신의 손자였던 소현세자의 세 아들을 유배 보냅니다. 그리고 차남이었던 봉림대군을 세자로 앉히니, 그가 바로 조선의 17대 임금 효종입니다.

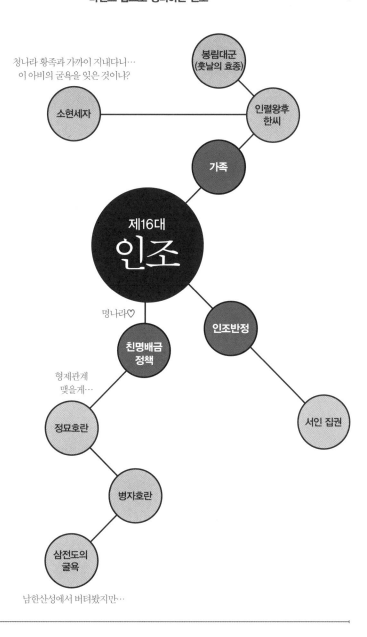

와신상담 호랑이,
북벌로 아버지의 치욕을 씻으려 했던 임금

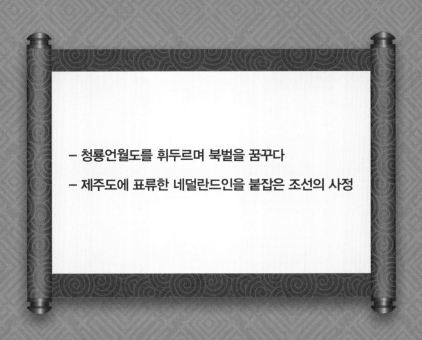

- 청룡언월도를 휘두르며 북벌을 꿈꾸다

- 제주도에 표류한 네덜란드인을 붙잡은 조선의 사정

효종은 어떤 인물이었나?

생애 1619~1659년

재위기간 1649~1659년

휘(諱) 이호(李淏)

묘호(廟號) 효종(孝宗)

출생과 즉위 조선의 제16대 인조의 차남으로 병자호란 이후, 형 소현세자와 함께 청나라에서 인질 생활을 했지요. 귀국 후 소현세자가 사망하자 세자에 책봉되어 1649년에 즉위합니다. 이후 병자호란과 인질 생활을 설욕하기 위해 북벌을 주장하며 군사훈련에 힘씁니다.

가족관계 왕비 : 1명, 후궁 : 3명, 자녀 : 1남 7녀

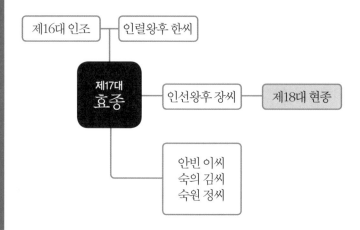

1649~1659년 　효종의 북벌운동－아버지의 치욕을 씻고자 하다

형인

소현세자는 인질 생활을 하면서 청나라의 선진 문물과 과학기술을 받들어야 한다고 생각하지만, 동생인 봉림대군(효종)은 그렇지 않았습니다. 봉림대군은 반대로 청나라에 대해 타오르는 복수심을 안고 귀국하지요. 바로 이 점이 아버지 인조의 마음에 쏙 든 건 아닐까요?

북벌(北伐)!

북쪽을 정벌한다는 이야기지요. 북쪽에 누가 있나요? 바로 조선에게 삼전도 굴욕의 치욕을 준 청이 있지요. 그 청나라를 정벌하자는 겁니다. 봉림대군은 효종으로 즉위하자 아버지의 뜻을 이어받아 북벌운동을 시행합니다. 당시 집권 세력이었던 서인과 함께 말이지요.

효종은 왕이 되자마자 국가의 첫 번째 목적으로 북벌을 내세울 만큼, 북벌에 만전을 기합니다. 그렇다면 어떻게 준비했을까요? 북벌정책을 널리 퍼뜨리기 위해 송시열과 송준길을 북벌의 인재로 등용하지요. 이 둘은 서인의 핵심 인물이고요.

그리고 군사를 키우기 위해 '어영청[1]'이라는 부대를 정비·확대요. 이

---

1 어영청(御營廳) : 조선 후기 중앙에 설치된 오군영(五軍營) 중 왕을 호위하던 군영.

때, 이완 장군이 어영청의 대장이 되어 북벌정책을 추진합니다. 또한 남한
산성을 방어하기 위해 수어청[2]의 기구를 확대하지요.

효종을 따르지 않는 신하들

하지만 효종의 북벌운동은 그리 큰 효과를
보지 못했어요. 왜 그랬을까요?

백성들이 전쟁에 대한 부담을 느꼈기 때문이지요. 생각을 해보세요.
1592~1598년 7년 동안 임진왜란 전쟁으로 삶이 피폐해졌어요. 그런데
1627년에 정묘호란이, 1636년에는 병자호란이 연이어 일어난 겁니다. 백
성들의 삶은 모두 망가졌어요. 이처럼 조선은 무려 50여 년을 전쟁의 소용
돌이 속에 있었던 거예요. 50년은 어마어마하게 긴 시간이에요. 아마도 누
군가는 태어난 순간부터 눈을 감는 순간까지 전쟁을 겪었을 거예요.

그 끔찍한 시간이 지난 지 불과 10년도 안 되었는데, 또 전쟁이라니, 백
성들은 생각만 해도 치가 떨렸을 겁니다.

게다가 효종은 송시열을 통해 북벌을 대대적으로 실행하고자 했으나,
송시열조차도 북벌정책에 크게 동의하지 않았어요. 겉으로는 "북벌해야
지요"라고 말하지만 마음속으로는 '이제는 전쟁보다 나라 살림에 신경을
써야 하지 않겠느냐'라며 실리를 중요하게 생각하고 있었거든요.

게다가 계속되는 청나라의 감시를 벗어나기도 힘들었어요. 당시 청나라

---

2 수어청(守禦廳) : 조선 후기에 설치된 중앙 군영.

▶효종은 아버지의 치욕을 씻고자 재임기간 북벌론을 펼쳤다. 표류한 네덜란드인 박연에게 서양식 무기 제작을 지시하기도 했다.

는 신생국가로 쑥쑥 성장해 전성기를 맞이하던 중이었습니다. 이렇게 막 강해진 청나라와 전쟁을 한다는 것은 실로 달걀로 바위 치겠다는 치기일 수밖에요.

이렇듯 효종에게 북벌이란 삶의 이유이자 목적이었을지 몰라도, 나라 안팎의 사정으로 봤을 때 결국 꿈으로 끝날 수밖에 없는 일이었습니다.

1653년 **이방인 하멜**

조선 후기의 세계는 그 전과는 사뭇 달랐습니

다. 동서양의 만남이 활발했고, 신대륙의 새로운 문물이 서양을 거쳐 동양으로 전래되고 있었으니까요. 하지만 조선은 중국, 일본과만 교류하였을 뿐, 서양과는 교역하지 않았지요. 이와 달리 일본은 나가사키에 데지마(出島)라는 인공섬을 조성해 네덜란드를 중심으로 서양의 여러 문물을 받아들이고 있었고요.

그런데 재미있는 일이 생겨요. 네덜란드 상인들이 일본으로 가던 중 필리핀 남부 해상에서 만들어진 태풍에 휘말린 거지요. 그래서 얼결에 일본이 아닌 제주도에 표류하게 됩니다.

우리나라에 제일 먼저 표류한 서양인이 누군지 아세요? 바로 네덜란드인 벨테브레이 Jan J. Weltevree 입니다.

일본이 아닌 제주도에 온 이 사람, 어떻게 해야 할까요? 뭐 다시 네덜란드로 보내줘도 되겠지만, 당시 조선은 서양인이 들어오면 절대 돌려보내지 않았어요. 그래서 인조 때 표류했던 서양인 벨테브레이를 서울로 끌고 옵니다.

"야, 너희 대포 제작법 좀 알려줘! 서양의 무기 제작법 좀 알려달라고!"

결국 벨테브레이는 당시 최고 부대였던 훈련도감[3]에서 일하게 됩니다. 황당하지요? 그런데 도망갈 수도 있으니, 아예 도망을 못 가게 용의주도하게 수를 써요. 다리를 부러뜨렸냐고요? 그게 아니고 조선 여자와 결혼

---

3 훈련도감(訓鍊都監) : 조선시대에 수도의 수비를 맡아보던 군영.

을 시켜요.

그런데 아이까지 생겼네요. 그러니 그의 입장에선 처자식 놔두고 도망갈수 없잖아요. 결국 이름을 박연(朴淵)으로 바꾸고 조선땅에 눌러삽니다.

그리고 시간이 흘러 흘러, 네덜란드 상인들이 또 제주도에 표류하게 됩니다. 역시 서울로 끌려와요. 이 사람들이 그 유명한 하멜 일행이에요.

> **"파란 눈에 코가 높고 노란 머리에 수염이 짧았는데, 개중에는 구레나룻은 깎고 콧수염을 남긴 자도 있었습니다."** 『효종실록』 11권, 4년(1653) 8월 6일

하멜은 1653년부터 1666년까지 14년 동안 조선에서 억류 생활을 했는데, 그때가 바로 효종이 집권하던 시기였어요.

하멜이 네덜란드 사람이니까 박연과 같은 나라사람이잖아요. 그 둘이 한양에서 딱 만나게 된 거예요. 그런데 실록에 의하면, 박연이 하멜을 보고도 아무 말도 못 했다는 거예요. 네덜란드 말을 다 까먹은 거예요.

그런데 말을 까먹기도 했겠지만, 그보다는 만감이 교차했던 거 아닐까요? 놀라움과 반가움, 복받침, 서러움들이 뒤엉켜 아무 말도 하지 못했을 것 같아요.

그들이 같이 걷던 중 박연이 하멜에게 네덜란드어로 더듬더듬 말해요. 그가 고향 친구에게 처음으로 한 말은 뭐였을까요?

"하멜, 여기 들어온 이상 돌아갈 생각은 하지 않는 게 좋을 거야."
결국 하멜은 조선에서 노역 생활을 하며 지내게 됩니다. 그러다 일본으

▶하멜표류기. 태풍으로 조선에 표류한 네덜란드인 하멜(Hendrik Hamel)이 14년간 조선에 억류된 생활을 기록한 책.

로 도망을 가요. 이후 자신의 고향인 네덜란드로 돌아가지요. 그리고 귀국한 그해에 『하멜표류기』를 발간해요. 『하멜표류기』는 한국의 지리와 풍속, 정치, 군사, 교역을 유럽에 소개한 최초의 책으로 유명하지요. 바로 이 『하멜표류기』에 북벌운동에 대한 설명이 나옵니다.

"군사들은 봄에 3개월, 가을에 3개월 훈련을 받는다. 매달 3번씩 사격 훈련과 그 밖의 전술 훈련을 하러 다녀온다. 한번 전쟁 연습이 행해지면, 세상의 모든 책임이 그들 어깨에 달려 있는 듯하였다."

『하멜표류기』

1654년, 1658년 　끝내 이루지 못한 효종의 꿈과 나선정벌

그렇다면 효종이 키운 군사는 어떻게 되었을까요? 힘들게 키웠는데, 전쟁 한 번 치르지 못하고 사라졌을까요?

북벌운동을 준비하고 있는 상황에서 참으로 아이러니한 일이 생겨요. 조선이 청나라를 공격하기 위해 몰래 군사력을 키우고 있는데, 청나라가 군대 요청을 해온 거지요. 당시 청나라는 영토를 확장하면서 러시아와 국경 문제가 발생합니다. 이 때문에 청나라가 조선에 2차례에 걸쳐서 군대 차출을 요청한 거지요.

> "조선에서 조창(鳥槍)을 잘 쏘는 사람 1백 명을 선발하여, 회령부를 경유하여 앙방장(昂邦章)의 통솔을 받아 나선(羅禪)을 정벌하되, 3월 초 10일에 영고탑에 도착하시오."
>
> 『효종실록』 12권, 5년(1654) 2월 2일

청나라를 공격하려고 애써 키운 조선 군대는 정작 청나라는 공략하지 못하고, 오히려 청을 도와 러시아를 정벌합니다. 적을 치려고 키운 군사로 적을 돕게 된 거지요.

1659년 어깨깡패 효종의 죽음

실록에 의하면, 효종은 몸집이 크고 힘이 셌다고 합니다. 청룡언월도도 거뜬히 들 수 있을 정도였으며, 이것을 들고 무예를 닦았다고 해요. 당시 효종을 제외하곤 아무도 청룡언월도를 든 사람이 없는데, 이후에 사도세자가 효종의 갑옷을 입고 무기를 들었다고 하지요.

Q. 청룡언월도가 뭐예요? 그렇게 무거워요? 조선의 왕들은 맨날 앉아서 책만 봐서 힘이 셀 것 같지 않은데, 효종은 달랐나요?

A. 효종은 조선의 왕 중에서 누구보다도 무예에 힘쓴 임금이었어요. 덕

분에 힘도 무척 셌지요.

청룡언월도는 긴 손잡이가 있는 대도(大刀)랍니다. 칼날 부분은 반달 모양인데, 거기에 용 그림이 새겨져 있지요. 『삼국지』에서 관우의 무기로도 유명하답니다.

하지만 또 하나 아이러니한 건 이렇게 체구가 좋은 효종이었건만, 몸에 난 작은 종기 하나 때문에 목숨을 잃습니다. 효종의 얼굴에 작은 종기가 돋았는데, 그게 좀처럼 낫질 않은 거예요.

> "이때 왕세자도 병을 앓았는데 증세가 매우 중하였으므로 상이 이를 걱정하
> 느라고 정작 자신의 종기 앓는 것에 마음을 쓰지 않았었다. 그러다 전정(殿
> 庭)에 나아가 서서 직접 비를 빌다가 상처가 더 악화되어 점차 위태롭게 된
> 것이다."   『효종실록』 21권, 10년(1659) 4월 27일

얼굴에 종기가 났으니 어떻게 해야겠어요? 당시 신하들은 종기의 독을 짜내야 한다는 입장과 경솔하게 침을 놓을 수 없다는 의견으로 나뉘었어요. 결국 침으로 종기를 짜자, 종기에 맺혔던 피가 쏟아집니다. 그런데 문제는 피가 멈추질 않는 거예요.

> "피가 계속 그치지 않고 솟아 나왔는데 이는 침이 혈락(血絡)을 범했기 때문
> 이었다. 제조 이하에게 물러나가라고 명하고 나서 빨리 피를 멈추게 하는 약

을 바르게 하였는데도 피가 그치지 않으니, 제조와 의관들이 어찌할 바를 몰

랐다." 『효종실록』 21권, 10년(1659) 5월 4일

그래서 혹자는 이렇게 이야기합니다.

'서인이 효종을 죽였다!'

서인이 왜 효종을 죽였을까요? 사실, 서인과 효종의 속마음은 달랐어

요. 효종은 누구를 위한 복수로 북벌을 하지요? 아버지, 인조를 위한 복수

를 다짐했던 거지요. 하지만 서인과 남인은 이미 멸망한 명나라에 대한 복

수를 다짐한 겁니다. 그런데 과연 당시 서인과 남인 중에 중국과의 전쟁을

바라는 사람이 있었을까요? 서인과 남인이 전쟁을 반길 이유가 없지요.

이미 권력을 장악하고 있는데, 전쟁을 하고 싶겠어요?

그러니 그들의 입장에서는 계속 전쟁을 고집하는 효종이 마음에 들지

않았던 겁니다. 아예 이참에 왕이 죽는 편이 낫겠다고 생각한 거지요. 그

래서 당시 의원이던 신가귀를 시켜 종기를 잘못 터뜨리게 해 효종을 죽였

다는 겁니다. 이것이 바로 일부 전해져 내려오는 '효종암살설'이에요.

어쨌든 건장했던 효종은 머리에 난 종기 하나 때문에 세상을 떠납니다.

효종의 안타까운 사연은 여기서 그치지 않습니다. 이긍익의 『연려실기술』

에 따르면 효종의 어깨가 너무 넓은 나머지 관에 몸이 들어가지 않는 겁니

다. 원래 왕실 절차에 따르면 왕이 죽은 후, 치수를 재고 이에 맞춰 관을 짰

습니다. 하지만 당시 관은 미리 준비되어 있었고, 왕이 죽자 곧바로 이를

내놓은 겁니다. 결국, 효종의 관을 널빤지로 덧대어 늘렸고, 이를 감추기

위해 겉에 옻칠을 했다고 합니다. 그제야 효종의 몸이 겨우 관에 들어갈

수 있었던 거지요.

하지만, 효종의 죽음은 아직 끝난 게 아니었습니다. 그의 죽음으로 인해 조선 최고의 논쟁인 예송논쟁이 발발했기 때문입니다.

▌ Q. 어의가 침을 놓다가 실수로 왕이 죽었다면 어의에게도 큰 벌이 내려졌을 것 같아요. 어의에게 어떤 벌이 내려졌어요?

▌ A. 맞습니다. 자신의 실수로 왕이 죽었으니, 신가귀의 목숨은 온전할 수 없었겠지요. 당시 신하들은 "수전증이 있음에도, 조심성 없이 침을 놓은 신가귀를 처형해야 한다"고 주장합니다. 결국 신가귀는 교형[4]에 처해졌어요. 그런데 당시 신가귀의 사형에 대한 논쟁도 제법 있었지요. 이상하게도 효종의 아들인 현종은 신가귀에게 바로 교형을 내리지 않고, 한 달 정도 지나고 나서야 형을 내렸기 때문입니다. 이 때문에 효종의 죽음은 더욱 미스터리로 다루어지고 있답니다.

---

4 교형(絞刑) : 죄인의 목에 형구를 사용해 죽이는 형벌제도.

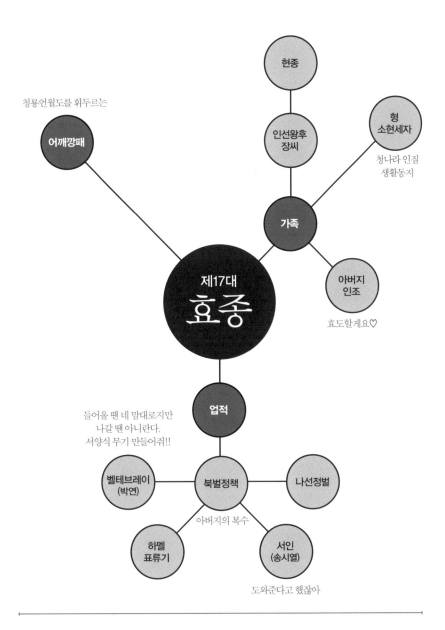

현종

청룡언월도를 휘두르는

어깨깡패

인선왕후
장씨

형
소현세자

청나라 인질
생활동지

가족

제17대
효종

아버지
인조

효도할게요♡

업적

들어올 땐 네 맘대로지만
나갈 땐 아니란다.
서양식 무기 만들어줘!!

벨테브레이
(박연)

북벌정책

나선정벌

아버지의 복수

하멜
표류기

서인
(송시열)

도와준다고 했잖아

와신상담 호랑이. 북벌로 아버지의 치욕을 씻으려 했던 임금 · **효종**

힘없는 호랑이.
조선 최고의 논쟁,
예송논쟁의 중심에 선 임금

- 의복을 둘러싼 정치적 갈등에 휘말린 현종

- 시대의 로맨티시스트? 부인이 단 한 명뿐인 조선의 왕

현종은 어떤 인물이었나?

생애 1641~1674년

재위기간 1659~1674년

휘(諱) 이연(李棩)

묘호(廟號) 현종(顯宗)

출생과 즉위 조선의 제17대 효종의 장남입니다. 인조가 차남인 봉림대군(효종)을 세자로 책봉하면서 자연스레 왕세손이 되었고, 아버지 효종을 이어 조선 제18대 임금으로 즉위하지요.

가족관계 왕비:1명, 후궁:없음, 자녀:1남 3녀

1641년 조선 유일의 외국에서 태어난 임금

현종은 조선에서 유일하게 외국에서 태어난 왕이랍니다. 아버지 효종이 봉림대군 시절 청나라에 인질로 가 있을 때 태어났기 때문이지요. 이후, 왕자였던 아버지 봉림대군이 세자로 책봉[1]되자 현종도 자연스레 세손 책봉되지요. 그리고 효종이 승하한 후 왕위에 오릅니다.

현종은 아버지인 효종과 아들인 숙종이 워낙 유명해서 상대적으로 현종은 좀 생소하게 느껴질 수 있습니다. 또 조선의 24대 임금인 헌종과 이름이 비슷해 많이들 헷갈리지요. 하지만, 현종 시대에는 한국사 교과서에 빠지지 않고 나오는 유명한 논쟁이 있어요. 바로 예송논쟁이지요. 그 예송논쟁 시기에 즉위한 임금이 바로 조선 18대 임금, 현종입니다.

1659년, 1674년 조선 최고의 논쟁, 예송논쟁

예송논쟁은 효종이 승하하고 나서 상복 입는 기간을 두고 서인과 남인이 2차례 논쟁한 사건을

---

1 책봉(册封) : 왕세자, 왕세손, 왕후, 비(妃), 빈(嬪), 부마 등을 봉하는 것.

▶상복. 상중(喪中)에 있는 상제나 복인(服人)이 입는 예복. 국립중앙박물관 제공.

말합니다. 상복 입는 기간을 갖고 다투다 여당과 야당이 바뀌게 된 겁니다. 도저히 지금으로선 이해할 수 없는 논쟁이지요. 민생이 도탄에 빠져있는데, 경제 개혁은 못할망정 겨우 상복 입는 기간 문제로 싸우다니 말입니다.

하지만 17세기 조선이라면 얘기가 달라져요. 임진왜란 이후에 양반들은 그들의 약해진 권한을 회복하기 위해 예학을 보급하고 족보학을 강조하는 분위기 형성에 여념이 없었거든요.

Q. 전쟁의 책임을 져야 할 지배층들이 오히려 기득권을 강화한다며 예학과 족보학을 들고 나온 이유는 뭘까요?

A. 양난 이후 신분제의 변동이 생기고, 양반 내부에서도 한양 양반과 지방 양반 간에 구별이 생기자 양반들은 특권의식을 강화해야 했어요.

양반이 일반 평민들과 다른 게 있으니, 그게 바로 예와 족보잖아요. 그러므로 '우리는 이렇게 특별한 사람이야, 그러니까 복종하란 말이야'라고 말하기 위함인 겁니다.

이런 가운데 상복은 예를 표현하는 의식으로 매우 중요할 수밖에 없었어요. 조선시대의 옷이란 단순히 더위와 추위를 피하고 멋을 표현하는 수단이 아니라, 유교의 덕을 담은 하나의 예라고 생각했어요. 즉, 옷으로 예의를 표현한 것입니다. 이 때문에 일제강점기에 우리나라 사람들은 흰옷을 입으며 민족성을 지키고자 했던 거지요.

게다가 당시의 예송논쟁은 현종의 아버지, 효종의 정통성과 관련해 더욱 뜨거워졌어요.

논쟁이 어떻게 진행되었는지 살펴보기 위해 가계도를 먼저 볼까요?

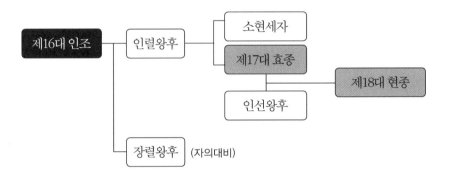

현종이 왕위에 올랐을 때, 당시 왕실 최고의 어른은 인조의 계비인 자의대비(장렬왕후)였습니다. 인렬왕후의 뒤를 이어 국모가 된 여인이지요. 장렬왕후는 15세에 43세인 인조와 혼인하지요. 너무 어린 나이에 왕비가 되었기 때문에 예송논쟁이 발생했을 당시에도 37세밖에 되지 않았어요(아들 관계였던 효종보다 5살이 더 어렸습니다. 효종 1619년생, 자의대비 1624년생).

하지만 자의대비는 왕실 최고의 어른이자 효종의 어머니이며, 현종의 할머니였지요. 그런 그녀가 상복을 얼마 동안 입어야 하는가를 두고 서인과 남인이 대립한 겁니다.

1차 때 일어난 논쟁을 기해예송이라고 해요. 효종이 승하하자 자의대비의 상복 기간에 대해 서인들은 1년만 입을 것을 주장합니다. 사대부들은 장남 이하의 아들에 대한 상복은 1년을 입었는데, 효종은 인조의 둘째 아들이므로 사대부의 법도대로 1년짜리 상복을 입어야 한다고 본 것이지요. 하지만 남인들은 이에 반발해요. 효종이 비록 둘째 아들이지만, 엄연히 왕이었으므로 왕과 사대부를 같이 볼 수 없다며 3년을 입어야 한다고 본 겁니다.

서인의 입장

"옛 예는 비록 잘 알 수가 없으나, 시왕(時王)의 제도를 상고한다면 1년복이 맞을 것 같습니다."
『현종실록』 1권, 즉위년(1659) 5월 5일

남인의 입장

"효종이 인조의 둘째 장자로서 이미 종묘를 이었으니, 대왕대비께서 효종을 위하여 재최 3년을 입어야 할 것은 예제로 보아 의심할 것이 없는 일인데…."
『현종실록』 2권, 1년(1660) 3월 16일

그렇다면 현종은 서인과 남인 중에서 누구의 손을 들어줬을까요? 당시 집권 세력인 서인의 편을 듭니다.

이후, 효종의 아내이자 현종의 친어머니인 인선왕후가 승하합니다. 이로써 2차 논쟁, 갑인예송이 일어나요. 서인과 남인은 또다시 자의대비의 상복기간을 두고 대립한 거지요. 서인은 인선왕후가 차남의 아내란 이유로 9개월을 주장하고, 남인은 왕의 아내라는 이유로 1년을 입어야 한다고 주장합니다.

이번에 현종은 누구의 손을 들어줬을까요? 또다시 서인의 손을 들어줬을까요? 이번에는 남인의 손을 들어줍니다. 사실 예송은 단순히 옷을 몇 년 입느냐는 예법의 문제에 그치는 것이 아니었어요. 장자가 아닌 둘째 아들로 왕위에 오른 효종의 정통성을 신하들이 인정하느냐 하지 않느냐로 대립한 문제였지요. 결국 현종이 두번째 예송에서 남인의 손을 들어준 것은 권력이 강했던 서인(특히 송시열)을 견제하기 위한 방도가 아니었을까요?

조선 유일, 단 한명의 아내를 맞이한 임금

조선의 왕들은 왕비 이외에도 많은 후궁을 거느리면서 여러 여인을 취하였지요. 하지만 조선의 27명 중에서 유일하게 후궁도 없고, 게다가 왕비도 단 한명만 둔 왕이 있으니, 그가 바로 현종입니다. 현종은 영의정을 지낸 김육의 손녀를 아내로 맞이한 후, 둘 사이에서 1남 3녀를 둡니다.

그렇다면 현종은 조선 최고의 애처가이자 로맨티시스트였을까요? 물론 두 사람의 금슬이 좋다고 볼 수도 있지만, 그보다는 명성왕후 김씨의 성격이 만만치 않았기 때문이라는 이야기가 더 설득력이 있어요. 실제로 명성 왕후는 자기 아들이 왕위에 오르고 난 뒤 조정의 일을 자주 간섭한 나머지 남인들의 거센 비판을 받거든요.

아마도 아내의 바가지가 무서워서 후궁을 들이지 않았던 것은 아닐까요?

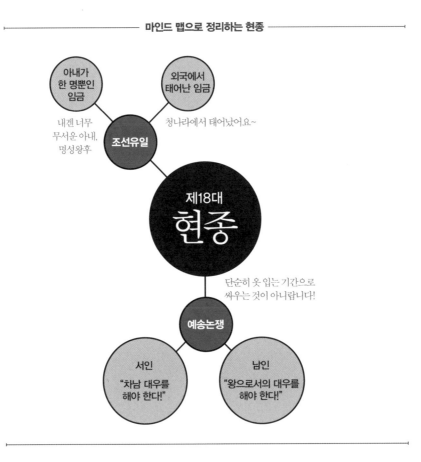

마인드 맵으로 정리하는 현종

아내가 한 명뿐인 임금

외국에서 태어난 임금

내겐 너무 무서운 아내, 명성왕후

청나라에서 태어났어요~

조선유일

제18대
현종

단순히 옷 입는 기간으로 싸우는 것이 아니랍니다!

예송논쟁

서인
"차남 대우를 해야 한다!"

남인
"왕으로서의 대우를 해야 한다!"

금수저 호랑이,
장자 프리미엄의 끝판왕

- 소년 군주 숙종, 정치 9단 송시열을 누르다

- 3차례의 환국으로 숙종이 얻은 왕권강화

- 실록이 인정한 조선 최고의 미녀, 장희빈

숙종은 어떤 인물이었나?

생애 1661~1720년

재위기간 1674~1720년

휘(諱) 이순(李焞)

묘호(廟號) 숙종(肅宗)

출생과 즉위 조선 18대 임금 현종의 적장자이자, 외아들로 14세에 왕위에 오릅니다. 비록 어렸지만, 아버지 현종 역시 효종의 적장자이자 외아들이었기 때문에 효종-현종-숙종에 이르는 적장자의 핏줄을 이을 막강한 권한을 갖고 있었던 거지요. 이후 숙종은 어지러운 붕당 간의 갈등을 3차례 '환국'을 통해 정리하고 왕권 강화를 위해 애씁니다.

가족관계 왕비:3명, 후궁:6명, 자녀:6남 2녀

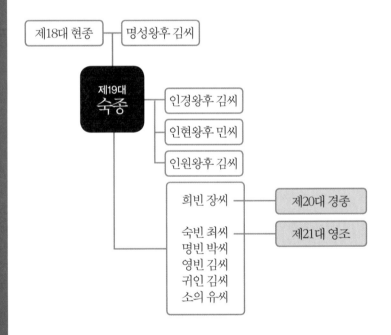

1661~1674년 **장자 프리미엄의 끝판왕, 순금수저 임금**

조선의 제19

대 임금, 숙종! 아마도 우리나라 사극에 가장 많이 등장하는 왕일 겁니다. 숙종과 그의 여인들인 인현왕후와 장희빈의 이야기는 조선 최고의 스캔들이자 사극의 단골 소재니까요. 이 이야기는 뒤에서 차근차근 하도록 하지요.

그런데 우리에게 친근한 숙종이 조선 최고의 금수저라는 건 알고 있나요? '왕이니까 당연히 금수저겠지 뭐'라고 생각할 수 있겠지만, 같은 왕이라도 엄마가 흙수저인 경우도 있고, 세자 출신이 아닌 경우도 있잖아요. 하지만 숙종은 조선의 왕 중에서도 '순금수저'를 물고 태어난 임금이었답니다.

숙종의 아버지 현종은 아내가 한 명뿐인 임금이었다고 말했지요? 그러니까 숙종에게는 이복동생이 있을 리가 없지요. 게다가 그는 1남 3녀 중의 아들, 외아들이었어요. 즉 현종의 유일한 아들이자 장남이었던 거지요. 1661년에 출생한 숙종은 6세(1667)에 세자에 책봉되고 14세의 나이로 아버지 현종의 뒤를 이어 왕위에 오릅니다. 모든 게 순조로웠지요.

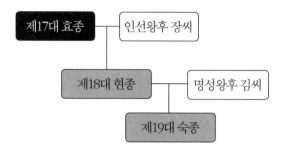

그림을 통해 살펴볼 수 있듯이, 효종-현종-숙종에 이르기까지 유일한 아들 1명이 적장자로서 왕위에 올랐어요. 적장자가 왕위에 오른 이는 7명 뿐이었는데(문종, 단종, 연산군, 인종, 현종, 숙종, 순종), 숙종처럼 대를 거쳐 모두 외아들인 경우는 한 번도 없었어요. 게다가 다른 임금들은 연산군을 제외하고 대부분 재위기간도 짧고, 단명했기 때문에 약 46년 동안 재위한 숙종의 입지는 어마어마하다고 볼 수 있어요. 참고로 숙종은 조선에서 2번째로 재위기간이 긴 왕이랍니다.

게다가 어머니 명성왕후 김씨는 세자빈-왕후-왕대비라는 3관왕 코스를 밟은 유일한 왕비였어요(숙종의 어머니 명성왕후는 고종의 비로 유명한 명성황후와는 다른 인물이랍니다). 조선시대의 여러 왕비 중에는 세자빈을 지냈으나 왕후에 오르지 못한 경우, 왕후에 올랐으나 왕대비가 되지 못한 경우, 왕후, 왕대비는 되었으나 세자빈은 아니었던 경우도 많거든요.

게다가 숙종의 어머니 명성왕후는 한 성격하는 인물이었어요. 조선시대 왕 중에서 유일하게 아내가 한 명뿐인 것만 봐도 알 수 있잖아요. 아니, 왕이 얼마나 아내가 무서웠으면, 단 한 명의 후궁도 들이지 않았을까요?

여하튼 숙종의 정통성이 얼마나 대단한지 알겠지요? 자, 장자 프리미엄

끝판왕 숙종은 14세의 어린 나이에 왕위에 오릅니다. 소년 군주의 상징인 단종이 12세에 즉위하였으니, 불과 2살밖에 차이가 나질 않아요. 즉, 숙종도 굉장히 어린 나이에 왕이 된 거지요. 대개 20세 이전에 왕위에 오르면 왕실의 여자 어른(어머니, 혹은 할머니)이 수렴청정을 하는데, 숙종은 수렴청정을 하지 않고 바로 직접 정치를 합니다. 그리고 잔뼈가 굵은 고단수의 신하들을 자기 뜻대로 주무르기 시작해요.

Q. 어린 나이에 즉위한 숙종이 수렴청정을 하지 않은 이유는 뭔가요?

A. 숙종은 3대에 걸친 적통자였기 때문에 조선의 역대 왕 중에서 그 입지가 단단할 수밖에 없었습니다. 아마도 그런 자신감이 어린 숙종을 대범하게 만들었던 것 같네요. 정치 9단이자 원로인 송시열에게 사약을 내린 것만 봐도 보통이 아니라는 걸 알 수 있지요.

불같은 성격의 숙종─아버지와는 다르게!

숙종은 불 같은 성격의 소유자였어요. 아니 실제로 불과 같은 사람이었지요. 온몸에 화증이 가득했고, 성격도 아주 괴팍했어요. 어머니인 명성왕후조차 이렇게 한탄할 정도였다니까요.

"내가 낳은 아들이지만, 성질이 아침, 점심, 저녁 모두 다르니 애미인 나도 감당이 안 되는구나."

숙종 역시 자기 몸에 열이 많다는 걸 알고 있었어요. 화증이 얼마나 심한지 한겨울에도 손에 부채를 들고 있어야 할 정도였답니다.

"나의 화증(火症)이 뿌리 내린 지 이미 오래고 나이도 쇠해 날로 더욱 깊은 고질이 되어 간다. 무릇 사람의 일시적 질환은 고치기 쉽지만 가장 치료하기 어려운 것은 화증이다. 화열이 위로 올라 비록 한겨울이라도 손에서 부채를 놓을 수가 없다." 『숙종실록』 40권, 30년(1704) 12월 11일

불같은 성격의 소유자 숙종! 아버지처럼 살지 않겠다는 다짐과 함께 왕권을 강화하겠다는 포부가 합해져 더욱 그리된 건지도 모르겠네요. 사실 숙종의 아버지인 현종은 성품이 부드러웠답니다. 아, 물론 아내인 명성왕후의 성격이 불같긴 했지요(아마도 숙종은 어머니의 성향을 닮은 것 같네요). 그러니 아버지 현종은 안팎으로 근심이 많을 수밖에 없었어요. 안으로는 아내의 바가지에 시달리고 밖으로는 서인과 남인으로 갈린 신하들이 서로 으르렁대니 얼마나 힘들었겠어요. 성격까지 온화하니, 화도 잘 못 냈겠지요.

이런 아버지를 본 아들 숙종은 어떤 생각을 했을까요?

'나는 아버지처럼 신하들한테도, 집사람한테도 휘둘리지 않을 테다!'

이렇게 다짐하진 않았을까요?

1674~1675년　정치 고수 송시열을 누른 젊은 임금

순금수저의 배경

덕분에 숙종은 어릴 때부터 자신감이 넘쳤어요. 즉위 초기에 우암 송시열

을 대한 것만 봐도 그가 얼마나 자신감 백 배였는지 알 수 있답니다.

숙종이 왕위에 오른 1674년은 제2차 예송(갑인예송)이 있었던 해였어

요. 집권 여당인 서인과, 야당인 남인이 상복 입는 기간으로 다투고 있었

던 거지요. 남인들은 효종을 왕으로 인정하여, 장자 대우로 상복 기간을

정해야 한다고 보았지만, 서인들은 효종이 명백한 차남이기 때문에 그에

맞게 상복 입는 기간을 정해야

한다고 보았잖아요.

한마디로 남인은 숙종의 할아

버지인 효종을 왕으로 인정하고,

서인은 왕으로 인정 못 하겠다는

거지요. 이걸 본 숙종은 서인들

이 무척 괘씸했을 거예요. 아버

지 현종은 이런 서인들을 가만히

보고만 있었지만 아들 숙종은 달

랐어요. 어느 날, 숙종이 서인의

영수 송시열을 비꼬아서 다음과

같이 이야기합니다.

▶송시열(宋時烈, 1607~1689)의 초상화. 송시열은 조선 중기의 명신으로, 호는 우암(尤庵)이다. 조선 중기 이후의 성리학의 기틀을 세웠으며, 서인 노론 계열의 지도자로 활약했다. 국립중앙박물관 제공.

"너는 우리 할아버지 효종의

예를 입었는데도 보답하기는커녕, 차남이라고 깎아내리는 것이냐!"

임금이 말하기를,

"송시열은 효종의 예우를 입었는데도 보답하려고 하지 않고 도리어 서자(庶
子)라는 폄칭(貶稱)을 가하였으니, 어찌 죄가 없을 수 있겠는가?"

『숙종실록』 2권, 1년(1675) 1월 3일

그리고 송시열이 예를 잘못 해석했다고 주장하며 귀양을 보냅니다. 송
시열이 누구냐면, 숙종의 증조할아버지인 인조 대부터 인조-효종-현종-
숙종까지 4대에 걸친 서인의 영수이자 원로입니다. 그런데 왕이 된 지 1년
도 안 된 소년 군주가 이런 정치 원로를 귀양 보내버린 거예요. 천하의 송
시열을 귀양을 보내다니! 아버지와는 전혀 다른 숙종의 강단과 대범함을
볼 수 있는 일화지요(하지만 송시열은 이후, 다시 복귀합니다).

1680~1694년 숙종의 탕평책

숙종 하면 제일 먼저 떠오르는 게 뭔
가요? 장희빈? 인현왕후? 사실 숙종과 그의 여인들에 관한 이야기는 '탕
평책'에서 비롯된 것이었어요.

탕탕할 탕 蕩!
평평할 평 平!

▶인현왕후와 장희빈의 사이에서 고민했던 숙종은 3차례의 환국으로 왕권을 강화하였다.

탕평책은 정치를 탕탕하고 평평하게 만들겠다는 의미입니다. 당시 조선의 정치는 붕당정치였어요. 동인과 서인, 남인과 북인, 노론과 소론이 분화되어 있었지요. 오늘날의 야당과 여당이 있는 것처럼 말이지요.

특히 숙종이 집권하던 시기에는 서인과 남인의 대립이 엄청나게 심했지요. 이러한 붕당정치에 대해 일본인 식민사학자들은 '당파싸움'이라고 깎아내립니다. 그리고 당파싸움 때문에 조선이 멸망했다고 비난하지요. 하지만 붕당정치를 단순히 당파싸움으로 깎아내릴 수는 없어요. 정치인들 사이의 갈등은 당연히 있을 수밖에 없기 때문이지요. 다만, 이것이 정도를 넘어서면 문제가 되겠지요.

예를 들어볼게요. 어느 날 교실에 담임선생님이 계시는데, 반장과 부반장이 서로 욕하고 싸우면 선생님이 뭐라고 하겠어요?

"너희들 버릇없이 선생님 앞에서 무슨 짓이야!"

숙종의 경우도 똑같았어요. 신하들이 왕이 있는데도 아랑곳없이 싸운다고 생각해보세요. 왕 입장에선 기분이 엄청 나쁘겠지요. 숙종은 이러한 신하들의 행동에 대해 왕권을 넘보는 건방진 행위라고 보았어요.

"너희가 균형을 잡지 못하고 매일 싸우니, 내가 저울처럼 균형을 바로 잡아주겠다."

이것이 바로 숙종의 탕평책인 거지요. 하지만 말로만 탕평했다고 하여, 교과서에서는 '명목탕평'이라고 말합니다. 그렇다면 왜 명목탕평이라고 불리는 것일까요? 그것은 바로 숙종이 끊임없이 국면을 전환시켰기 때문이에요. 숙종은 여당을 몰아내 야당으로 만들고, 야당을 다시 등용해 여당을 만드는 일을 반복해요. 이러한 행위를 국면이 전환된다고 해서 환국(換局)이라고 합니다. 이것이 총 3번 일어나요.

첫 번째 환국이 바로 경신년에 벌어졌던 경신환국이고, 두 번째가 기사년에 벌어졌던 기사환국, 세 번째가 갑술년에 벌어졌던 갑술환국입니다. 3차례의 환국이 벌어지는 동안 인현왕후와 장희빈의 이야기도 함께 펼쳐지지요.

자, 그럼 이제부터 흥미진진한 궁궐 러브스토리를 살펴볼까요?

1680년 **환국의 시대 1-경신환국**

숙종이 처음 집권했을 때, 2차 예송으로 일생을 야당으로 보냈던 남인이 드디어 정권을 잡고 여당이 되었어요. 남인들은 1674년부터 1680년까지 6년 동안 권력을 장악합니다. 이에 숙종은 남인에 대한 기대가 컸어요. 만년 야당이었던 남인들이 정권을 잡았으니, 뭔가를 확실히 보여줄 거라 믿었던 겁니다. 하지만 남인들의 행동은 전혀 그렇지 못했지요. 이를 탐탁지 않게 여겼던 숙종은 남인들의 군기를 잡아야겠다고 벼르고 있었어요. 그러던 와중에 사건이 터져요.

어느 날 남인의 영수이자 영의정이던 허적이란 사람이 축하 파티를 엽니다. 허적 할아버지가 국가로부터 휘호를 받아 집 앞마당에서 잔치를 열었던 거지요. 그런데, 그날 하늘에서 비가 내리는 거예요. 잔칫날에 비가 내리는 걸 걱정한 숙종은 다음과 같은 명을 내립니다.

숙종: 영의정 허적의 집에 잔치가 있다고 하는데, 비가 오니 유악(기름 천막)을 가져다주어라.

신하: 전하, 유악이 없사옵니다.

숙종: 왕실의 보물이 어디로 갔단 말이야?

신하: 허적이 이미 가지고 갔습니다.

숙종: !!!!!

유악은 왕실에서만 사용하는 천막이에요. 숙종이 유악을 보낸다는 것은 비를 피해 잔치를 잘 마무리하라는 배려였던 거지요. 그런데 신하가 보고

▶가운데 흰색 천막이 당시 유악의 모습이다.
왕세자탄강진하도병풍. 1874년(고종 11년) 2월 순종의 탄생을 축하하기 위한 진하(陳賀) 행사 광경을 그린 궁중행사도이다. 국립고궁박물관 제공.

하기를, 허적이 왕의 허락을 받기도 전에 자기 멋대로 가져갔다는 거예요.

이 말을 들은 숙종이 얼마나 화가 났겠어요? 아버지가 아들에게 용돈을 주려고 지갑을 딱 열었는데, 지갑에 돈이 없어요. 황당해하는 아버지 옆에서 아들이 "아버지가 주실 줄 알고 미리 빼갔습니다"라고 말하면 얼마나 괘씸할까요? 원래 용돈 주려던 마음이 싹 가실 겁니다. 게다가 신하가 감히 왕실의 물건을 함부로 가져다 썼으니 왕이 더 분노할 수밖에요.

그리고 알고 보니 허적의 잔치는 남인들의 단합대회였어요. 이 얘기를 들은 숙종은 더 화가 치밉니다. 그리고는 허적의 뒤를 캐보라고 명하지요. 이 세상에 털어서 먼지 안 나오는 사람이 어디 있겠어요?

당시 허적의 서자인 허견은 말썽꾸러기였습니다. 아버지의 위세를 믿고 뇌물을 받거나 폭행사건을 자주 일으켰지요. 이런 그가 역모를 꾀한다는 이야기가 숙종의 귀에 들려옵니다. 당시 허견이 역모한다는 이야기는 숙종의 어머니 명성왕후의 사촌 동생이자 숙종의 외삼촌인 김석주가 나서서 전한 겁니다. 따라서 당시 허견의 역모는 서인들에 의해 확대된 부분이 있다고 볼 수 있어요.

허적의 아들이 역모를 꾀했다!

"장차 허견의 아비와 군사를 거느리는 사람을 제거하려고 한다는 말이 있었는데, 만약 그 꾀를 이루면 이씨(李氏)의 종사(宗祀)가 다른 성씨에게로 돌아가지 말라는 법이 없으니…." 『숙종실록』 9권, 6년(1680) 4월 9일

허견의 역모죄로 남인들이 줄줄이 의금부로 끌려옵니다. 그리고 결국 남인의 핵심인물이던 허적과 윤휴가 몰락하게 되지요. 이로써 6년 동안 집권했던 남인 정권이 무너지고 다시 서인의 시대가 오니, 이 사건이 바로 1680년 경신환국입니다. 이 사건의 처리를 놓고 의견 대립이 생긴 서인은 노론과 소론으로 나뉘게 됩니다.

1689년 환국의 시대 2-조선 최고의 스캔들과 기사환국

숙종의 첫 번째 왕비인 인경왕후가 20세에 천연두로 세상을 떠났습니다. 이후, 1681년

에 서인 민유중의 딸인 인현왕후가 궁에 들어와요. 그리고 오랫동안 인현왕후와 숙종 사이에는 아이가 없었어요.

이때, 새롭게 등장하는 인물이 있습니다. 바로 조선 최고의 미녀인 장희빈(장옥정)입니다. 장희빈은 숙종보다 2살 많은 연상녀였지요. 그녀는 조선왕조실록마저 인정한 절세미녀였습니다.

> "장씨는 곧 장현의 종질녀(從姪女)이다. 나인(內人)으로 뽑혀 궁중에 들어왔는데 자못 얼굴이 아름다웠다."　『숙종실록』 17권, 12년(1686) 12월 10일

장희빈은 역관 집안의 딸로서 신분은 중인이었습니다. 5촌 당숙(아버지의 사촌 형) 장현은 당대 유명한 역관으로 청나라와의 관계를 통해 많은 부를 쌓은 인물이었지요. 장현은 장희빈의 후견인 역할을 하였고요. 오늘날로 따지면 장희빈은 재벌집 조카딸이라고 볼 수 있어요. 장현은 돈은 있지만 권세를 갖고 싶었기 때문에, 남인들과 친하게 지내던 중 조카인 장희빈을 궁궐로 보냅니다.

궁녀는 어떤 사람이 될까요? 조선시대에는 경제적으로 여유가 없는 집에서 자신의 딸을 직업여성으로 만들고자 했었어요. 그런데 장희빈의 삼촌은 오늘날로 따지면 재벌이에요. 그러니 조카를 궁궐에 팔 이유가 없잖아요. 게다가 장희빈이 궁궐에 들어온 것은 8세, 9세와 같은 어린 나이가 아닌 20세 때입니다. 당시 여자가 20세이면 아이가 1~2명 있을 정도예요. 즉, 장희빈의 입궐은 정치적인 의도가 다분히 강하다고 볼 수 있어요. 실록이 인정할 정도의 미모이니, 남인들은 장희빈이라면 숙종의 환심을 살

수 있을 것이라 생각했던 거지요.

이처럼 장희빈은 아름다운 미모와 함께 남인들의 지지를 받고 있었습니다. 하지만 숙종의 어머니인 명성왕후는 장희빈이 마음에 들지 않았어요. 숙종과 장희빈이 언제 처음으로 만났는지는 알 수 없지만, 아마도 인현왕후가 궁에 들어오기 직전에 만났을 것으로 추정됩니다. 명성왕후는 서인 가문의 딸이 새로운 왕비로 들어올 텐데 숙종이 장희빈에게 너무 빠져있으면 안 된다고 생각했어요. 그래서 장희빈을 궁궐 밖으로 쫓아냅니다. 그렇게 장희빈이 궁궐 밖으로 쫓겨난 사이에 서인 민유중의 딸인 인현왕후가 왕비가 되고요. 그런데 얼마 후 새로 궁의 안주인이 된 인현왕후가 숙종에게 이런 이야기를 합니다.

"장씨를 궁에 부르소서…."

인현왕후가 아무리 현숙한 여인이라고 하지만, 자기 남자의 옛 여자를 불러오라니! 있을 수 없는 일이지요. 남편의 바람을 정실부인이 인정하겠다는 거잖아요? 물론 조선시대이고, 남편이 왕이라서 그랬겠지만, 아무리 그래도 대놓고 옛 애인을 데려오라고 하다니, 정말 인현왕후는 대단한 여인인 겁니다. 하지만 결국 이 한마디로 그녀는 자기 무덤을 파버렸어요.

Q. 인현왕후는 왜 장희빈을 다시 궁에 들였을까요? 다른 의도가 있지는 않았을까요?

A. 이 점이 바로 인현왕후가 당시 조선사회가 요구한 현숙한 아내의 표

본이었다는 증거지요. 남자의 지위가 여자보다 높은 시기인데다, 임금의
여인이기 때문에 아무리 정실 부인이라 할지라도 자기 하고 싶은 대로 할
수 없었을 겁니다. 한 여자로서는 슬픈 일이지만 국모로서 임금을 위한 일
이라면 싫어도 해야 한다고 생각한 거지요.

왜 그럴까요? 바로 장희빈이 궁궐에 돌아온 후에 아들을 낳았기 때문입
니다. 숙종은 14세에 왕위에 올랐지만, 13년 동안 아들을 얻지 못했어요.
이 때문에 외동아들이던 그의 걱정이 깊을 수밖에 없었고요. 이 와중에 내
사랑 옥정이가 떡두꺼비 같은 아들을 낳은 겁니다. 숙종이 얼마나 기뻤을
까요? 결국 그 아이를 후계자로 세우겠다고 결심하지요.

그리고 나서 아직 태어난 지 2달밖에 안 된 장옥정의 아들을 원자로 삼
겠다고 선언합니다. 하지만 서인들이 반대하지요. 왕비인 인현왕후의 나
이가 26세밖에 되지 않았기 때문에 후사를 볼 가능성이 충분한데 굳이 왜
서두르냐는 거지요. 물론 속마음은 남인 쪽 여인인 장희빈의 아들이 후계
자가 되는 게 걱정스러웠던 겁니다.

하지만 숙종이 누군가요? 한다면 하는 임금입니다. 오랫동안 자식이 없
어서 걱정이 깊었던 만큼, 장옥정이 낳은 아이를 원자로 삼겠다고 한 거지
요. 그러자 서인의 상징이자 영수 송시열이 등장합니다.

송시열 : 전하, 송나라의 신종은 10년 뒤에야 후계자를 정하였습니다. 너
무 성급하십니다.
숙종 : 그럼 나보고 앞으로 10년을 더 기다리라는 말인가?

숙종은 노발대발합니다. 그러더니 83세의 송시열을 제주도로 귀양 보내고, 결국 사약을 내렸습니다. 그리고 나머지 서인들도 줄줄이 귀양 보내고 남인 세력을 다시 복직시켜요. 만년 야당이었던 남인들이 최후로 다시 권력을 잡았던 사건, 이것이 바로 '기사환국'입니다.

기사환국으로 인해 인현왕후는 폐비가 되어 궁궐 밖으로 쫓겨나고, 이를 대신해 후궁이던 장희빈이 중전이 되지요. 그리고 장희빈의 아들 윤은 세자가 됩니다. 1623년 인조반정 이후, 66년 동안 조선의 왕비는 모두 서인 집안의 딸들이었어요. 그런데 남인 쪽 사람인 장희빈이 그 오랜 전통을 끊고 왕비가 되었으니, 실로 엄청난 사건이라 볼 수 있지요.

1694~1701년   환국의 시대 3−갑술환국과 장희빈의 최후
　시간이 흐른 뒤, 민가에서 다음과 같은 노래가 유행합니다.

미나리는 사철이요, 장다리는 한철이라
철을 잊은 호랑나비 오락가락 노니,
제철 가면 어이 놀까

미나리는 사철이 푸르지만, 장다리는 한철에만 잠깐 자라지요. 그리고 여기저기 날아다니는 호랑나비는 지금은 장다리에게 가 있지만, 결국은 미나리에게 돌아갈 것이라는 노래입니다. 이 노래에서 미나리는 인현왕후 민씨를, 장다리는 희빈 장씨를 의미하지요. 그리고 양쪽에서 왔다 갔다 날아다니는 호랑나비는 숙종이고요.

궁궐에서 쫓겨난 인현왕후는 친정집이었던 안국동에 거주하게 됩니다. 임금이 계신 창덕궁을 늘 바라보면서 살지요. 그리고 왕의 마음도 노래와 같이 서서히 변하기 시작합니다.

숙종은 조강지처가 그리워지기 시작했어요. 게다가 장희빈의 미모가 아무리 뛰어나다 해도, 세월을 이길 수는 없지요. 또 왕비가 된 장희빈은 다른 후궁들을 질투하고 방자하게 행동합니다. 이러한 태도는 더욱 숙종의 마음을 떠나게 했고요. 그리고 여기서 숙종의 새로운 여인이 등장하니, 그녀가 바로 무수리 최씨입니다.

무수리는 궁궐의 최하층 천민이에요. 궁녀들의 옷을 빨아주는 천민이지요. 야사에 의하면 무수리 최씨는 인현왕후의 직계 몸종이었다고 해요.

어느 날 숙종은 헛헛한 마음으로 궁궐을 거닐었습니다. 그런데 어느 방에 촛불이 켜져 있는 거예요. 호기심에 가 보니, 웬 어린 무수리가 상을 차려놓고 기도를 하고 있어요. 무슨 일이냐고 물으니, "오늘이 인현왕후 생신인데, 궁궐 밖에 계시니, 이렇게라도 중전마마를 위해 기도하게 되었다"고 답합니다. 숙종은 무수리 최씨의 모습을 기특하게 여겨, 그날 밤 그 방에서 그녀에게 술 한 잔을 따라 보라고 하지요. 그렇게 숙종의 환심을 얻은 무수리 최씨는 훗날 아들을 낳고 숙빈이 되고요. 이때, 낳은 아들이 연잉군, 훗날 조선의 21대 임금이 되는 영조입니다.

이렇게 숙종의 마음은 장희빈에서 멀어지고 있었어요. 이러한 숙종의 마음을 눈치챈 서인들은 재빨리 인현왕후 복위운동을 했고, 인현왕후가 다시 왕비에 오르게 되었으니, 이것이 바로 갑술환국입니다. 자연히 장희 빈은 왕비의 자리에서 내려와 다시 후궁 희빈이 되었고요.

하지만, 장희빈은 물러서지 않았습니다. 숙종의 총애를 되찾기 위해 인현왕후의 죽음을 바라는 저주를 내렸던 것입니다. 장희빈의 저주 때문일까요? 인현왕후는 다시 왕비가 된 지 얼마 되지 않아 시름시름 앓더니 결국 세상을 떠나게 됩니다.

그렇다면 장희빈은 다시 중전에 올랐을까요? 인현왕후의 죽음은 장희빈의 바람을 이루어주기보다 오히려 그녀를 궁지로 몰아세워요. 인현왕후의 죽음이 장희빈의 저주 때문이라 밝혀졌기 때문이지요.

결국 숙종은 세자의 어머이기는 하나, 장희빈을 죽이기로 합니다. 그래서 자진(스스로 목숨을 끊음)하라고 명을 내립니다. 하지만 장희빈은 절대 목숨을 끊을 수 없다고 버티지요. 장희빈의 고집이 어찌나 센지, 결국 두 손 두 발 다 들고 사약을 내리게 됩니다. 그렇게 조선 제일의 미녀 장희빈의 파란만장한 삶은 마감을 하게 되지요.

장희빈의 죽음은 그녀를 소재로 한 사극의 백미이지요. 사극을 본 사람이라면, 발악하며 사약을 거부하는 장희빈의 모습을 또렷이 기억할 겁니다. 그런데 사실, 『실록』이나 『승정원일기』와 같은 기록에서는 장희빈의 죽음에 대해 이렇게까지 자세히 기록하지는 않아요. 대신, 서인에 의해 쓰인 『수문록』에 의하면 '장희빈이 죽기 전에 세자에게 위해를 가해 병신으로 만들었다'고 기록되어 있지요. 결국 우리가 기억하고 있는 장희빈의 최후는 악녀의 이미지를 바탕으로 극적인 요소를 위해 각색된 것이라고 볼 수 있습니다.

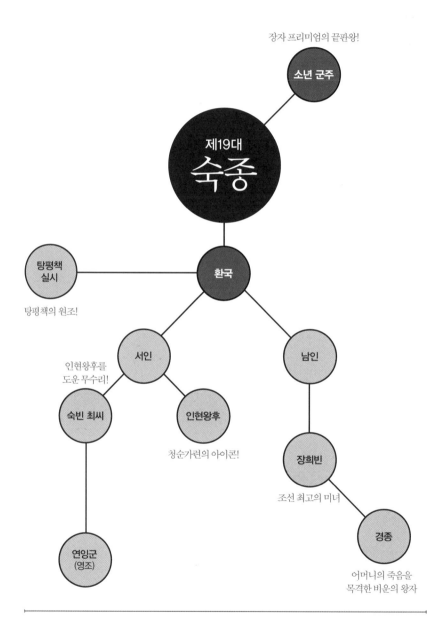

병약한 호랑이.
장희빈의 아들로 태어난 비운의 임금

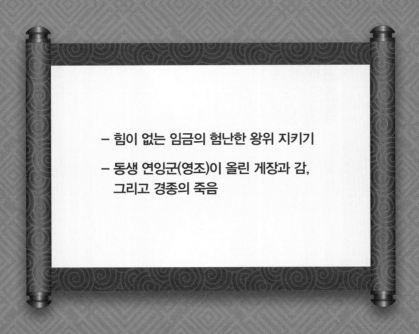

- 힘이 없는 임금의 험난한 왕위 지키기

- 동생 연잉군(영조)이 올린 게장과 감,
  그리고 경종의 죽음

경종은 어떤 인물이었나?

생애 1688~1724년

재위기간 1720~1724년

휘(諱) 이윤(李昀)

묘호(廟號) 경종(景宗)

출생과 즉위 조선 19대 임금인 숙종의 장자로 어머니는 희빈 장씨(장희빈)입니다. 태어난 지 100일도 안 되어 원자로 책봉되었으며, 이후 남인의 지지를 받아 세자가 되지요. 하지만 숙종 대에 있었던 3차례 환국을 겪으면서 기반세력인 남인들은 힘을 잃었으며, 14세의 나이에 어머니 장희빈의 죽음을 목격하는 등 불운이 계속됩니다. 이후 노론의 압력 속에서 30년의 세자 생활을 끝내고 왕위에 오릅니다.

가족관계 왕비 : 2명, 후궁 : 없음, 자녀 : 없음

1688년 장희빈의 아들로 태어나다

경종은 조선 19대 임금인 숙종의 첫아들로 태어났습니다. 어머니는 그 유명한 장희빈 장옥정이고요. 아마도 많은 이들이 경종에 대해서는 잘 알지 못할 거예요. 워낙 인지도가 높은 숙종과 영조 사이에 껴 있어서 그저 '장희빈의 아들'로 알고 있던 왕이랄까요?

경종이 태어났을 당시, 숙종의 나이가 27세였어요. 지금 생각으로는 '적당한 나이에 아들을 얻은 거 아닌가'라고 볼 수 있지만, 14세에 왕위에 오른 숙종의 입장에서는 왕위에 오른 지 13년이나 지났고, 남인, 서인과의 갈등 속에서 후계자를 세우는 일이 시급했기 때문에 너무 오랫동안 기다리던 아들을 뒤늦게 얻은 게 됩니다.

이 때문에 태어난 지 겨우 100일 만에 원자로 책봉되고요(이때, 당시 집권 여당이었던 서인이 엄청나게 반대해서 기사환국이 일어나고, 남인이 새로운 여당이 되었지요). 3세에 왕세자가 됩니다.

경종은 훗날 무수리 최씨의 아들인 연잉군이 태어나기 전까지 숙종의 유일한 외아들로 아버지의 사랑을 듬뿍 받고 자랍니다. 그리고 경종의 유년 시절은 남인들의 세력이 강했기 때문에 안정적이었고요. 아마도 이때가 경종이 가장 행복한 시절이었을 겁니다.

하지만 아버지 숙종이 환국을 통해 신하들을 갈아엎으며 왕권을 강화하지요. 3번째 환국이던 갑술환국 이후, 경종은 자신을 지지해주던 남인 세력을 잃고 맙니다. 게다가 중전이었던 어머니가 희빈으로 강등되지요.

이러한 가운데 경종의 어머니 역시 바뀌게 됩니다. 친모는 장희빈이지만, 인현왕후가 왕비로 복귀했으니까요. 세자였던 경종은 친모가 제일 싫어하는 여인에게 어머니라고 불러야 했던 거지요. 당시 경종의 나이는 9세였어요. 어느 정도 알 건 다 아는 나이지요. 아마 경종은 이래저래 난감했을 거예요.

하지만 친모인 장희빈은 계모인 인현왕후를 미워하고 저주했지만, 경종은 그렇지 않았어요. 어떻게 보면 인현왕후가 철천지원수일 텐데, 경종은 새어머니인 인현왕후를 극진히 모셨다고 합니다. 그리고 인현왕후가 왕비로 복원되면서 경종은 그녀의 양자가 되지요. 친어머니가 제일 싫어한 여인의 양자가 되어야 한다니, 정말 기구한 삶이지요. 하지만 경종의 슬픈 삶은 이제부터가 시작이에요.

1701년 어머니를 죽인 아버지를 바라보는 아들

경종은 두 어머니 사이에서 실로 많은 노력을 합니다. 하지만 이런 노력은 결국 물거품이 되어버리지요. 어머니가 인현왕후를 저주하였다는 게 발각되어 아버지가 어머니에게 사약을 내렸으니까요. 경종의 입장에서는 아버지가 어머니를 죽인 것이니, 얼마나 슬펐을까요? 게다가 당시 경종의 나이는 14세였어요. 질

풍노도를 겪는 사춘기지요. 한창 예민한 시기에 어머니의 죽음을 목전에서 바라봐야 했던 겁니다.

『수문록』이란 야사집에 의하면, 친모 장희빈이 아버지 숙종이 내리는 사약을 온몸으로 거부하며 발악하다가, 경종의 아랫도리를 잡아당겨서 경종이 아이를 못 낳게 되었다는 이야기가 있을 정도이지요.

1701~1720년 엄마 없는 하늘 아래

친모인 장희빈이 사약을 받고 죽었기 때문에 경종의 세자 자리는 위협적일 수밖에 없었습니다. 하지만 경종은 무려 31년 동안 세자생활을 하고 결국 아버지 숙종의 뒤를 이어 조선의 20대 임금으로 즉위하게 됩니다.

죄인의 아들인 경종이 왕위에 오를 수 있었던 이유는, 숙종에게 왕비 소생의 자식이 없었기 때문이지요. 숙종은 왕비를 3명이나 두었지만 그 사이에서 아들이 한 명도 없었어요. 그렇다 보니 후궁 장희빈의 아들이라 할지라도 장자의 권한은 무시할 수 없었지요. 게다가 법적으로는 인현왕후가 어머니로 되어 있기 때문에 왕위 계승에 큰 문제는 없었고요.

하지만 실제는 법적인 것과 달랐습니다. 공식적으로 왕위 계승자라 할지라도, 친모가 죄인인 건 명백했으니까요. 그리고 10대 중반부터 왕위에 오르던 30대까지 약 15년간 경종은 고립되어 있었어요. 1701년에 어머니 장희빈이 죽었고, 1720년에야 왕위에 올랐으니, 인고의 세월 19년을 더해 31년이라는 세자생활을 해야 했던 겁니다.

갑술환국으로 서인의 보수세력인 노론이 지배하고 있었고, 진보세력이 자 소수인 소론만이 경종을 지지하고 있었지요. 게다가 아버지 숙종은 이복동생 연잉군(훗날, 영조)을 예뻐하기 시작합니다.

사춘기에 어머니를 여의고, 홀로 암투가 심한 궁궐에서 살아간다고 생각해 보세요. 경종의 고독감은 이루 말할 수 없었을 겁니다. 그래서 경종은 더욱더 말조심을 하고, 과묵해지기 시작해요. 경종의 과묵한 성격은 실록에 기록될 정도랍니다.

"깊이 침묵하셔도 우레소리가 나는 듯하였으며, 말하지 않고 행동하는 가운데 지극한 감화를 운용하시는 것은 진실로 신민(臣民)이 엿보아도 알 수가 없었다." 『경종실록』 15권, 경종 대왕 행장(行狀)

행장이란 죽은 이에 대한 회고록입니다. 그렇다 보니, 대개 고인에 대한 일대기를 좋게 기록하지요. 따라서 경종의 침묵에 대해서 좋은 쪽으로 평가하고 있다는 것을 알 수 있지요. 이처럼 행장이라는 회고록의 특성을 고려해 생각해볼 때, 경종이 얼마나 과묵한 사람이었는지 알 수 있지요.

아마도 자신의 목숨을 지켜나가기 위해 사사로운 일에 섞이지 않으려 더욱 과묵해진 건 아닐까요? 어쩌면 이것이 경종의 생존전략이라고 볼 수 있을 겁니다.

1720~1724년 불안한 왕의 자리

자신의 감정을 대놓고 표현할 수 없던 경종은 왕이 되고 나서 더욱 압박을 받습니다. 사방이 적이었기 때문이지요. 인현왕후의 죽음 이후, 숙종의 3번째 왕비가 된 인원왕후는 16세로, 경종보다 딱 1살 많았습니다(당시 숙종의 나이는 42세였지요). 즉 숙종과 인원왕후와의 사이에서 아들이 태어날 수도 있는 상황이었던 거지요. 선조와 광해군 때처럼 왕비 소생의 아들이 후궁 출신의 세자를 충분히 몰아낼 위협이 있을 수 있었던 겁니다. 그러나 불행 중 다행으로 인원왕후는 자식을 낳지 못했습니다.

사실, 경종을 가장 위협하는 사람은 이복동생 연잉군이었습니다. 연잉군은 무수리 최씨(숙빈 최씨)의 소생이었는데, 그의 존재는 경종의 세자시절부터 위협적이었지요. 6살 터울의 이복동생 연잉군은 숙종의 늦둥이로 아버지의 사랑을 받고 있었고, 권력을 잡고 있던 여당 노론 역시 그를 지지하는 상황이었으니까요.

심지어 경종이 즉위한 지 1년밖에 되지 않았는데, 노론의 신하들은 다음과 같은 이야기를 전합니다.

아직도 후계자가 없으시니, 연잉군을 왕세제로 삼으소서!

"전하의 춘추(春秋)가 한창이신데도 후사를 두지 못하시니, 삼가 엎드려 생각건대 우리 자성(慈聖)께서는 커다란 슬픔으로 애구(哀疚)하시는 중에도 반드시 근심하실 것이며 하늘에 계신 선왕께서도 반드시 정성스럽게 돌아보며

민망하고 답답하게 여기실 것입니다." 『경종수정실록』 2권, 1년(1721) 8월 20일

당시 경종의 나이가 34세였고, 왕비의 나이는 불과 17세였습니다. 아직 자녀가 없으나, 그래도 즉위한 지 1년밖에 안 된 왕에게 이복동생을 후계자로 삼으라니, 경종 입장에서는 매우 건방진 이야기였겠지요.

하지만 힘이 없는 임금이 어떻게 할 수 있겠어요. 노론의 압박 속에서 경종은 왕의 자리를 지키는 것이 힘겨울 수밖에 없었습니다. 게다가 왕실 최고의 어른인 인원왕후도 연잉군을 지지하고 있던 터라 경종은 매우 난감해합니다.

1724년 게장과 감을 먹고 죽은 임금?

경종은 말년에 병으로 고생하지요. 이런 가운데 이복동생인 연잉군이 경종에게 '형님 쾌차하셔야죠!'라며 게장과 감을 올립니다. 평소 몸이 아파서 음식을 제대로 먹지 못했던 경종이 그날만큼은 게장과 감을 맛있게 먹습니다. 그런데 다음날부터 경종은 극심한 설사에 시달리게 되면서 더욱 건강이 약화됩니다.

왕의 병세가 악화되자 우왕좌왕하던 연잉군은 인삼과 부자[1]를 처방해요. 어의들은 당시 처방의 재료들이 상극이라는 이유로 반대했지만, 결국 인삼과 부자를 마신 경종은 세상을 떠나게 됩니다.

---

1 부자(附子) : 바꽃의 어린뿌리로, 열이 많으며 맛은 맵고 독성이 강한 약. 중풍이나 신경통, 관절염 따위에 쓴다.

이때, 새롭게 등장한 것이 경종의 독살설입니다. 연잉군이 올린 게장과 감에 독이 있었다는 이야기가 소론을 중심으로 퍼져나갔던 것입니다.

경종의 죽음은 정권에서 멀어진 야당 남인과 소론에게는 청천벽력과도 같은 일이었습니다. 정권을 장악할 수 있는 마지막 기회가 경종의 죽음과 함께 사라졌기 때문이지요.

이 때문에 남인과 소론을 중심으로 경종의 독살설이 팽배해졌고, 이는 일평생 연잉군을 쫓아다녔습니다. 그렇다면, 정말 연잉군이 이복형인 경종에게 독약이 담긴 게장과 감을 올렸을까요? 그것은 정확하게 알 수 없어요. 하지만, 한 가지 확실한 것은 경종의 갑작스러운 죽음으로 인해 왕위에 오르게 된 연잉군(영조)의 정치 생활도 그리 순탄치 못했다는 겁니다.

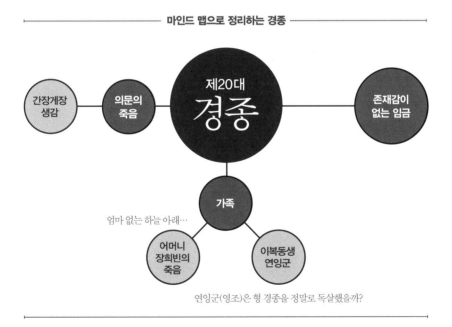

마인드 맵으로 정리하는 경종

제20대
경종

간장게장
생감

의문의
죽음

존재감이
없는 임금

가족

엄마 없는 하늘 아래…

어머니
장희빈의
죽음

이복동생
연잉군

연잉군(영조)은 형 경종을 정말로 독살했을까?

최장수 호랑이,
조선 최초의 천민 출신 임금

- 영조 曰, "나는 형님을 독살하지 않았다! 이것들아!"

- 탕평비를 세우며 조선의 중흥을 이끈 정책들은?

- 아들 사도세자를 뒤주에 가두어 죽여 버린
  비운의 부정(父情)

영조는 어떤 인물이었나?

생애 1694~1776년

재위기간 1724~1776년

휘(諱) 이금(李昑)

묘호(廟號) 영조(英祖)

출생과 즉위 조선 19대 임금 숙종의 아들로, 어머니는 무수리 출신인 숙빈 최씨입니다. 이복형 경종의 후계자로 왕세제에 책봉되었으며, 이후 노론의 지지를 기반으로 왕위에 오르지요. 조선의 최장수 왕이자 재위 최장 기록을 세운 왕으로, 약 52년 동안 재위하다 83세에 승하합니다.

가족관계 왕비:2명, 후궁:4명, 자녀:2남 7녀

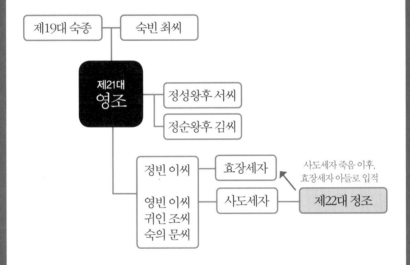

1720~1724년 　왕의 동생으로 산다는 것

　　　　　　　　　　　　　　　　　노론들은 경종이 왕이 되는
걸 격렬히 반대해요. 그가 장희빈의 아들이었기 때문이지요. 장희빈의 아
들인 경종이 왕이 되면, 당연히 노론들은 보복의 칼을 맞을 수밖에 없을
거라 본 겁니다. 그래서 노론들은 머리를 맞대고 대안을 찾아요.

　자신들의 입맛에 맞는 차기 대권 주자를 물색한 거지요. 이때, 그들 눈에
띈 자가 바로 무수리 출신인 숙빈 최씨의 아들 연잉군입니다.

　차기 대권 주자가 천민의 소생이라는 게 꺼림칙하지만 그래도 어쨌든
숙종의 아들이므로, 노론들은 연잉군을 지지합니다. 그리고 연잉군을 왕
으로 만들기 위한 킹메이킹 작업에 들어가요. 아직 왕이 된 지 1년밖에 안
된 경종에게, 후계자로 이복동생인 연잉군을 세울 것을 주장한 겁니다.

　아무리 힘없는 경종이라지만, 노론들의 이러한 행동에 마음이 상할 수
밖에 없겠지요. 경종을 지지하는 소론들 역시 이를 가만히 둘 수 없다고
보았고요.

　이것은 전하를 능멸하는 행동입니다!

　소론 신하들은 매우 화를 냅니다. 그래서 경종이 신축년(1721)과 임인

년(1722)에 노론을 혼내줍니다. 소론들은 노론의 명문가 자제들이 경종을 죽이려는 역모를 꾀했다고 보고했고, 그 결과 노론의 4대신이 목숨을 잃는 신임옥사가 벌어지게 된 겁니다.

당시 연잉군이었던 영조의 입장은 매우 난처했어요. 혈육을 나눈 형제이거늘, 지지 세력이 다른 왕과 정치적 대립을 할 수밖에 없으니까요. 따라서 신임옥사 이후, 영조는 목숨을 지키기 위해 더욱 몸을 낮춥니다.

그런데, 경종이 갑자기 죽습니다. 그것도 영조가 올린 게장과 감을 먹고 나서 말이지요. 이로써 몸을 낮추던 연잉군은 비로소 허리를 펼 수 있게 됩니다. 그리고 왕위에 올라 조선의 최장수 왕이자 최장 재위 기간을 기록합니다. 바로 조선의 중흥을 이끈, 조선 제21대 왕, 영조입니다.

Q. 영조가 올린 게장과 감을 먹고 경종이 갑자기 죽었다면, 범인은 영조 아닌가요?

A. 영조는 왕이 되고 나서 재위기간 내내 경종의 독살설에 휘말리지요. 경종의 죽음에 영조가 관련되어 있다고 말이지요. 이 때문에 지방 곳곳에서 반란이 일어나기도 했어요. 그래서 영조는 『천의소감』이라는 책을 지어 영조의 정통성을 강조하며 경종의 독살설을 부인합니다.

1724년 천민의 아들, 왕이 되다

아버지인 숙종이 살아있을 때만 해도 영조는 왕의 후계자로 지목되지 않았습니다. 이미 이복형인 경종이 숙

종의 장자로서 오랫동안 왕세자 자리를
지키고 있었기 때문이지요.

그래서 영조는 어릴 때부터 아예 '나
는 세자나 왕위와는 거리가 먼 사람'이
라고 생각하고, 궁궐 밖에서 백성들과
함께 어울려 자랍니다. 영조가 어린 시
절 백성들과 살갑게 지낸 덕분일까요?
왕이 된 이후에도 영조는 매우 검소했
으며 참으로 백성을 아낍니다.

물론 영조가 궁궐 밖에서 구체적으로
어떻게 지냈는지 정확히 알 수 없어요.
영조가 20대 중후반에 왕세제[1]가 되기
때문에, 그 전의 모습은 실록에 기록되

▶조선 제21대 왕 영조(재위 1724~1776)
의 어진. 국립고궁박물관 제공.

지 않았기 때문이지요. 대신, 영조는 종종 아주 자랑스럽게 이런 말을 했
다고 합니다.

"내가 사가에 있었을 때에 말이야, 허허허."

아마도 왕자 시절 궁궐 밖 생활을 통해 백성들의 삶을 몸소 체험하면서
그들이 원하는 게 뭔지 알았기에 백성을 위한 정책을 펼칠 수 있었던 건

---

1 왕세제(王世弟) : 왕위를 이어 받을 임금의 동생.

아닐까요?

한편, 영조는 즉위할 때부터 엄청난 콤플렉스를 가지고 있었답니다. 바로 그의 어머니가 궁녀들의 옷을 빨아주는 무수리였기 때문이지요. 조선은 유교 사회이기 때문에 왕의 소생이라 해도 장자와 차남이 차별받는 사회였어요. 현종 시절 예송논쟁이 일어난 것도, 효종이 장자가 아닌 차남이었기 때문이란 거 기억하지요? 이복형인 경종의 어머니 장희빈조차 중인 출신이었지요. 그런데 영조는 그냥 궁녀도 아닌 무수리인 어머니를 둔 겁니다. 얼마나 스트레스를 받았겠어요.

한마디로 아버지 숙종이 순금수저를 물고 태어났다면, 아들 영조는 흙수저를 물고 태어난 사람이라고 볼 수 있지요.

하지만 영조는 출신 때문에 낙담하지 않습니다. 오히려 신하들에게 빈틈을 보이지 않기 위해 더욱 모범적인 행동을 하지요(어떻게 보면, 병적일 만큼 치밀했다고 보입니다). 왕답지 않게 검소한 생활을 했으며, 방석을 치우고 허리를 꼿꼿하게 편 채 바닥에 앉아 몇 시간이나 책을 읽었다고 해요. 자신의 콤플렉스를 극복하려는 영조의 마음가짐이 대단하다고 생각되지 않나요?

▌Q. 영조의 출신 때문에 신하들이 무시하기도 했나요?

▌A. 물론 속으로야 무시할 수 있었겠지만, 겉으로는 표현하지 못했겠지요. 감히 왕을 무시하는 신하가 있었을까요?

게다가 영조는 천민 출신이지만, 항상 몸가짐을 바르게 하고 학문에 힘을 쓴 군주였답니다. 공부도 열심히, 정치도 열심히, 뭐든 빈틈없이 해내는 영조였기에 신하들도 꼬투리를 잡을 수 없었을 거예요.

1724~1776년 | 조선 최고의 셰프?—영조의 탕평책과 탕평채

여러분 '탕평채'라는 음식을 아시나요? 탕평채라는 이름이 붙게 된 것은 영조와 관련 있답니다. 영조가 신하들과 함께 탕평책에 대해 논의하는 자리에서 이 음식이 나오면서 탕평채라는 이름이 붙었다고 전해집니다. 흰 청포묵을 기본으로 하되, 고기볶음과 푸른 미나리, 검은 김을 섞어 만든 묵무침 요리가 바로 탕평채지요. 탕평채에는 여러 당을 골고루 등용하겠다는 영조의 의지가 담겨있어요.

동양에서 서쪽은 흰색, 동쪽은 푸른색, 남쪽은 붉은색, 북쪽은 검은색을 의미하지요. 이것은 곧 각각 서인, 동인, 남인, 북인을 가리킨다고 볼 수 있습니다. 그러니까 영조는 각 붕당을 상징하는 색을 담은 요리에 탕평채라는 이름을 붙인 것입니다. 그리고 이 탕평채를 신하들에게도 건네면서 이렇게 말하지 않았을까요?

"자, 노론 먹어봐. 소론, 너도 먹어봐. 너희들도 이렇게 좀 뭉쳐서 백성을 위한 정치를 펼치란 말이야."

▶탕평채. 녹두묵에 고기볶음·미나리·김 등을 섞어 만든 묵무침. 조선 영조 때에, 탕평책을 논하는 자리의 음식상에 처음 올랐다는 데서 유래한다. 탕평채에 들어가는 재료의 색은 각 붕당을 상징한다. 농촌진흥청 제공.

周而弗比乃君子之公心

比而弗周寔小人之私意

▶탕평비. 1742년(영조 18년) 영조가 당파 간의 세력 균형을 위해 추진한 탕평책을 표방하기 위해 세운 비. 성균관대 박물관 제공.

나는 다만 마땅히 인재를 취하여 쓸 것이니, 당습에 관계된 자를 내 앞에 천거하면 내치고 귀양 보내어 한양에 함께 있지 않을 것이다.

『영조실록』 12권, 3년(1727) 7월 4일

영조는 즉위 초부터 탕평에 대한 의지를 강하게 드러냅니다. 자고로 어진 임금이란 정치에 치우침이 없어야 한다고 본 사람이 바로 영조거든요. 그리고 이러한 의지를 드러내는 비석을 세웠으니, 바로 탕평비(蕩平碑)지요. 오늘날 이 탕평비는 아주 가까운 곳에 있는데요, 바로 성균관대학교(혜화동) 정문 왼편에 있습니다.

보통 대학교 정문의 왼편에는 경비실이 있을 것 같은데, 성균관 대학교에는 탕평비가 있는 거지요. 그 이유는 무엇일까요? 그것은 바로 성균관대학교의 정문 자리가 성균관의 입구이기 때문입니다. 영조는 1742년에 미래의 관료 양성소인 성균관 앞에 탕평비를 세우고, 당파와 관계없이 관리를 등용하겠다는 의지를 천명한 거지요.

그렇다면 '탕평'이란 말은 어디에서 온 것일까요? 유교 경전인 『서경(書經)』의 「홍범(洪範)」편에 다음과 같은 구절이 있습니다.

무편무당 왕도탕탕(無偏無黨 王道蕩蕩)
치우침과 무리가 없어야 왕도가 탕탕하고

무당무편 왕도평평(無黨無偏 王道平平)
무리와 치우침이 없어야 왕도가 평평하다

어진 임금이란 정치에 치우침이 없어야 한다는 뜻입니다. 이를 통해 역으로 추론해보면, 당시 신하들의 대립과 노론의 치우침이 얼마나 심했는지를 알 수 있어요. 그래서 영조는 노론과 소론 중에서 비교적 온건한 입장을 취하는 사람들만 등용합니다. 스스로 노론의 지지로 왕이 된 지라, 노론에 대해 강경한 입장을 가진 소론 세력은 등용할 수 없었던 거지요.

하지만 영조가 대외적으로 탕평책을 표방했다고 해도, 자신이 노론에 의해 옹립되었기 때문에 아무래도 노론의 입장에 무게가 더 실릴 수밖에 없었지요.

1728년, 1755년　영조를 거부하는 사람들—이인좌의 난, 나주괘서사건

【 1728년 이인좌의 난 】

선왕(경종)은 연잉군(영조)이 올린 게장과 생감을 먹고 독살당했다!

경종의 갑작스러운 죽음은 재위 내내 영조를 끊임없이 괴롭힙니다. 소론 세력을 중심으로 이복형 경종에 대한 독살설이 널리 퍼지기 시작한 거지요. 영조가 경종을 독살했다는 것은 영조에게 엄청난 트라우마가 될 수밖에 없었어요. 어머니가 무수리라는 것보다도 경종독살설이 더 영조를 괴롭혔으니까요. 정말로 영조가 경종을 죽이고 왕이 된 것이라면, 대역죄인이자 역모인 거지요.

당시 소론 중에서도 특히 강경 세력들은 경종의 죽음에 영조가 개입되었을 거라 보았지요. 그리하여, 1728년! 영조 즉위 4년 만에 일어난 이인좌의 난은 영남 지방을 뒤흔드는 엄청난 사건이었습니다.

영조 4년(1728)에 소론의 강경파와 남인 일부가 난을 일으킵니다. 이들은 선왕(경종)의 죽음에 영조와 노론이 개입되었다고 봤지요. 특히 충북 청주에 살던 남인 이인좌는 선왕인 경종의 죽음이 자연스러운 것이 아니라 독살에 의한 것이며, 영조는 숙종의 아들이 아니라고 주장합니다. 또한 경종의 죽음을 애도하는 의미로 상복과 비슷한 흰옷을 입습니다. 이러한 반란군의 태도는 영조의 정통성을 대놓고 부정한 거지요.

이인좌는 삼남지방인 충청도, 호남, 영남에서 군사를 일으켜요. 그리고 소현세자의 증손자인 밀풍군 이탄을 왕으로 세우고자 합니다.

이인좌의 난은 불과 발발 6일 만에 진압되지만 그 피해는 매우 컸습니다. 결과적으로 영남지역이 조선후기 정치에서 완전히 소외되었기 때문입니다. 이인좌의 난이 일어난 곳은 청주였지만, 난과 관련된 인물들이 모두 영남출신이었거든요. 영조는 대구의 남문 밖에 평영남비(平嶺南碑)를 세워 영남을 반역의 고향으로 삼아요. 이후, 영남지역 사람들은 영조 재위 동안 과거에 응시할 수도 없게 됩니다.

이처럼 영조 즉위 초에 일어난 이인좌의 난은 영조에게 큰 충격을 줍니다. 당시 영조는 탕평책을 표방하고 있었고, 여러 인재를 골고루 등용하고 있었기 때문이지요. '이렇게 열심히 하고 있는데, 너희들이 나를 인정하지 않다니'라는 배신감에 영조는 이인좌의 난 이후 강경파 소론 세력들을 멀리하게 됩니다.

【 1755년 나주괘서사건(나주벽서사건) 】

영조가 왕이 된 지 31년이 되던 어느 날, 전남 나주에 이상한 벽서가 붙습니다. 벽서는 대자보 같은 거예요. 오늘로 치면 인터넷에 대통령을 욕하는 글을 올린 거지요.

당시 벽서 작성자는 소론인 윤지(尹志, 1688~1755)였어요. 윤지는 영조의 정통성을 부정하며 나라를 비방하는 글을 씁니다. 아니, 이인좌의 난이 일어난 지 25년이나 지났는데, 또 영조를 왕으로 인정하지 않는 자가 나타난 겁니다. 윤지는 바로 서울로 압송되었고, 이 사건으로 그나마 남아있던 소론파 세력들도 모두 연루되어 감옥에 갇혀요.

이로써 소론은 더는 재기할 힘을 잃어버립니다.

하지만, 영조의 입장에서는 답답했습니다. 그래서일까요? 즉위 31년에 『천의소감』의 저술을 지시하지요. 『천의소감』은 경종 1년(1721)부터 영조 31년(1755)까지 영조의 집권과 의리에 대한 내용을 담고 있습니다. 영조는 자신이 왕세제 책봉이 된 것이 아무런 이상이 없는 것이라고 목 놓아 이야기하고 싶었던 겁니다.

"나는 형님을 독살하지 않았다! 이것들아! 제발 좀 믿어라, 응?"

돌이켜 생각해보면, 영조는 재위기간 내내 '형을 죽이고 왕이 된 동생'
이라는 멍에를 안고 살았던 겁니다.

영조의 업적—백성을 위한 애민 정치

【 1750년 균역법 실시 】

조선시대 백성들은 국가에 기본적으로 내야 하는 세금 3가지가 있었다
고 말했지요? 바로 전세(토지)-공납(특산물)-역(노동력)이었어요. 토지에
서 나는 곡식 일부와 지역의 특산물을 국가에 바쳐야 했잖아요. 그렇다면
노동력은 어떻게 냈을까요?

'역(役)'은 크게 군 복무의 의무를 지닌 '군역'과 일반 노동력을 제공하
는 '요역'으로 구분되었어요. 그중에서 군역은 16세 이상 60세 이하의 양
인[2]에게 부과하는 것인데, 임진왜란 이후 군포 2필을 바치는 것으로 군역
을 대신했고, 이는 국가 재정에 큰 힘이 되지요.

하지만 이것이 점점 문란해져요. 돈이 있는 양반들은 비리를 통해 군역
을 면제받았어요. 오늘날 문제시되는 병역기피현상이 조선시대에도 있었
던 것입니다. 결국 힘없는 양인들만 군역을 부담하는 폐해가 발생하게 된
겁니다. 즉, 군역 대상자들은 기존의 '16세~60세의 양인 남자'라는 범주
를 벗어나게 된 것이지요.

---

2 양인(良人) : 조선시대 신분 범주에서 천인 이외에 모든 사람을 이르는 법제적 규범.

병역기피 현상이 너무 심해 백성들의 피해가 막대해지자, 영조는 대대적인 개혁을 실행합니다. 베 2필을 1필로 내게 해 세금의 양을 절반으로 줄인 거지요. 당시 영조의 세법 개정을 '균역법'이라고 합니다.

백성들은 좋아졌겠지만, 국가 입장에서는 기존에 걷던 세금이 절반으로 줄었으니 어떻게 될까요? 당연히 어려워졌겠지요. 그래서 영조는 지주들에게는 '결작'이라는 토지 부과세를, 부유한 양인들에게는 '선무군관'이라는 칭호를 주고 돈을 받았고, 왕족에게 주어지던 어염세와 선박세를 국고로 환수하여 부족한 재정을 충당하고자 했어요.

"야! 궁궐의 비자금 있지? 그거 이제 다 내놔! 국가 재정으로 쓸 거야!"

임금이 말하기를,

"어염세(魚鹽稅)도 이미 윤허하였다. 이 일만 잘된다면 경 등은 안국 공신(安國功臣)이 될 것이다. 왕자(王子)나 대군(大君)이 호역(戶役)을 하지 않는 것은 잘못이다. 호법(戶法)이 정해지면 내가 각 궁방(宮房)에 알려 호전을 내게 하겠다."

『영조실록』 71권, 26년(1750) 5월 19일

【 1756년 가발과의 전쟁 】

가체란 오늘날의 가발과 같아요. 결국 가체는 다른 사람의 머리카락으로 만들 수밖에 없어요. 머리카락의 양이 많으면 많을수록 가체를 더 풍성하게 할 수 있기 때문에, 자연히 가체의 값은 크기와 무게에 따라 올라갈 수밖에 없었지요. 심지어 여인들은 집 한 채, 소 한 마리의 값을 머리에 얹은 채 아름다움을 뽐내기도 했답니다. 오늘날 사람들이 명품 의류나 외제 차를 통해 멋이나 부를 과시하는 것과 비슷하다고 볼 수 있지요.

그러자 영조는 재위 32년(1756)에 양반가 부녀자들의 가체[3](어여머리)를 금지하고 족두리로 대신하도록 명합니다. 따라서 영조 재위 이전의 사극에서는 궁중여인들이 가체를 쓰고 있고, 영조 이후의 사극에서는 족두리를 쓰고 있는 모습을 볼 수 있어요.

하지만 최근 사극을 보니 영조 이전의 시대인 숙종 대에도 가체를 쓰지 않고 있더라고요. 가체의 무게가 워낙 무거운지라 배우들을 배려한 것일 테지만 역사적 고증을 제대로 하지 못한다는 점에서 좀 아쉽습니다.

> "양반가 부녀자들의 가체(加髢)를 금하고 속칭 족두리(簇頭里)로 대신하도록 하였다. 가체의 제도는 고려 때부터 시작된 것으로, 곧 몽고의 제도이다. 이때 사대부가의 사치가 날로 성하여, 부인이 한 번 가체를 하는 데 몇 백 금(金)을 썼다. 그리고 갈수록 서로 자랑하여 높고 큰 것을 숭상하기에 힘썼으므로, 임금이 금지시킨 것이다."
>
> 『영조실록』 87권, 32년(1756) 1월 16일

▌ Q. 가체의 무게 때문에 벌어진 사건도 있나요?
▌ A. 있었습니다. 양반댁으로 시집온 새 며느리가 어른들께 인사를 하면서 숙였던 고개를 올리다가 목뼈가 부러져 죽은 사건이 있었지요. 얼마나

---

3 가체(加髢) : 여자의 머리숱을 많아 보이게 하려고 덧넣는 딴 머리.

무거웠으면 그리되었을까요? 영조가 가체를 쓰지 말라고 명할 만했던 겁니다.

1724~1776년 술과의 전쟁, 조선 최장기간 금주령!

금주령(禁酒令)이란 백성들이 술을 마시는 것을 금한다는 거지요. 조선시대에는 금주령이 많았는데요, 그 이유는 귀한 쌀로 술을 만들었기 때문이지요. 술을 빚기 위해서는 쌀을 깎는 도정작업을 해야 할뿐더러 술을 만드는 데에 쌀이 많이 들어갔으니까요.

전쟁과 가뭄, 역병 때문에 사람이 먹을 쌀도 없는데, 술을 만들어 단숨에 그 많은 쌀을 소비한다는 건 사치였던 겁니다. 따라서 조선에서는 쌀이 부족해지면 일시적으로 금주령을 내렸고, 다시 쌀 생산량이 증가하면 금주령을 해제하곤 했답니다. 하지만 영조는 재위기간 내내 금주령을 내렸습니다. 영조는 조선 최장수 임금이라고 했지요? 약 52년 동안 왕위에 있었으니, 그동안 법적으로 술을 한 모금도 입에 대보지 못하고 죽은 사람도 많았을 겁니다.

하지만 천하의 영조도 조선 사람들의 술사랑은 막지 못했습니다. 실록을 살펴보면, 금주령을 어긴 사례가 종종 나오기 때문입니다. 즉, 법을 어기면서까지 술을 마신 대담한 사람들이 있었다는 거지요.

한편, 영조는 금주령을 어긴 관리에게도 엄벌을 내리지요. 영조 38년(1762)에 윤구연이란 사람이 술을 마셨는데, 그는 종2품의 남도 병마절도

사로 오늘로 치면 차관급 관리였어요. 그럼에도 불구하고 영조는 직접 숭례문까지 나가서 윤구연에게 사형을 내렸고, 이를 반대하는 재상급 대신들은 모두 파직했답니다.

> "임금이 숭례문(崇禮門)에 나아가 남병사(南兵使) 윤구연(尹九淵)을 참(斬)하였다. 이보다 앞서 임금이 금오랑(金吾郞)에 명하여 윤구연을 잡아오게 하였고, 또 선전관 조성(趙峸)에게 명하여 배도(倍道)로 빨리 가서 양주(釀酒)한 진장(眞贓)을 적발하도록 하였다. 이에 이르러 조성이 술 냄새가 나는 빈 항아리를 가지고 임금 앞에 드리자, 임금이 크게 노하여 친히 남문(南門)에 나아가 윤구연을 참하였던 것이다." 『영조실록』 100권, 38년(1762) 9월 17일

하지만 언제부턴가 영조가 술을 마신다는 소문이 돌기 시작해요. 이에 몹시 억울해진 영조는 신하들에게 답답함을 토로합니다.
"나는 다만 오미자차를 마실 뿐인데, 이걸 소주라고 의심하는 사람들이 있다니, 허 참."

> 임금이 이르기를,
> "내가 목이 마를 때 간혹 오미자차(五味子茶)를 마시는데, 남들이 간혹 소주(燒酒)인 줄 의심한다" 하였다. 『영조실록』 41권, 12년(1736) 4월 24일

가혹한 형벌을 금하다

조선시대에는 죄인에게 내리는 가혹한 형벌이 있었습니다. 그중 압슬형은 도자기 파편이 있는 사금파리에 죄인을 무릎 꿇게 하고 그 무릎 위에 무거운 돌을 올려놓는 형벌입니다. 돌이 하나, 둘 올라가면서 사기 조각들이 살을 뚫고 안으로 들어오는 거지요. 위로는 돌의 무게가 짓누르고, 아래로는 사기 조각들이 계속 찌르니 제정신을 차릴 수가 없겠지요.

그리고 낙형은 맨살에 뜨겁게 달군 쇳덩이를 올려 죄인의 몸을 지지는 것입니다. 그럼 살을 태우는 누린내와 함께 죄인의 참혹한 비명이 울려 퍼집니다. 게다가 죄인의 얼굴에 죄목을 글자로 새겨 평생 수치스럽게 살도록 했지요.

영조는 아무리 큰 죄를 지은 죄인이라 해도 이런 가혹한 형벌을 내리는 건 옳지 않다고 봤어요. 그래서 형벌의 정도를 완화하고 지방의 사또들이 죄인을 함부로 처벌하는 걸 금합니다.

임금이 심단(沈檀)에게 앞으로 나오라 명하여 전교하기를,

"압슬하는 법은 끝내 임금이 형을 삼가는 뜻이 아니다. 이천해가 흉악하고 사나워서 비록 능히 견뎠지만, 다른 사람이야 어찌 이를 견디겠으며, 보기에도 참혹했다. 이후에는 태배법(笞背法)을 없앤 것처럼 압슬하는 법도 영원히 없애야 옳다." 『영조실록』 3권, 1년(1725) 1월 18일

1735~1762년 **금지옥엽 늦둥이 탄생**

영조는 정성왕후 서씨로부터 후사를 얻지 못했습니다. 그리고 정성왕후가 죽은 뒤, 15세의 소녀 정순왕후 김씨를 왕비로 얻었지만, 당시 영조의 나이가 이미 60세를 넘었으니 후사를 보기 힘들었지요. 대신 여러 후궁으로부터 자식을 얻습니다.

영조는 후궁인 영빈 이씨를 총애했는데요. 그 덕에 둘 사이에서 1남 3녀를 두었습니다. 이때, 영빈 이씨가 낳은 왕자가 바로 이선, 사도세자입니다. 사실 사도세자는 영조의 장자가 아니었습니다. 이미 영조는 정빈 이씨와의 사이에서 효장세자를 얻었기 때문입니다. 하지만 효장세자는 10세가 되자마자 안타깝게도 요절하였습니다. 영조는 귀한 아들을 가슴에 묻어야 했고요. 그 후로 오랫동안 자식을 얻지 못합니다. 아마 당시 영조는 매우 불안했을 거예요. 왕실의 주요 업무인 후계자 선정이 아직 확정되지 않았으니까요. 그러다가 41세에 귀한 아들을 얻으니, 그게 바로 이선입니다.

오늘날에도 남자 나이 마흔이 넘어 얻은 아들은 늦둥이인데, 하물며 조선시대에는 어땠을까요? 아마 오늘로 치면 예순둥이였을 거예요. 게다가 학수고대하던 아들이니, 영조에게는 눈에 넣어도 안 아플 만큼 예쁘고 귀했겠지요.

그래서 영조는 이선이 태어난 다음 해, 한 돌밖에 되지 않은 아이를 세자로 책봉합니다. 조선시대 최연소 세자 책봉이었던 거지요.

존재만으로도 너무 귀하고 행복한 아들이건만 이선은 어릴 때부터 천재이기까지 합니다. 3세인 아이가 글을 읽고, 글씨도 잘 썼지요. 당시 영의정, 좌의정의 정승과 판서가 어린 세자의 글을 서로 받겠다고 싸우기까지

합니다. 게다가 영조가 '세자'라고 부르면, 영조를 가리켜 '왕'이라고 했다고 합니다.

세자가 자라서 5~6세가 된 어느 날 밥을 먹고 있었어요. 그때 영조가 세자를 부르자, 세자가 갑자기 먹던 밥을 퉤 하고 뱉더니 "예, 전하" 하고 답하는 겁니다.

"왜 세자는 먹던 밥을 뱉어냈느냐?"

"부모님이 부르실 때는 비록 입안에 든 밥이라도 뱉고 난 다음 대답하는 게 도리라고 배웠습니다."

이렇게 또랑또랑 답하니, 영조 눈에는 얼마나 예쁘고 기특했을까요?

세자의 영특함에 영조는 큰 기대를 걸었습니다. 세자야말로 자신의 깊은 한을 풀어줄 후계자라고 믿었던 거지요. 영조는 천민 소생이라는 트라우마를 평생 안고 삽니다. 이 때문에 겉으로 표현하진 않았지만, 혹여 대신들이 자신을 무시할까 봐 늘 흐트러짐 없는 모습을 보이려고 노력한 왕이고요.

"나는 지금까지 틈을 보이지 않기 위해 허리를 꼿꼿이 세우고, 방석도 쓰지 않았다. 왕다운 삶이 뭔지 몸소 보여주기 위해 늘 긴장하고 노력했다. 그런데 내 아들이 학문을 열심히 익히니 나를 높이고 조선의 왕실을 높이겠구나!"

영조는 세자를 보며 이렇게 생각했을지 모릅니다. 하지만 이러한 영조의 기대는 무너지고 맙니다.

1762년 역적이 된 아들-사도세자의 죽음

아들 이선은 성장하면서 아버지 영조와의 사이가 멀어지기 시작합니다. 15세가 된 이선은 아버지의 기대를 외면하기 시작해요. 이선은 날이 갈수록 체구가 좋아지고 힘도 세집니다. 아무도 들지 못했던 고조할아버지 효종의 청룡언월도를 휘두를 정도였지요. 어깨깡패였던 효종이 들고 다니던 청룡언월도를 15세 소년이 휘두르고 다녔으니, 무예에 대한 이선의 기세가 얼마나 높았는지 알 수 있지요. 게다가 이선은 『무예신보』라는 책을 썼어요. 오늘로 치면 특공무술 교본을 쓴 겁니다.

이런 이선의 모습을 본 영조의 마음이 어땠을까요? 초등학생 때까지만 해도 공부 잘하던 모범생 아들이 하라는 공부는 안 하고 운동만 한다고 생각해보세요. 어디 보통 아들이었나요? 자신의 꿈을 이루어줄 것 같은 세자였잖아요. 영조는 너무나도 큰 실망을 합니다. 반면에 이선은 아버지만 보면 숨이 턱 막힙니다. 그렇지 않아도 아버지의 기대가 부담스러워 죽겠는데, 영조는 툭하면 다그치기만 했으니까요.

도대체 이 두 사람은 왜 이렇게 되었을까요? 그것은 바로 소통의 부재 때문이었습니다. 이선은 조선 최연소 세자입니다. 너무 귀한 아들이었고, 그만큼 영조의 사랑이 지극했지요. 하지만 오히려 그게 독이 되었습니다. 너무 어린 나이에 세자가 되니, 따뜻한 엄마의 품속에서 자라질 못한 겁니다. 어린 이선을 돌본 건 어머니가 아닌 경종의 궁녀들이었습니다.

▶영조는 자신의 아들 사도세자를 못마땅해했으며, 결국 뒤주에 가두어 죽인다.

이선의 아내이자 훗날 정조의 어머니가 되는 혜경궁 홍씨의『한중록』에 의하면, 이선의 유모들이 영조와 이선의 사이를 갈라놓았다고 합니다. 유모들이 병정놀이를 자꾸 부추겼다는 거지요. 그 영향으로 이선이 글공부는 멀리하고 무예에 집착하게 된 거고요.

> '우리 경모궁(이선, 사도세자)께서 태어나자마자 부모의 사랑을 받지 못하고, 이상한 유모들 품에서 자라니, 엄마가 찾아가면 유모들이 후궁이라고 업신여기며 못 보게 하고, 이러니 경모궁의 교육이 뭐가 되리오.' 「한중록」

우리가 여기서 배울 수 있는 게 바로 조기교육의 중요성입니다. 부모가 아이들에게 훌륭한 사람이 되어야 한다고 말해서 될 일이 아니라 따뜻한 소통이 함께 이루어져야 한다는 걸 깨달을 수 있습니다.

사실 두 사람의 갈등이 심하게 된 것은 정치적 대립의 이유도 있습니다. 아버지 영조는 탕평책을 실시하지만, 사실상 노론의 추대로 왕이 된 인물이라 아무래도 노론에 우호적이었지요. 하지만 세자 이선의 추종세력은 노론과 대립하고 있던 소론이었지요.

두 사람의 관계는 이선이 15세에 대리청정을 하게 되면서 표면화되기 시작하였습니다. 대리청정이란 왕을 대신해 세자가 국가의 일을 돌보는 것이라고 했지요? 지금으로 따지면 왕이 되기 전의 인턴 교육 같은 겁니다. 세자는 1749년 15세부터 14년 동안 대리청정을 합니다. 하지만 이선의 대리청정은 아버지 영조와의 갈등을 더욱 심화시키지요.

이선의 대리청정 기간에 두 사람의 관계는 더는 아버지와 아들이 아니었습니다.

이선(사도세자) : 아버지, 오늘 대신이 이렇게 이야기하여, 이렇게 결정하였습니다.

영조 : 뭐? 네가 왕이야? 물어보고 결정해야지! 왜 네 멋대로 해?

(다음 날)

이선(사도세자) : 아버지, 오늘 대신들이 이런 일을 저에게 보고했는데, 제가 앞으로 어떻게 하면 될까요?

영조 : 야! 너는 이런 일도 하나도 처리하지 못하고 일일이 물어보냐?

아버지께 물어봐도 뭐라 하고, 물어보지 않아도 뭐라 하니, 아들의 입장에서는 미칠 노릇이지요. 이래도 욕먹고, 저래도 욕먹는 시간이 무려 14년 동안 지속되었다고 생각해보세요. 멀쩡한 사람이라 해도 더는 버티기가 힘들었을 겁니다.

▌Q. 아무리 그래도 영조가 아들에게 너무했던 것 같아요. 둘 사이를 갈라놓은 진짜 이유는 뭘까요?

▌A. 사실 두 사람은 성격 차이가 심했답니다. 영조는 끊임없이 왕의 위엄을 위협받고 있었기 때문에 자기 관리가 병적일 만큼 철저했거든요. 쉼없이 학문에 매진했고요.

하지만 아들 이선은 달랐습니다. 어릴 때는 총명해 아버지의 기대를 받았지만, 영조처럼 학문에 매진하지 않았거든요. 게다가 이선에 대한 영조의 기대치가 너무 높았어요. 그러니 평범한 아들 이선이 완벽주의자인 영조의 눈에 찰 리가 없었겠지요.

결국 두 사람간의 대화는 사라지고 아들 이선은 미쳐버립니다. 사실 이선이 대리청정 초반부터 미친 사람이었다고 볼 수는 없어요. 이미 10대 중반에 정치에 참여하고 있는데, 만약 이선에게 정신병이 있었다면 14년 동안 대리청정을 할 수 없었을 테니까요. 그는 14년 동안 서서히 미쳐가고 있었던 겁니다.

『한중록』에서는 이선의 정신병에 대해 기록하고 있습니다. 그중 하나가 의대증(衣帶症)입니다. 의대증은 오늘날 현대 의학에 정식으로 있는 병명이 아닙니다. 그렇다면 의대증이 무엇일까요? 의대증은 옷을 입는 것을 두려워하는 증상을 말해요. 이선은 바로 이 의대증에 걸린 겁니다. 왜 그럴까요? 아마도 이 옷을 입으면 아버지를 만나야 한다는 두려움에 떨었던 것 같습니다.

"이 옷을 입으면, 아버지를 만나러 가야 한다!"

게다가 이선에 대한 영조의 냉대는 날이 갈수록 심해졌습니다. 『한중록』에 의하면, 이선이 아버지를 찾아가면 두 사람 사이에 대화는 별로 없고, 영조가 그저 "밥 먹었냐?"라고 물어보고 이선은 "네"라고 대답했을 뿐이었어요. 그러면 영조는 그 자리에서 귀를 씻고 그 물을 이선이 있는 쪽으로 들이부어 버려요.

이러한 아버지의 냉대에 이선은 점점 미쳐갑니다. 사람을 죽이는 비행을 저지르기 시작한 거지요. 정신병으로 발작을 일으켜 후궁 빙애가 낳은 자기 자식을 때리고 기절시킨 뒤에 연못에 집어 던집니다. 그리고 가정폭력도 저지르는데, 혜경궁 홍씨는 『한중록』에서 남편 이선이 던진 바둑판에 맞아 눈알이 빠져나오는 줄 알았다고 기록하고 있어요.

이런 사태를 아버지 영조가 몰랐을까요? 『한중록』에서는 다음과 같은 내용이 나옵니다.

Q. 『한중록』 많이 들어보긴 했는데, 정확히 어떤 책이에요?

A. 『한중록』은 이선(사도세자)의 아내이자 정조의 어머니인 혜경궁 홍씨가 환갑의 나이에 쓴 회고록이지요. 아버지 영조가 이선을 뒤주에 가둬 죽인 참변과 당시 복잡하고 칼날 같던 정치 상황 속에서 왕의 어머니로 살아남은 자신의 삶을 그린 작품이랍니다.

영조 : 너, 왜 그러니?

이선(사도세자) : 울화증이 치밀어서 그렇습니다.

영조 : 왜 울화증이 치밀어 오르니?

이선(사도세자) : 아버지가 나를 사랑하지 않으시니 울화증이 생겨 짐승이나 사람이나 죽이지 않고서는 속이 풀리지 않습니다.

영조 : …내가 더는 그러지 않도록 하마.

하지만 이것이 아버지와 아들의 마지막 대화였습니다. 이후 두 사람은

414

▶뒤주. 곡식을 보관하기 위한 궤. 영조는 아들 사도세자를 뒤주에 가두어 죽게 했다. 국립중앙박물관 제공.

다시는 대화하지 않았기 때문이지요. 보통 세자는 하루에 두세 번씩 왕실 어른들께 문안을 드려야 합니다. 하지만, 한 달이 지나고 두 달이 지나도록 이선은 병을 핑계로 문안을 드리러 가지 않아요. 그리고 영조 역시 아들을 부르지 않습니다. 결국 두 사람의 불신은 더욱 깊어질 수밖에 없었지요.

이선의 비행은 왕실 집안의 문제로만 끝나지 않습니다. 그렇게 아버지는 아들을 역적으로 만들어 뒤주에 가두게 하지요. 이로써 아버지가 아들을, 왕이 세자를 죽인 희대의 사건이 일어났으니, 그것이 바로 임오화변입니다. 사도세자가 죽은 해가 1762년 임오년이라 해서 그리 부릅니다.

영조의 하나밖에 없는 아들은 역적이 되어 뒤주에서 죽음을 맞이합니다. 그리고 영조는 자신의 아들에게 마지막 선물을 했으니, 그것은 바로 오늘날 우리가 부르는 이름, '사도'이지요.

생각할 사(思)

슬퍼할 도(悼)

슬픔을 생각하다…

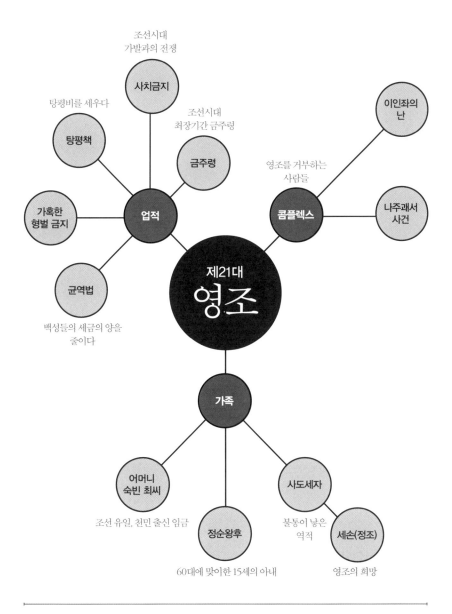

완벽한 호랑이,
백성들과 소통하기 위해 힘쓴 임금

- 역적의 아들, 애민군주가 되다

- 지덕체를 모두 갖춘 임금, 정조

- 아버지 사도세자를 그리며 수원 화성을 축성하다

정조는 어떤 인물이었나?

생애 1752~1800년

재위기간 1776~1800년

휘(諱) 이산(李祘)

묘호(廟號) 정조(正祖)

출생과 즉위 조선 21대 임금 영조의 손자로, 아버지는 사도세자이고 어머니는 혜경궁 홍씨이지요. 아버지인 사도세자가 할아버지 영조에 의해 뒤주에 갇혀 죽은 후, 세손의 지위를 잃고 어머니 혜경궁 홍씨와 외갓집으로 갑니다. 하지만 영조의 후계자가 없었기 때문에 곧 어머니와 이별하고 궁으로 돌아와 영조의 후계자 수업을 받지요. 아버지 사도세자는 영조의 냉대를 받았지만, 정조는 영조의 극진한 총애를 받으며 왕위에 오릅니다.

가족관계 왕비 : 1명, 후궁 : 4명, 자녀 : 2남 2녀

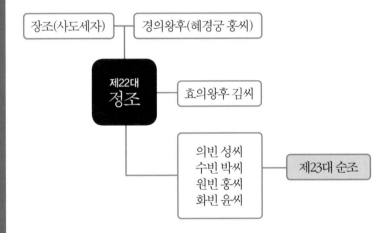

역적의 아들

　　　　　　　정조 이산은 영조의 손자이며, 사도세자의 아들이지요. 사실 사도세자를 죽음으로 몰아가는 데 결정적 역할을 한 세력이 노론입니다. 그들은 사도세자의 기이한 행동을 수시로 영조에게 알려 부자 사이를 갈라놔요. 결국 사도세자는 뒤주에서 죽음을 맞이하지요.

　당시 정조의 나이는 11세였어요. 11세이면 절대 어리지 않지요. 알 건 다 아는 나이입니다. 이것이 노론의 입장에서는 계속 불안했지요. 그가 왕이 되면 자신들을 가만 놔둘 리 없으니까요.

Q. 영조는 왜 하필 사도세자를 뒤주에 가두었을까요?

A. 사실 실록에서는 '뒤주에 가두었다'라는 내용이 나오지 않아요. 대신 어떤 물건을 뜻하는 '일물(一物)'에 가두었다고 기록하고 있지요. '뒤주'에 가두었다는 기록이 등장한 건 사도세자의 아내이자 정조의 어머니인 혜경궁 홍씨가 쓴 『한중록』에서입니다.

　그런데 어떻게 영조는 사도세자를 뒤주에 가둘 생각을 했을까요? 아마도 체구가 상당히 좋았던 사도세자를 가둘만한 물건이 필요했는데 마침 영조의 머릿속에 뒤주가 생각났을지도 모르지요. 그 생각이 의도적이었는지 우발적이었는지는 알 수 없어요.

노론 세력들은 이산이 왕이 되면 과거 폭군이던 연산군처럼 가만히 있지 않을 것이라고 생각해요. 연산군이 어머니 폐비 윤씨의 죽음을 알고 폭군이 되었잖아요? 역시 아버지의 죽음을 생생하게 지켜본 이산이 왕이 된다면, 그 또한 무자비하게 피를 뿌릴 거로 생각하고 두려워한 겁니다. 따라서 노론은 끊임없이 정조를 모함하고 비방해요.

영조는 사도세자를 '세자'의 신분으로 죽일 수 없기 때문에 뒤주에 가두기 전에 일반 평민인 서인(庶人)으로 폐했지요. 또한 왕을 죽이려 했다는 죄를 물어 역적으로 몰아 죽였습니다. 자연히 이산은 역적의 아들이 될 수밖에 없었지요. 역적의 아들이니 당연히 왕이 될 자격도 박탈되어 궁궐 밖으로 내쫓깁니다.

그러나 영조는 손자 이산을 쫓아낸 지 2개월 만에 다시 궁궐로 불러들여요. 후사가 없던 영조는 왕위계승자가 필요했던 거지요. 하지만 역적의 자식을 후계자로 삼을 수 없기 때문에, 요절한 효장세자(이산의 큰아버지)의 양아들로 입적시켜요. 그런 후에야 비로소 이산은 왕세손 수업을 받을 수 있게 됩니다.

만들어진 천재　　　영조는 세손 이산을 무척 예뻐했지요. 이산이 어릴 때부터 영특했기 때문입니다. 이산은 아버지 사도세자와 달리 할아버지 영조의 기대에 부응했고, 공부도 열심히 해요. 그리고 노론이니 소론이니 하는 정치색도 일절 드러내지 않아요. 그저 묵묵히 학문에만 열중하고 열심히 제왕학을 공부합니다.

Q. 할아버지 영조는 아들은 냉대했는데, 손자 정조는 상당히 예뻐했나 봐요.

A. 그러게 말입니다. 영조는 아들인 사도제자는 호되게 꾸짖었으면서 손자인 정조는 무척 아꼈어요. 실록에는 할아버지 영조가 손자인 정조를 단 한 번도 꾸짖지 않고 칭찬만 했다고 나와요. 그 호랑이처럼 무섭고 꼬장꼬장한 영조가 말이지요. 사도세자가 정신병에 걸린 이유 중 하나는 이처럼 영조가 두 사람을 너무 대놓고 차별해서였다고도 봐요. 정조도 이 사실을 알고 있었기에 아버지에 대한 죄책감이 더 컸고요.

역적의 아들은 왕이 될 수 없다!

노론 대신들은 성장하는 정조를 보며 날로 불안이 심해졌어요. 그리고 세손 이산을 위협해요. 이산 역시 그 사실을 잘 알고 있었어요. 이산이 오로지 공부에만 열중한 건 그만의 생존전략이었습니다. 물론 워낙 공부하는 걸 즐기는 성격이기도 했지만, 스스로 암살의 위협을 느껴 일부러 첫닭이 울기 전까지 잠이 들지 않고 책을 읽었다고 합니다. 어쩌다 잠자리에 누울 때도 만일을 대비해 아주 두꺼운 옷을 입고 잤을 정도라고 하니 얼마나 힘들었을까요? 하지만 이산은 이런 위기 상황을 도리어 긍정적으로 생각합니다.

역사 속 인물 중 위대한 사람들의 공통점이 뭐냐면, 위기를 기회로 바꾸는 능력을 갖추고 있다는 거예요. 그 대표적인 사람이 바로 정도전이지요.

정도전은 고려 말 나주로 유배를 떠나요. 사실상 그의 정치 생활의 끝을 알리는 여정이었어요. 하지만 그는 낙담하지 않고 오히려 이를 백성들의 삶을 몸소 체험할 기회로 삼아요. 그리고 그때의 경험을 거름 삼아 조선이라는 새 나라를 디자인할 수 있게 된 거지요.

이산도 마찬가지였습니다. 스스로를 지키기 위해 야심한 시각까지 깨어 있으면서 그 위기를 훌륭한 군주가 되기 위한 밑거름으로 삼은 거지요. 이산이 그 큰 파도를 두려워하지 않고 더 큰 파도를 탔기 때문에, 조선 후기에 눈부신 개혁의 꽃을 피울 수 있었던 게 아닐까요?

그리고 정조의 남다른 취미가 있었으니, 바로 소설이 아닌 보고서나 책자를 읽는 걸 좋아했다는 겁니다.

> "나는 본래 천성이 특별히 좋아하는 것이 없기는 하지만 소설 같은 것들에는 조금도 마음이 즐겁지 않소. 오로지 때때로 보고서나 책자를 보는데 그러면 아픈 것을 조금이라도 잊을 수 있소." 『홍재전서(弘齋全書)』

Q. 정조가 좋아했다는 책자나 보고서는 정확히 뭘 말해요?

A. 정조가 말한 책자나 보고서는 바로 『논어』, 『대학』, 『중용』과 같은 유교 경전을 말합니다. 쉽게 말해 동양 철학, 혹은 역사서들이에요. 정조는 흥미 위주의 소설을 읽는 것보다 유교의 정신이 담긴 철학서를 더 좋아한 거지요. 쉽게 말해 일반적인 대중서보다 대학에서 배우는 어려운 전공 서적을 더 좋아한 겁니다.

어머니 혜경궁 홍씨의 헌신

사도세자의 아내이자, 이산의 어머니인 혜경궁 홍씨는 10세에 동갑내기 사도세자와 결혼하여 세자빈이 되었고, 16세가 된 1750년(영조 26년)에 첫째 아들 의소세자를 낳았습니다. 그러나 의소세자가 태어난 지 2년 만에 요절해요. 이후 혜경궁 홍씨는 아들을 잃은 그해 가을 또 아들을 낳았으니 그가 바로 정조 이산입니다.

영조가 사도세자를 폐서인 시켜 평민으로 만들자, 세자빈 홍씨 역시 더는 세자빈이 아니게 됩니다. 28세의 나이에 홍씨는 아이들을 데리고 친정으로 돌아가야 했지요. 하지만 얼마 되지 않아 사도세자가 복위되면서 그녀 역시 세자빈 신분을 되찾고 궁궐로 복귀하지요. 이제 홍씨에게 남은 희망은 아들을 잘 키워 훌륭한 왕으로 만드는 거였어요.

그러기 위해서는 남편 사도세자처럼 시아버지 영조와 불편한 관계를 맺으면 안 되었습니다. 홍씨는 시아버지의 성격을 잘 알고 있었어요. 그래서 궁궐로 다시 돌아간 뒤, 시아버지와의 첫 만남에서 감사의 말을 전합니다.

"저희 모자가 보전함은 모두 전하의 성은입니다."

며느리가 자신을 원망할 것이라 생각했던 영조는 며느리의 마음 씀씀이에 감동을 받아요.

"내가 너를 볼 마음이 편치 않고 어려웠는데, 내 마음을 편하게 해주니 고맙구나."

영조는 며느리 홍씨의 효행을 칭찬하고 표창을 내립니다. 홍씨는 자신을 낮추어 시아버지의 신임을 얻은 거지요. 그리고 그녀의 이러한 노력 덕분에 할아버지와 손자는 유대감을 쌓아갈 수 있었고요.

Q. 혜경궁 홍씨는 지혜로운 인물로 보여요. 실제로 그녀의 성품은 어땠어요?

A. 사실 혜경궁 홍씨에 대한 평가는 극과 극입니다. 원래 혜경궁 홍씨는 남편을 잃은 비운의 여인이지만 정조를 키운 훌륭한 어머니로 묘사되지요. 하지만, 최근에는 '권력을 위해 남편을 버리고 친정만을 염려한 여인'이라는 평가를 받고 있어요.

그럼에도 불구하고 분명한 건 혜경궁 홍씨가 참 '현명한' 사람이었다는 거예요. 물러설 때와 자신을 낮춰야 할 때를 잘 알았거든요.

실제로 사도세자가 죽은 뒤, 세손인 정조가 영조와 살게 되면서 어머니인 혜경궁 홍씨와 생이별을 합니다. 이때 혜경궁 홍씨는 혹시라도 어린 아들이 엄마와 떨어지지 않으려고 울기라도 하면 영조가 섭섭해할까 봐, 어린 아들을 놓고 뒤도 안 돌아보고 떠나버려요. 이렇게 현명하면서도 강인했던 여성이 바로 혜경궁 홍씨라고 할 수 있지요.

1776년 과인은 사도세자의 아들이다

궁궐로 돌아간 이산은 10년이 넘게 동궁 수업을 받으면서도 아버지 사도세자에 대한 일은 일절 입 밖으로 꺼내지 않아요. 시집살이하면 벙어리 3년, 귀머거리 3년이라고 하잖아요. 그렇게 이산은 아버지를 죽인 사람들 앞에서 들어도 못 들은 척, 보아도 못 본 척한 겁니다. 그리고 드디어 왕이 된 그 날! 정조 이산은 그동안 맘속으로 품었던 말을 신하들에게 선언하지요.

"과인은 사도세자의 아들이다."

"아! 과인은 사도 세자(思悼世子)의 아들이다."

『정조실록』 1권, 즉위년 3월(1776) 3월 10일

당시 노론 대신들에게는 청천벽력과 같은 이야기로 들렸을 겁니다. 10년 넘게 세손 수업을 받으며, 사도세자라는 말을 한 번도 내뱉은 적이 없는 사람이 갑자기 폭탄선언을 했기 때문이지요. 아마 왕의 이 한마디는 곧 '노론 이놈들, 다 죽여버리겠다'라고 들렸을지 모릅니다.

정조는 왕위에 오르자마자 아버지 사도세자를 기리기 위한 작업을 시작합니다. 사도세자를 위해 제사를 드릴 수 있도록 사당(祠堂)인 경모궁(景慕宮)을 조성한 거지요. 경모궁은 오늘날 서울대 병원 자리에 있는데요, 아쉽게도 사당은 지금까지 전해지지 않고, 그 터를 기리는 석단만 남아있습니다. 그런데 어째서 경모궁이 서울대 병원 자리에 있을까요? 그 이유는 바로 정조가 거주하는 창경궁과 마주해 보이는 자리이기 때문이지요.

아버지 사도세자를 향한 아들 정조의 뜨거운 효심이 느껴지지 않나요?

1776~1800년 　조선의 중흥을 꽃피우다

【 정조의 탕평책 】

　사도세자의 죽음을 둘러싸고 정치 세력은 두 세력으로 나뉘었습니다. 사도세자의 죽음을 당연하게 여겼던 벽파(僻派)와 그 죽음을 안타깝게 여겼던 시파(時派)였습니다. 노론은 대부분 벽파였고, 남인세력은 시파였지요. 그렇다면 정조는 어느 입장에 우호적이었을까요? 당연히 남인 세력에 우호적일 수밖에 없었겠지요.

　하지만 정조는 남인세력뿐만 아니라 노론세력들까지도 고루 등용했어요. 할아버지 영조와 마찬가지로 당파와 관계없이 인재를 고루 등용하고자 하는 탕평책을 지향했기 때문입니다.

　정조는 정적이었던 노론세력과도 가까이 지냅니다. 예전에는 노론세력이 정조를 미워해, '정조를 독살했다!'라는 이야기가 일부 전해지고 있었는데, 사실 정조는 노론세력의 수장인 심환지와 편지를 주고받으며 정치적 조력관계를 맺고 있었답니다. 2009년에 심환지와 정조가 주고받은 편지 290여 통이 공개되었거든요. 날카로운 대립각을 세울 거라 예상했던 이 두 사람이 실은 아주 은밀한 협조관계였던 겁니다.

　아마도 정조는 노론의 우두머리인 심환지를 마냥 적으로 몰아세운 게 아닌, 정치적 숙적이자 동반자로 생각했던 것은 아닐까요?

▍Q. 정조가 야당 대표 격인 심환지와 정치적 사안을 비밀리에 조율해왔다는 게 흥미로워요. 정조는 편지에 뭐라고 썼어요?

▌ **A.** 편지 내용을 살펴보면, 정조는 각 현안이 있을 때마다 심환지에게 비밀리에 편지를 보내 미리 상의했어요. 이른바 미리 써 놓은 '대본'대로 정책을 추진하였던 거지요.

편지 내용에는 심지어 심환지와의 비밀 계약도 있는데요. 정조는 심환지의 큰아들이 과거 시험에서 떨어진 것에 대해 이렇게 위로합니다.

"300등 안에 들면 합격시키려고 했는데, 네 아들이 300등 안에 들지 못해서 안타깝구나."

재미있지요?

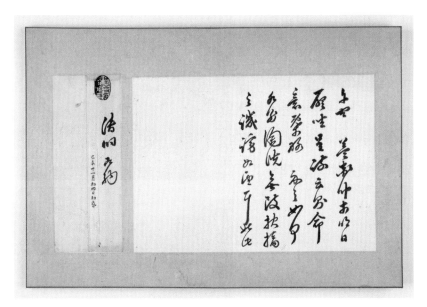

▶정조신한. 정조와 심환지가 주고받은 편지. 둘은 정치적으로 대립관계로 알려졌으나 비밀 어찰을 주고받는 것이 후대에 밝혀지면서 심환지가 정조를 독살한 배후라는 가설도 일단락되었다. 편지의 내용은 다음과 같다. '낮 동안 평안한가? 들으니, 내일 청좌하여 상소한다고 하는데, 내용의 개략을 보여 주는 것이 어떠한가? 각별히 다듬어 들추어낸다는 비방이 나오지 않도록 하기를 바랄 뿐이다. 이만 줄인다.' 국립중앙박물관 제공.

【 규장각 설치 】

정조는 왕이 되자마자 궐 안에 규장각(奎章閣)을 설치합니다. 규장각은 정조가 세운 왕립 도서관으로 창덕궁의 후원에 세워졌습니다. 할아버지 영조의 뒤를 이어 탕평책을 추진하고자 했던 정조는 자신의 세력을 만들어야 했지요. 따라서 당파와 관계없이 유능한 청년 학자들을 모아 규장각에서 공부하도록 한 겁니다. 즉 정조는 규장각을 학문과 정치를 연결하는 중심 기관으로 키우고자 했고, 이때 규장각에서 공부한 인물이 바로 조선후기의 레오나르도 다빈치 격인 실학자 정약용이었습니다.

▶(위)김홍도 作 〈규장각도〉/(아래) 현재 규장각. 규장각은 조선시대의 관아 중 하나로 왕실 도서관이자, 학술과 정책을 연구하는 기관이었다. 국립중앙박물관 제공.

【 초계문신제 실시 】

초계문신(抄啓文臣)이란 규장각에 소속되어 재교육을 밟은 나이 어린 문신들을 말합니다. 정조는 과거에 급제한

문신과 현직 문신 중에서 37세 이하의 사람들을 모아 이른바 재교육을 시켰지요. 하지만 37세 이하라 할지라도 3품 이상의 고위 관료는 제외했습니다.

정조는 왜 관직과 나이에 제한을 두었을까요? 그것은 바로 어린 문신들을 키워서 훗날 정치를 함께 수행할 인재로 쓰기 위해서였지요. 나이 제한을 둔 건, 아무래도 나이가 많은 사람들은 다시 교육을 시키기 어려울 거라 판단했던 거고요. 37세 이하의 고위 관료를 제외한 건, 그들 중에는 노론 계열의 사람들이 많았기 때문이지요.

이것은 곧 정조가 지향하는 정치가 노론 중심은 아니었다는 걸 의미해요. 정조는 훗날을 도모하기 위해 정치 뜻을 함께할 수 있는 후학을 양성하고자 한 겁니다. 오늘로 치면 대형기획사의 사장이 가수 연습생을 직접 키우는 것과 비슷하다고 할 수 있겠네요.

> "초계문신(抄啓文臣)의 과강(課講)을 직접(정조가) 시험 보였다."
>
> 『정조실록』 11권, 5년(1781) 5월 8일

뿐만 아니라 정조는 서얼도 등용했는데요. 서얼이 누구인가요? 아버지는 양반이지만, 어머니는 평민이거나 천민인 첩의 자식들이지요. 즉, 이들은 반쪽짜리 양반으로 신분은 중인이지만, 이도 저도 아닌 존재였어요. 서얼은 아무리 학문적으로 뛰어난 재주를 가지고 있어도 높은 관직에 오를 수 없었지요. 정조는 이러한 서얼들을 규장각의 검서관(檢書官)으로 과감히 등용합니다. 당시 유명한 서얼 출신 검서관들은 실학자 박제가, 유득공, 이덕무, 서이수입니다.

뛰어난 무예 실력과 장용영 설치

정조는 무예도 뛰어난 임금이었습니다. 특히 활쏘기를 매우 잘했는데요, 백발백중의 실력을 자랑했지요. 1순은 5발의 화살로, 10순이면 총 50발의 화살입니다. 정조는 10순(50발)을 쏘면 그중 49발을 명중시키는 명수였다고 해요. 하지만 나머지 1발은 맞추지 '못한' 것이 아니라 '일부러 맞히지 않은' 겁니다.

> "내가 요즈음 활쏘기에서 49발에 그치고 마는 것은 모조리 다 명중시키지 않기 위해서이다."   『정조실록』 36권, 16년(1792) 11월 26일

나머지 한 발의 화살은 명중시키지 않는 정조의 여유, 가히 태조 이성계에 버금가는 신궁이라고 불릴 만하지요?

한편, '장용영(壯勇營)'은 정조가 왕의 신변 보호를 위해 설치한 국왕 친위대입니다. 장용영을 설치함으로써 붕당 세력의 기반이었던 기존의 군사 체제인 5군영에 대항한 자신만의 군사적 기반을 구축하고자 한 것입니다.

오늘로 치면, 대통령 경호실의 화력이 육·해·공군의 화력보다 강했다고 볼 수 있어요. 이는 신하들의 반란을 막고자 한 것입니다. 그리고 정조는 아버지 사도세자처럼 무예에도 관심이 많았지요. 특히 아버지가 쓴 『무예신보』라는 병법서를 바탕으로 정조가 책을 다시 씁니다. 그게 바로 유명

한『무예도보통지(武藝圖譜通志)』입니다. 정조가 장용영 군사들을 훈련 시킬 수 있는 교과서를 직접 저술한 거지요.

규장각을 통해 문(文)을 다잡고, 장용영을 통해 무(武)를 구축해 격식과 품위를 갖추어 왕권을 강화한 왕이 바로 정조 이산입니다. 하지만 아쉽게도 장용영은 정조 사후 1802년(순조 2년)에 폐지됩니다.

글쓰기와 소통

조선시대 왕 중에서 글을 가장 많이 쓴 사람이 누구일까요? 바로 정조입니다. 정조는 세손 시절부터 일기를 매일 써 훗날『일성록(日省錄)』을 만들 만큼 어릴 때부터 글쓰기를 매우 좋아했지요.

Q. 일성록이 2011년 유네스코 기록유산으로 정해졌다고 들었는데, 어떤 내용이 담겨있어요? 일성록을 통해 알 수 있는 정조는 어떤 사람인가요?

A.『일성록(日省錄)』의 한자 뜻을 풀이하면, '나는 매일 반성한다'라는 뜻이랍니다. 이른바 왕이 매일 쓴 반성문인 거지요. 정조는『논어』에 나온 '나는 매일 세 가지 일을 반성한다'에 감명받아서『일성록』을 쓰기 시작했다고 해요.『실록』에도 나오지만『일성록』에서도 역시 "과인은 사도세자의 아들이다!"라는 기록이 나오고 있답니다.

조선 최고의 자리에 있으면서 매일 자신을 성찰한 정조, 정말 조선 후기 최고의 임금이라고 부를 만하지 않나요?

한편, 정조는 말과 글을 통해 백성들과의 소통을 중시했습니다. 이미 살펴보았듯이 정조대에는 여러 신분과 당파, 지역과 종교(천주교)와의 문제가 심각했는데, 정조는 이러한 갈등을 조정하고 백성의 마음을 다독이고자 노력해요.

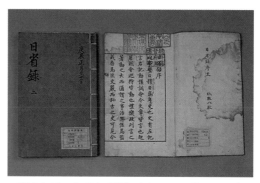

▶일성록. 정조가 직접 작성한 일성록. 1760년(영조 36년) ~ 1910년까지 쓰인 국정에 관한 제반 사항을 기록한 편년체 기록물(국보 제153호). 정조가 왕세손 시절에 쓴 『존현각일기(尊賢閣日記)』에서 시작되어 정조가 직접 작성하다가 규장각 설치 후에는 각신이 담당하였다. 문화재청 제공.

먼저 정조는 신하들과 자주 대화를 하며 다양한 주제로 토론합니다. 또한 지방을 순행하면서 백성들의 이야기를 직접 듣고자 하지요. 이처럼 정조는 백성들과 신하들을 직접 대면해 소통하는 걸 중요하게 생각합니다.

물론 정조 이전에도 왕이 백성과 소통하는 제도는 있었어요. 이미 태종 때부터 신문고 제도가 있어서 백성들이 억울한 일이 생기면 북을 울려 자신의 억울함을 호소할 수 있었거든요. 하지만, 아이러니하게도 이 신문고는 궁궐 안에 있었어요. 이는 임금이 직접 백성들의 억울함을 듣겠다는 게 아닌 그저 백성과의 소통의 의지를 나타내주는 상징적인 물건이었던 겁니다.

이렇게 유명무실해진 신문고를 대신해 16세기 중엽부터 격쟁(擊錚)이라는 제도가 성행해요. 격쟁이란 임금이 궁궐 밖으로 행차할 때, 꽹과리를 치며 자신의 억울함을 말하는 제도입니다.

글을 아는 선비나 신하들이야 상소라는 문서를 통해 왕에게 직접 억울함을 호소할 수 있었지만, 당시 백성들은 글을 알지 못했어요. 따라서 격쟁은 백성들이 자신의 억울한 일을 임금에게 직접 하소연할 수 있는 효과 만점의 제도였던 거지요.

하지만 이렇게 좋은 제도가 있으면 뭐하나요? 임금이 궁궐 밖으로 나오질 않으면 아무 소용이 없는 걸요. 하지만 정조는 달랐습니다. 사실 숙종때부터 왕이 궁궐 밖으로 나와 행차하면서 백성들과 만나는 일이 많아졌는데, 특히 영조와 정조는 임금의 어가행렬을 구경하는 백성들을 막지 않았답니다. 국왕의 모습을 백성들이 직접 볼 수 있도록 한 거지요.

임금 행차 때 구경꾼이던 백성들을 끌어들여 적극적으로 소통하고자 한 겁니다.

임금의 행차는 선대왕의 능을 방문하기 위한 거였지요. 능행을 하는 가운데 백성들과 만날 수 있도록 한 겁니다. 정조는 1777년 2월부터 1800년 3월까지 66번의 행차를 했으니, 연평균 3회이지요. 할아버지 영조조차 연 1회, 많아야 2회 정도였다는 걸 보아 정조가 백성들과 소통하기 위해 얼마나 힘쓴 왕인지 알 수 있어요.

정조는 억울함을 호소하는 백성이 어린아이라고 해도 막지 않습니다. 실제로 1779년 8월 10일, 효종의 능을 참배하고 돌아가는 길에 살곶이(청계천과 중랑천이 만나는 곳)에서 격쟁하는 어린아이와 마주칩니다.

"저희 아버지가 유배지에서 돌아올 때가 넘었는데 아직도 오지 않고 계세요. 빨리 돌아오게 해주세요."

이 이야기를 들은 정조는 신하들에게 어떤 일인지 알아보고 속히 처리하도록 명합니다.

"10세의 어린 나이임에도 불구하고 왕 앞에 긴장하는 기색 없이 또박또박 이야기하는 모습이 감동을 주는구나. 낮고 미천한 이들 가운데 이렇게 똑똑한 아이가 있을 줄 몰랐으니, 매우 가상하다. 네 사정을 들으니 불쌍하고 안타깝구나. 이는 조정에서 마땅히 처분하겠다."

먼 지방에서 온 사람들이기에 격식을 어기는 경우가 있겠지만, 그러한 이유로 그들의 억울한 사연을 외면해서는 안 된다.

『일성록(日省錄)』 정조 3년(1779) 8월 11일

백성들의 억울한 사정을 들은 정조는 3일 이내에 신속하게 처리하도록 했습니다. 신속한 처리가 곧 신뢰라는 걸 알고 있었던 거지요.

1791년 신해통공―백성들의 자유로운 상업 활동을 보장하다

조선 시대에는 상인을 크게 시전상인과 난전상인으로 나누었어요. 시전상인은 오늘로 치면 사업자등록증을 낸 이들입니다. 즉 국가에 세금을 내는 사람인 거지요. 세금을 내는 대신 군대를 면제해주었고, 주요 상권의 점포를 얻게 해주었습니다. 판매 독점권도 갖고 있었고요. 그래서 그들은 오늘날의 종로 거리인 운종가에 모여 장사를 할 수 있었지요. 반면, 난전상인은 무허가 좌판을 통해 상업 활동을 하는 이들이었습니다. 쉽게 말해, 같은 떡볶

이를 팔아도 건물 안에서 상표 있는 걸 팔면 시전상인이고, 트럭으로 이동하면서 팔면 난전상인이 되는 거지요.

조선시대 전기에는 시전상인이 우세했는데, 후기에 상업 활동이 활발해지면서 상황이 바뀌지요. 사람들이 갓을 하나 사도 시전상인에게 사지 않고, 난전상인에게 삽니다. 그 이유가 뭘까요? 바로 시전의 물건값이 비싸기 때문이지요. 시전상인은 세금을 내야 했기 때문에 자연히 물건값이 올라갈 수밖에 없었거든요.

지금으로 따지면 사람들이 백화점 명품매장에서 물건을 사는 게 아니라 인터넷으로 사는 것과 같아요. 그러니 시전상인들은 화가 날 수밖에 없지요. 이에 시전 상인들은 무허가 난전상인을 단속하게 해달라고 정부에 요청하고, 그 결과 그들을 단속할 수 있는 '금난전권'을 얻어요. 즉, 조선후기에 상업이 발전하고 여러 상인층이 성장하자 시전상인은 정부로부터 독점 상업권을 보장받은 거지요.

그렇게 시전상인들은 삼삼오오 다니면서 난전상인을 단속합니다. 그럼 적당히 단속할까요? 잔인하게 단속할까요? 이들은 물건만 깨는 게 아니라 상인도 폭행해요. 이를 정조가 보고 무슨 생각을 했을까요?

"관리(官)가 백성(民)을 단속하는 게 아니라 어찌 백성이 다른 백성을 탄압하는 것이냐?"

아마도 이렇게 생각하지 않았을까요?

게다가 시전상인은 서인 노론 벽파의 정치 자금을 대고 있었어요. 금난전권을 유지하기 위해서 뇌물을 바친 거지요.

정조는 백성들의 상업 활동을 자유롭게 보장함과 동시에 정적인 노론 벽파 세력의 자금줄을 끊기 위해 금난전권을 폐지해야겠다고 생각합니다.

결국 시전상인의 품목 중에 6가지(비단, 면포, 명주, 종이, 모시, 어물)를 파는 육의전만 제외하고 모든 상인의 금난전권을 폐지하였으니, 이것이 바로 1791년의 신해통공입니다.

> 좌의정 채제공이 임금에게 아뢰기를
> "혹 원래의 점포를 혁파하거나 혹은 점포의 이름만 남겨두고 난전(亂廛)은 철저히 금지한 뒤에야 백성들이 살아나갈 수가 있습니다."
>
> 『정조실록』 32권, 15년(1791) 2월 12일

그렇게 쑥을 뜯어 거리에서 파는 할머니들, 가내 수공업을 통해 만든 물건을 파는 아낙네 등등 일반 서민들 모두가 자유롭게 상업 활동을 할 수 있게 된 겁니다.

정조의 담배 사랑

『인조실록』 16년(1638)의 기록에 의하면 담배는 임진왜란 이후, 1616~1617년 사이에 조선으로 들어와 이후 급속히 퍼졌습니다. 당시 조선인들의 담배 사랑은 매우 높아서 남녀노소를 불문하고 피우지 않는 사람이 없었고, 씨를 뿌리고 수확하는 사람들끼리 서로 팔고 사

▶정조는 정치, 사회, 문화, 국방 등 각 분야에서 다양한 업적을 펼치며 조선의 중흥을 꽃피웠다.

는 일이 널리 행해졌습니다.

  조선인들의 담배 사랑을 엿볼 수 있는 건 바로 여러 형태로 불리던 담배 이름입니다. 남쪽에서 왔다고 해 남초(南草), 신비한 약효가 있다고 해 남령초(南靈草)라고 불리는 등 그 외에도 아래와 같이 다양하게 불렸지요.

  남초(南草) : 남쪽에서 왔다

  남령초(南靈草) : 신비한 약효가 있다

  연주(煙酒) : 술처럼 사람을 취하게 한다

  연다(煙茶) : 차(茶)처럼 피로를 해소시켜 준다

  상사초(相思草) : 한번 맛보면 결코 잊을 수 없다

  망우초(忘憂草) : 근심을 잊게 한다

  심심초(草) : 심심할 때 무료를 달래준다

  정조의 시문집 『홍재전서(弘齋全書)』를 보면 정조의 담배 예찬이 드러납니다. 조선시대에는 과거에 합격한 사람들의 등수를 정하기 위해 최종시험을 보았는데, 당시 문제를 왕이 직접 출제했지요. 이때, 정조는 다음과 같은 시험 문제를 냅니다.

  "왕은 말하노라. 온갖 식물 가운데 이롭게 쓰여 사람에게 유익한 물건으로 남령초 보다 나은 것이 없다. 남령초를 주제로 질문에 답하라."

                                          『홍재전서』, 1786년 11월 18일

정조는 어릴 때부터 학문에 몰두했기 때문에 몸과 마음에 피로가 켜켜이 쌓여 있었을 겁니다. 따라서 자주 답답해하곤 했는데, 이러한 답답함을 담배의 연기로 날려버린 거지요. 아마도 정조는 담배의 해악보다 담배가 주는 심리적 안정감에 더 크게 매료되었던 것 같습니다. 따라서 이렇게 좋은 (?) 담배를 온 백성들이 널리 이용할 방안을 최종 논술문제로 냈던 거지요.

1795년 정조의 꿈, 수원 화성

정조의 여러 업적 중 가장 큰 일은 바로 수원 화성이라고 볼 수 있습니다. 그렇다면 정조의 화성 경영은 어떻게 구상되었을까요?

정조는 아버지 사도세자에 대한 효심이 지극했다고 했지요? 당시 사도세자의 묘는 영우원(永祐園)으로 오늘날 삼육대학병원 자리에 있었어요. 정조는 아버지의 묘소를 좀 더 양지바른 곳으로 옮기고 싶어 합니다. 이때 새롭게 주목받은 곳이 바로 수원이지요.

정조가 당시 지관에게 어느 땅이 명당이냐고 물어보니, 지관은 수원이 최고의 명당이라고 대답해요.

"수원은 용이 여의주를 물고 있는 형상이니, 이쪽으로 묘를 옮기시면 좋은 일이 많을 거로 아룁니다."

그런데 신기하게도 사도세자의 묘를 수원으로 이장하자마자 좋은 일이

▶수원 화성. 정조가 아버지 사도세자의 묘를 수원으로 옮기면서 축조한 성(사적 제3호, 유네스코 세계문화유산). 거중기와 녹로 등 신기재를 이용해 만들어졌다. 수원문화재단 제공.

일어나요.

정조의 후궁인 수빈 박씨가 입덧을 하기 시작한 겁니다. 정조는 후궁인 의빈 성씨와의 사이에서 문효세자를 얻었지만, 5세에 병으로 사망해 후계자가 없었습니다. 따라서 후궁의 입덧 소식이야말로 궁의 경사였지요. 그리고 이 아이가 훗날 정조의 뒤를 이어 조선의 23대 임금이 되는 순조이고요. 더 흥미로운 건 순조의 생일과 어머니 혜경궁 홍씨의 생일이 같다는 겁니다. 혜경궁 홍씨는 1735년 음력 6월 18일이었고, 순조는 1790년 음력 6월 18일이었지요.

그리고 정조는 묘를 이장하면서 화성(華城)을 쌓기 시작해요. 화성 축조에는 당대 걸출한 인물들이 참여했는데, 채제공과 실학을 집대성한 정약

용, 도화서의 단원 김홍
도 등이었습니다. 또 성
을 쌓기 위해 새로운 벽
돌을 사용했는데, 이때
무거운 돌을 편리하게 옮
기기 위해 정약용이 만든
거중기가 등장합니다.

게다가 당시 화성 축성
에 대한 내용을 담고 있

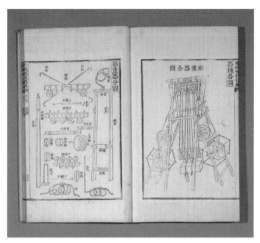

▶화성성역의궤. 조선시대 화성성곽 축조에 관한 경위와 제
도, 의식 등을 기록한 책. 정조 18년(1794) 1월부터 정조 20년
(1796) 8월에 걸쳐 화성성곽을 축조하며 그 공사에 관한 자세
한 기록을 남겨야겠다는 정조의 뜻에서 기록되었다. 국립중
앙박물관 제공.

는 『화성성역의궤』가 오
늘날까지 전해지고 있지
요. 그래서 오늘날 어떻
게 화성이 만들어졌는지 그 과정을 살필 수 있을 뿐 아니라 성의 일부가
파손되어도 쉽게 복원할 수 있게 되었습니다.

정조는 화성을 쌓을 때, 백성들에게 월급을 주면서 일을 지시합니다. 조
선시대에는 요역(徭役)이라는 것이 있어서, 국가에 큰 사업이 있으면 백성
들은 무상으로 노동력을 제공해야 했습니다. 하지만, 정조는 이들에게 임
금을 지급한 겁니다. 백성들을 임금노동자로 고용한 거지요. 아마 조선의
왕 중에서 최초로 임금노동자를 고용한 고용주가 정조일 겁니다.

이후, 화성이 완성된 이후 어머니 혜경궁 홍씨의 환갑인 을묘년(1795)
에 대대적인 화성 행차를 거행해요. 당시의 화성 행차는『원행을묘정리의
궤』에 자세히 기록되고 있는데, 이 의궤는 유네스코 세계기록유산으로 지

▶화성능행도 중 환어행렬도. 정조가 1795년
(정조 19년) 화성에 있는 사도세자의 무덤인 현
륭원에 행차했을 때 거행된 행사를 그린 8첩
병풍 중 하나. 국립고궁박물관 제공.

정되었지요. 행렬의 모습을 담은 반차도의 인원은 1,799명이지만, 실제로 현지에 미리 가 있거나 도로변에 대기하고 있는 사람들까지 고려하면 대략 6,000여 명에 이르는 대인원이 동원된 거로 추정하고 있습니다.

화성 안에는 논, 밭, 뽕나무, 과일나무, 시장, 행궁[1], 장용영이 머물 공간 등이 있었습니다. 심지어 성안에 물도 흐르고 있었고요. 이후, 정조는 어머니 혜경궁 홍씨가 70세가 되고, 아들(훗날 순조)이 15세가 되는 1804년에 왕위를 양위하고 이곳에 오고자 합니다. 그리고 이곳 수원 화성에서 공자가 꿈꿨던 대동사회를 실현하고자 했지요.

그러나 정조의 꿈은 끝내 이루어지지 못합니다.

---

1 행궁(行宮) : 임금이 나들이 때에 머물던 별궁.

1800년 정조는 독살당했는가?

조선의 왕들 중에 상당수가 종기 때문에 고생하다 세상을 떠났지요. 당시에는 항생제가 없었으니까요. 정조 역시 등에 난 종기 때문에 자신의 꿈을 이루지 못한 채 안타깝게 승하합니다. 바로 1800년, 정조가 왕위에 오른 지 25년째가 되던 해였습니다.

정조는 직접 『수민묘전(壽民妙詮)』이라는 의학서를 쓸 정도로 의학에 유능했으며 선왕이자 할아버지인 영조가 아플 때도 곁에서 10년 동안이나 모신 사람이에요. 따라서 자기가 아프면 스스로 의약을 처방할 정도였지요.

하지만 정조는 등의 종기가 너무 심해 몇 되가 되는 피고름을 짜내야 했습니다. 그만큼 정조의 기력은 쇠해질 수밖에 없었지요. 그런데 일설에 의하면 정조의 죽음 배후에 정순왕후가 있었다고 하지요. 노론인 정순왕후와 그 일파에게 정조가 독살을 당했다는 겁니다. 그 근거로 정조의 마지막을 홀로 지킨 이가 바로 정순왕후이며, 이후 정순왕후가 어린 순조를 대신해 수렴청정할 때, 정조의 업적들을 다 훼손한 것을 듭니다.

하지만 정조의 죽음은 정순왕후와 노론의 독살이라기보다는 갑작스러운 병의 악화 때문이라고 보는 게 더 타당합니다.

— 마인드 맵으로 정리하는 정조 —

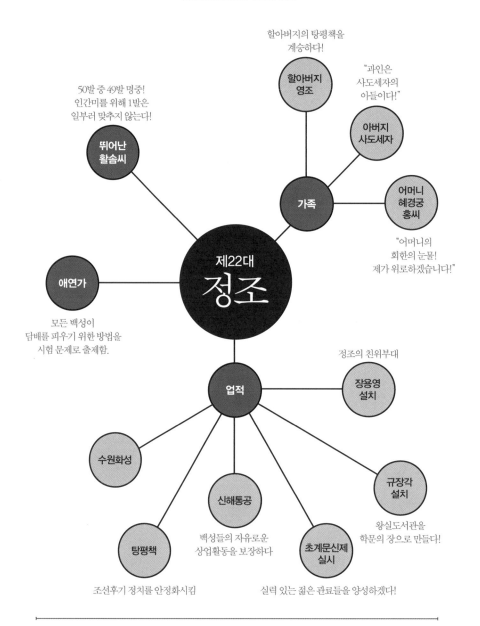

할아버지의 탕평책을
계승하다!

할아버지
영조

"과인은
사도세자의
아들이다!"

아버지
사도세자

가족

어머니
혜경궁
홍씨

"어머니의
회한의 눈물!
제가 위로하겠습니다!"

50발 중 49발 명중!
인간미를 위해 1발은
일부러 맞추지 않는다!

뛰어난
활솜씨

제22대
정조

애연가

모든 백성이
담배를 피우기 위한 방법을
시험 문제로 출제함.

업적

정조의 친위부대

장용영
설치

수원화성

신해통공

규장각
설치

왕실도서관을
학문의 장으로 만들다!

탕평책

백성들의 자유로운
상업활동을 보장하다

초계문신제
실시

조선후기 정치를 안정화시킴

실력 있는 젊은 관료들을 양성하겠다!

무능한 호랑이,
수렴청정에 휘둘린 허수아비 임금

- 순조의 증조할머니 정순왕후, 정치적 야욕을 드러내다

- 정약용이 18년 동안 귀양살이를 하게 된 까닭

- 세도정치의 시작은 정조 때문이었다?!

순조는 어떤 인물이었나?

생애 1790~1834년

재위기간 1800~1834년

휘(諱) 이공(李玜)

묘호(廟號) 순조(純祖)

출생과 즉위 조선 22대 임금 정조의 아들이며, 어머니는 후궁 수빈 박씨입니다. 정조가 병으로 갑자기 세상을 떠나자 11세의 어린 나이에 즉위하지요. 왕이 어리기 때문에 왕실 최고 어른이자 증조할머니(영조의 계비)인 정순왕후가 수렴청정을 합니다.

가족관계 왕비:1명, 후궁:1명, 자녀:1남 5녀

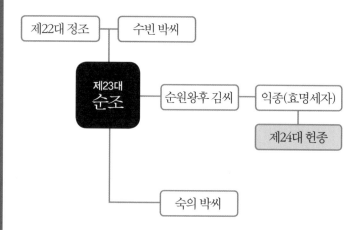

1800~1803년　왕 위의 여왕, 정순왕후의 수렴청정

순조는 1790년 6

월 18일에 창경궁에서 정조와 후궁 수빈 박씨 사이에서 태어났어요. 정조

의 유일한 아들이던 문효세자가 요절했기 때문에 당시 순조의 탄생은 왕

실의 큰 경사였지요. 이후, 순조는 11세가 되는 1800년(정조 24년) 정월에

왕세자에 책봉됩니다. 하지만 세자로 책봉된 지 1년도 되지 않은 6월에 아

버지 정조가 병으로 갑자기 세상을 뜹니다. 결국 11세의 어린 나이에 왕위

에 오르지요.

순조의 나이가 너무 어렸기 때문에 호적상 증조할머니인 정순왕후가

수렴청정합니다. 정순왕후는 15세일 때 당시 66세였던 영조의 두 번째 왕

비가 되었던 인물이지요. 당시 사도세자의 아내이자 며느리였던 혜경궁

홍씨보다도 10살이 어렸답니다. 하지만 족보상 왕실 최고의 어른인 건 맞

지요.

그런데 정순왕후는 수렴청정을 시작하면서, 정조가 이뤄놓은 것들을 모

두 부정하다시피 해요. 모든 걸 정조 이전으로 돌려놓거든요. 규장각의 권

한을 축소하고, 장용영은 폐지해버려요. 그중에서도 정조가 왕위에 오른

후 가장 먼저 노력했던 사도세자의 신원 회복도 없던 일로 만들어버립니

다. 또한 사도세자의 죽음을 슬퍼하며 동조했던 시파 신하들을 대대적으

로 숙청하고 벽파의 신하들을 대거 등용합니다.

도대체 그녀는 왜 그런 것일까요? 그건 바로 그녀가 벽파 쪽 인물이기 때문입니다. 정순왕후 수렴청정 기간은 3년이었는데, 그 기간 동안 무려 24년 동안 노력한 정조의 꿈이 물거품되어버리지요.

Q. 정조의 성과를 물거품으로 만든 정순왕후를 어떻게 바라봐야 할까요?

A. 정조의 성과가 물거품이 된 것은 곧 조선의 꿈이 물거품된 것과 같다고 볼 수 있어요. 국가를 위한 게 아닌 자신의 붕당만을 위한 정치를 한 게 바로 정순왕후인지라, 그녀에 대한 평가는 긍정적일 수가 없습니다. 그저 정순왕후의 정치적 행보가 안타까울 뿐이지요.

1801년 신유박해 – 천주교를 박해하다

조선후기에는 청나라를 통해 서양의 학문인 서학(西學)이 유입되었는데, 그중에는 천주교도 있었답니다. 천주교는 오늘날의 가톨릭으로, 모든 인간은 평등하다는 정신을 강조했으며 조상에 드리는 제사를 거부하는 것 등이 당시 교리의 특징이지요.

신분의 차이가 엄격하거니와 조상을 모시는 제사를 매우 중요한 예로 생각한 조선에서는 당연히 이를 오랑캐 종교라 치부합니다. 그런데 정조 때부터 천주교를 믿는 사람들이 하나둘씩 생겨나기 시작해요. 그중에는 나랏일을 하는 신하들도 여럿 있었고요. 당시의 정서로는 도저히 이해하기 힘든 일이 일어난 거지요. 하지만 정조는 천주교를 믿는다는 이유로 대대적인 탄압을 하지는 않았어요.

그런데 순조 즉위 후 정순왕후가 수렴청정하자마자 천주교에 대한 대대적인 박해가 시작됩니다. 1801년에 발생한 최초의 대규모 박해가 바로 신유박해지요. 당시 박해를 주도했던 세력이 바로 정순왕후 측근인 노론 강경세력이었습니다. 그들의 박해는 순수한 의도가 아니라 정치적 반대파를 제거하기 위한 명분이었지요. 특히 정조 시절 성장했던 남인 세력이 이때 몰락하게 되는데, 그중 실학을 집대성한 정약용도 포함되어 있었습니다. 정약용은 신유박해 이후로 무려 18년 동안 귀양 생활을 하게 되지요.

1802년	안동 김씨의 세도정치 시작

순조대부터 철종대까지 3명의 임금을 거치면서 무려 약 60년 동안 세도정치가 전개되는데요. 이 때문에 왕권은 약해지고, 안동 김씨나 풍양 조씨와 같은 가문들이 권력을 독점하게 됩니다. 과연 세도정치란 뭘까요?

Q. 세도정치가 뭔지 알려주세요.

A. 흔히들 '세도정치=외척정치'라고 생각하지만, 사실 세도정치의 원래 의미는 부정적인 게 아니랍니다. '정치의 도리는 널리 사회를 교화시켜 세상을 올바르게 다스리는 것'이라는 매우 긍정적인 뜻을 갖고 있거든요. 하지만 실제로는 조선 말기의 부정적인 외척 정치를 가리키는 말로 사용되고 있지요.

많은 사람이 정순왕후를 안동 김씨 사람이라고 생각해요. 순조 때부터 안동 김씨 가문이 권력을 장악했으니까요. 하지만, 그녀는 경주 김씨 가문의 사람이랍니다. 그렇다면 우리가 알고 있는 안동 김씨는 언제부터 등장한 것일까요?

그것은 바로 안동 김씨인 김조순의 딸이 왕비가 된 순간부터입니다.

김조순의 딸은 어떻게 왕비가 되었냐고요? 바로 정조의 의도랍니다. 김조순은 영조가 왕이 되는 데 큰 공을 세운 김창집의 후손입니다. 따라서

▶안동 김씨의 세도정치는 순조의 정실부인인 순원왕후가 들어온 뒤, 무려 60년 동안 지속되었다.

정조는 자기 할아버지를 왕으로 만들어준 김조순의 집안을 마음에 들어 했어요. 그리고 김조순이라면 아직 나이가 어린 세자의 뒷배가 되어줄 거라고 생각한 거지요.

▎Q. 정조가 김조순의 딸을 며느리로 맞이한 건 그를 믿었던 거네요?
▎A. 그렇습니다. 김조순의 고조할아버지인 김창집은 영조를 보필하던 노론 신하였지요. 즉, 김조순의 집안이 오래전부터 왕실과 밀접한 관계를 갖고 있었기 때문에, 왕실을 지켜주는 역할을 잘할 사람이라 여겼던 거지요.

하지만 상황은 정조의 의도와는 전혀 다르게 흘러갑니다. 김조순의 아들들이 순조의 외척이라는 명분으로 자기들 멋대로 권력을 휘두르기 시작한 거지요.

그리고 이때, 조선후기의 유명한 민란, 홍경래의 난이 발발합니다.

1811년　홍경래의 난

'홍경래의 난'은 1811년(순조 11년)에 평안도 지역에서 일어난 민란이에요. 왜 이 지역에서 난이 발발하게 된 것일까요? 바로 지역 차별 때문입니다.

당시 조선은 평안도에 대한 지역 차별이 심했습니다. 북쪽 국경선과 붙어 있다는 지리적 특성상 전쟁이 자주 발생하는 데다 북방 출신의 사람들이 많이 거주했기 때문에 야만인이라고 차별 대우를 받았던 거지요. 더욱이 다른 지역에 비해 성리학의 보급이 느렸어요. 상황이 이렇다 보니 다른 지역에 비해 교육열이 약했고요. 쉽게 말해 서울이나 지방 주요 도시는 과거 시험에 합격하기 위한 교육열이 높았지만, 서북지역은 그렇지 못했던 겁니다. 자연히 서북 출신 중에서는 과거 합격자 배출이 드물었고요.

그리고 사실 서북지역은 조선사회에서 왕따를 당한 곳입니다. 이중환의 『택리지』에 '서울 사람은 서북지역 사람과 결혼도 안 할뿐더러 친구로도 삼지 않는다'고 기록되어 있을 정도거든요.

사회적 분위기가 이러하니, 당연히 서북 출신들은 주요 관직에도 오르지 못합니다. 이런 결과는 지역 차별을 더욱 악화시켰고요.

하지만 서북지역은 자원이 많고 수공업 및 광산업이 활발해 상업이 크게 발달한 장점이 있었지요. 따라서 조선후기의 경제성장과 함께 그 어느 지역보다도 더 큰 경제적 부를 쌓고 있었습니다. 즉 경제적으로는 부유해지는데, 사회적 지위는 낮아 차별대우가 심한 곳, 그곳이 바로 서북지역, 평안도였던 거지요.

결국 이에 반발한 홍경래는 스스로를 평서대원수라 부르며 대규모의 난을 일으켰고, 많은 상인이 홍경래의 난을 후원합니다. 홍경래의 난 이후 조선은 변해야 한다는 '각성'을 하게 됩니다. 따라서 이 난은 한국사에서 체제 변화의 출발점이라는 중요한 의미가 있어요.

하지만 안타깝게도 중앙정부에서 보낸 관군에 의해 홍경래 세력은 진압되지요.

1827~1830년　효명세자의 대리청정과 죽음

순조에게는 맏아들, 효명세자가 있었습니다. 그는 1809년에 태어나 1812년(당시 3세)에 왕세자에 책봉되었습니다. 조선 제19대 임금인 숙종 이후, 오랜만에 나타난 정식 왕비 소생의 세자였지요.

효명세자는 상당한 엄친아였어요. 공부도 잘했고, 외모 역시 출중했다고 합니다. 그는 정순왕후의 수렴청정과 안동 김씨의 세도정치 하에 무력하게 있던 아버지 순조와 확실히 달랐습니다.

효명세자는 세도정치 때문에 왕권이 약화되는 일이 더는 없어야 한다고 생각해요. 실제로 19세가 되는 해에 대리청정하면서 그의 총명함은 빛을 발하기 시작합니다. 실학자 박지원의 손자이자 개화파의 선구자라 할 수 있는 박규수를 등용하거든요. 즉 세도정치로 무너져가는 조선을 다시 한 번 일으키고자 노력했던 인물이 바로 효명세자라고 할 수 있지요.

하지만 안타깝게도 효명세자는 대리청정 3년에 갑자기 병에 걸렸고 불과 22세의 나이에 요절하고 말았습니다. 당시 효명세자의 병을 치료하기 위해 귀양가 있던 정약용을 부르려고 했을 정도지요.

아버지 순조는 효명세자의 죽음을 매우 슬퍼합니다. 순조가 쓴 제문[1]을 보면 순조의 슬픔이 얼마나 컸는지 엿볼 수 있습니다.

"아! 하늘에서 너를 빼앗아감이 어찌 그리 빠른가? 앞으로 네가 상제(上帝)

---

1 제문(祭文) : 죽은 사람을 제사 지낼 때 쓰는 글.

를 잘 섬길 것이라고 여겨서 그런 것인가, 장차 우리나라를 두드려서 망하게

하려고 그러는 것인가, 아니면 내가 착하지 못하고 어질지 못하며 덕스럽지

못하여 신명(神明)에게 죄를 지어 혹독한 처벌이 먼저 자손에게 미쳐서 그

런 것인가? 장차 누구를 원망하고 누구를 허물하며 어디에 의지하고 어디에

호소할까?"   『순조실록』 31권, 30년(1830) 7월 12일

순조는 아들의 죽음에 대해 하늘이 뺏은 것이라 표현하지요. 그리고 효
명세자의 죽음은 곧 조선이 망하는 것이라고 한탄합니다. 아버지로서의
안타까움과 한 나라의 임금으로서의 안타까움이 한꺼번에 드러난 대목입
니다.

결국, 조선을 개혁하고자 했던 효명세자의 안타까운 죽음으로 인해 조
선은 계속 세도정치의 어려움에 부닥칠 수밖에 없었습니다. 왜냐하면 순
조를 이어 왕위에 오른 건 순조의 손자이자 효명세자의 어린 아들이던 헌
종이었기 때문이지요. 당시 그의 나이는 불과 8세였습니다.

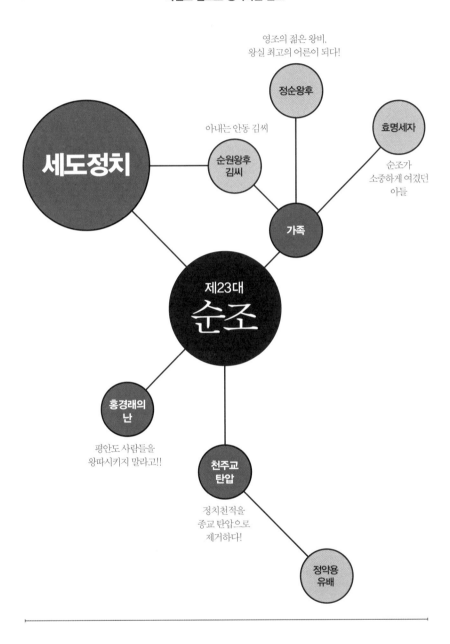

영조의 젊은 왕비,
왕실 최고의 어른이 되다!

정순왕후

효명세자

순조가
소중하게 여겼던
아들

아내는 안동 김씨

순원왕후
김씨

가족

세도정치

제23대
순조

홍경래의
난

평안도 사람들을
왕따시키지 말라고!!

천주교
탄압

정치천적을
종교 탄압으로
제거하다!

정약용
유배

최연소 호랑이,
8세에 즉위한 어린 임금

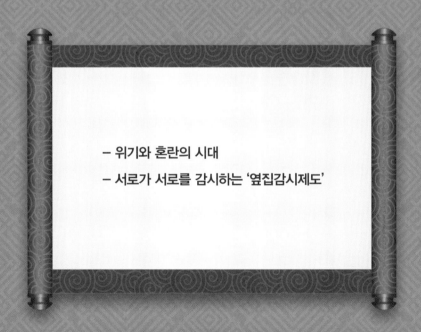

- 위기와 혼란의 시대
- 서로가 서로를 감시하는 '옆집감시제도'

헌종은 어떤 인물이었나?

생애 1827~1849년

재위기간 1834~1849년

휘(諱) 이환(李烉)

묘호(廟號) 헌종(憲宗)

출생과 즉위 제23대 순조의 손자이자, 요절한 효명세자(익종)의 외아들입니다. 아버지 효명세자가 대리청정 중에 병으로 요절하고, 할아버지 순조의 건강이 급격히 악화되자, 서둘러 왕세손으로 책봉되었다가 8세의 나이로 조선시대 최연소 왕으로 즉위합니다. 너무 어린 나이였기 때문에 왕실 최고 어른이자 순조의 왕비인 순원왕후가 수렴청정하지요.

가족관계 왕비 : 2명, 후궁 : 2명, 자녀 : 1녀

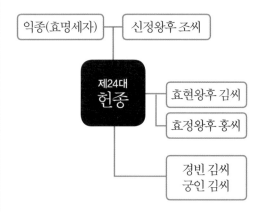

1834년 어린 임금과 풍양 조씨

조선의 제24대 임금인 헌종은 요절한 효명세자의 외아들이었어요. 아버지가 요절한 지 얼마 안 되어 할아버지마저 건강이 급격히 나빠지자, 서둘러 왕세손으로 책봉되었다가 불과 8세의 나이로 왕위에 오르지요.

이로써 그는 조선의 왕 중에서 최연소로 즉위합니다. 그의 재위기간은 약 15년으로 결코 짧지 않은 기간이지만 승하한 나이는 23세예요. 결국 그 역시 아버지 효명세자처럼 요절한 거지요.

헌종의 어머니는 조대비로 유명한 신정왕후로, 풍양 조씨 가문의 사람이었습니다. 순조 때 처가였던 안동 김씨의 세력이 강했다면, 헌종 때는 외척이던 풍양 조씨 가문의 권세가 높았습니다. 이러한 세도정치로 인해 조선 백성들의 삶은 매우 어려워졌고요.

먼저 탐관오리의 부정행위가 심했어요. 관직을 사고파는 매관매직이 성행할 정도였으며, 돈을 주고 관리가 된 사람들은 본전 그 이상을 얻기 위해 백성들의 고혈을 쥐어짜냅니다. 게다가 이양선이라는 서양의 배가 자주 출몰해 통상을 요구하는 등 안팎으로 근심이 끊이질 않는 내우외환[1]의

---

1 내우외환(內憂外患) : 안에서 일어나는 근심과 밖으로부터 받는 근심이라는 뜻. 나라 안팎의 여러 가지 어려운 상황을 이르는 말.

상황이었지요.

> "이달에 이양선(異樣船)이 호남(湖南) 흥양(興陽)과 제주(濟州)의 바다 가운데에 출몰 왕래하며 스스로 대영국(大英國)의 배라 하면서 이르는 섬마다 곧 희고 작은 기를 세우고 물을 재는 줄로 바다의 깊이를 재며 돌을 쌓고 회를 칠하여 그 방위(方位)를 표하고…"
>
> 『헌종실록』 12권, 11년(1845) 6월 29일

1839년 오가작통법의 실시—서로를 감시하는 사회

조선 정부는 순조 대부터 천주교 신자들을 엄하게 벌하고, 대대적인 숙청과 귀양을 단행했습니다. 헌종 시기에도 마찬가지였는데요. 그 대표적인 모습이 바로 '오가작통(五家作統)'의 시행입니다.

오가작통은 말 그대로 다섯 집을 하나로 묶는 것인데요, 다섯 집을 묶어 하나의 통(統)으로 보았고, 이 다섯 집에서 천주교 신자가 한 명이라도 나타나면 나머지 네 집도 엄하게 벌한 겁니다.

원래 오가작통은 춘추전국시대 법가사상에서 나온 것으로, 이웃을 서로 감시하게 함으로써 국가가 백성을 쉽게 통솔할 수 있도록 한 제도입니다. 그리고 조선시대에도 치안 유지와 행정적 편의 등의 이유로 오가작통제를 시행하였지요.

하지만 헌종 때는 이러한 오가작통의 의도가 변질됩니다. 오가작통법의 정보가 천주교 신자를 색출하고 체포하는 데 사용된 겁니다. 더욱이 조선

▶헌종 때, 다섯 집을 하나의 통으로 묶어 다섯 집에서 천주교 신자가 한 명이라도 나타나면 나머지 네 집을 엄하게 벌했다.

후기에는 막대한 세금이나 부역을 피하고자 떠돌아다니는 사람이 많았기 때문에, 더욱 오가작통을 통해 이웃에 연대책임을 물어 사회를 통제하고자 한 거고요.

만약 한 가구가 도망가거나, 천주교 신자가 발생하면 나머지 이웃들이 고스란히 그 처벌을 뒤집어써야 했으니까요. 이렇게 오가작통을 이용해 대대적인 천주교 박해가 일어났으니, 그게 바로 1839년의 '기해박해'입니다. 즉, 오가작통법 때문에 조선 사회는 이웃 간의 정이나 연대의식은 사라지고 서로가 서로를 감시하는 삭막한 사회가 된 겁니다.

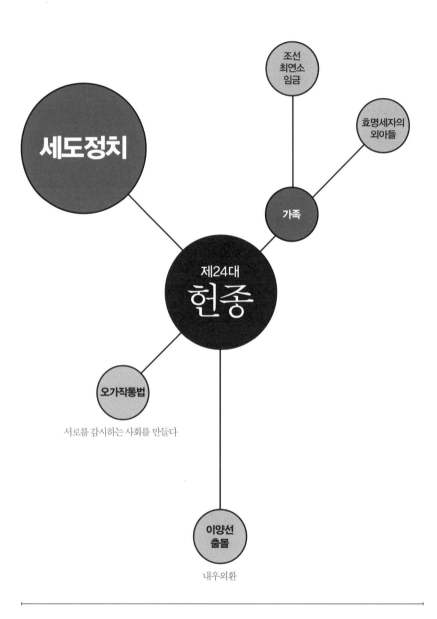

세도정치

조선
최연소
임금

효명세자의
외아들

가족

제24대
헌종

오가작통법

서로를 감시하는 사회를 만들다

이양선
출몰

내우외환

신데렐라 호랑이.
조선의 꼭두각시 임금

- 촌수까지 고쳐가며 강화도 도령을 왕으로 만들다

- 죽은 사람에게도 세금을 걷었던 부패한 시대

철종은 어떤 인물이었나?

생애 1831~1863년

재위기간 1849~1863년

휘(諱) 이원범(李元範) → 이변(李昪)

묘호(廟號) 철종(哲宗)

출생과 즉위 사도세자의 아들이자, 정조의 이복동생 은언군의 손자입니다. 1844년(헌종 10년)에 역모 사건에 연루되어 강화도로 유배되었다가, 1849년 대왕대비 순원왕후의 명으로 19세에 왕이 되지요. 선대왕인 헌종과는 7촌 사이입니다. 항렬로 따졌을 때 철종이 헌종의 삼촌뻘로 항렬이 더 높지요.

가족관계 왕비 : 1명, 후궁 : 7명, 자녀 : 5남 1녀

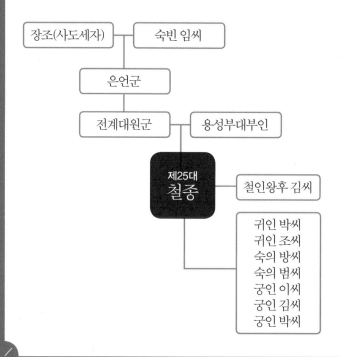

1849년　왕이 된 강화도령?!

조선의 24대 임금이던 헌종이 후사 없이 일찍 세상을 떠나고 말았습니다. 순조-효명세자-헌종에 이르기까지 아들은 오직 한 명씩밖에 없었기에, 헌종의 뒤를 이를 사람을 찾기란 쉽지가 않았지요. 결국, 조선의 25대 임금으로 즉위한 사람은 강화도령이던 이원범입니다.

이원범은 사도세자의 후손이었습니다. 사도세자는 정실부인인 혜경궁 홍씨 이외에도 여러 후궁을 두고 있었는데, 그중 숙빈 임씨와의 사이에서 아들 은언군을 가졌지요. 하지만 은언군은 정조 시절, 역모사건에 연루돼 그 일가 모두 강화도 교동으로 귀양을 갔습니다. 그런데 40여 년이 지난 1830년에 귀양에서 풀려나 서울에서 살기 시작했고 그다음 해인

▶철종 어진. 조선 제25대 왕 철종(재위 1849~1863)의 초상화. 6·25전쟁 당시 화재로 인해 3분의 1가량이 불에 타 소실됐다. 국립고궁박물관 제공.

1831년에 이원범이 태어나요.

즉, 이원범은 사도세자의 서자인 은언군의 손자였던 거지요. 계보로 따지면 선왕이던 헌종의 삼촌뻘이었고, 촌수로는 7촌 사이입니다. 즉 조선 14대 왕인 선조보다도 더 심한 방계 중의 방계 출신 왕인 겁니다.

그렇다면 이원범은 어떻게 왕위에 오를 수 있었을까요? 상하질서를 유독 중요하게 여기던 조선사회에서 삼촌뻘이 되는 이원범이 헌종의 양자가 될 수는 없었습니다. 이 때문에 순조의 왕비이자 왕실 최고 어른인 순원왕후는 이원범을 법적으로 효명세자의 형제로 만들어요. 즉 철종을 헌종의 작은 아버지로 만들어 왕위를 계승하게 한 것이지요.

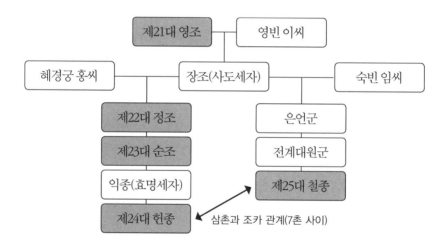

Q. 왜 순원왕후는 항렬을 정리하면서까지 철종을 왕으로 만들었을까요?

A. 당시 순원왕후는 선택의 여지가 없었어요. 비록 철종이 선왕인 헌종의 삼촌뻘이라 해도 남아있는 왕족 중에서 제일 가까운 혈육이었으니까

요. 영조 이후의 왕들이 모두 사도세자의 후손이었기 때문에, 그의 혈육을 찾다 보니 제일 가까운 이가 바로 강화도령인 철종이었던 거지요.

이원범은 14세까지 한성에서 살았어요. 그는 셋째 아들이었는데 큰 형인 이명이 역모를 꾀하다 발각되자 연좌제로 둘째 형 이경응과 함께 삼형제가 다시 강화로 유배를 가게 된 겁니다. 그리고 왕이 되던 19세까지 5년간 강화도에서 나무를 베면서 살게 되지요.

하지만 백성으로서의 삶은 불안했나 봅니다. 자신을 왕으로 세우기 위한 행렬이 왔을 때, 이원범은 할아버지와 형과 마찬가지로 자신을 잡으러 온 줄 알고 산속으로 도망쳤습니다. 그리고 이원범의 형인 이경응은 함께 도망 다니다가 넘어져서 다리가 부러질 정도였고요. 아무래도 할아버지와 형의 역모죄로 인하여 집안이 풍비박산이 났으니 언제 자신이 역모에 연루될까 두려워했을지도 모릅니다.

1849~1863년　조선판 신데렐라 임금! 그는 행복했을까?

자, 강화도에서 나무를 베며 생계를 꾸리던 사람이 한 나라의 왕위에 올랐어요. 이거야말로 조선판 신데렐라이자 로또 1등 당첨이지요. 하지만, 타의에 의해 만들어진 자리는 누구든 자유로울 수 없지요. 철종 역시 마찬가지였답니다.

왕이 된 철종은 새 왕비를 맞이해야 했지요. 그래서 헌종과 마찬가지로 안동 김씨 가문인 김문근의 딸을 왕비로 삼아요. 결국 철종 시절 역시 순조, 헌종과 마찬가지로 외척의 힘이 강해질 수밖에 없었지요. 더욱이 한번도 왕이 되는 교육을 받지 못했으니, 정치에 대한 안목이 부족할 수밖에 없었고요. 여기에 안동 김씨 세력의 매관매직과 전횡[1]이 심각해지는 등 삼정의 문란에 시달립니다.

삼정(三政)이 무엇일까요? 삼정이란 국가의 주요 수입원인 전세·군포·환곡을 말합니다. 즉 토지세인 전세, 일종의 국방비인 군포, 봄에 쌀을 빌려주고 가을에 이자를 붙여 갚게 하는 빈민구휼제도인 환곡을 말하는데요. 하지만 탐관오리들이 삼정을 빌미로 터무니없이 많은 세금을 갈취해 갑니다. 군포의 경우, 원래 16~59세의 양인 남자들만 세금을 내지요. 하지만 아직 16세가 되지 않은 어린아이들에게도 세금을 징수하니, 이를 황구첨정(黃口簽丁)이라고 합니다. '황구'란 아직 어른이 되지 않은 아이들을 말해요. 제비 새끼가 어미를 향해 먹이를 달라며 입을 벌리는 것에서 차용한 말이지요. 당시 법으로는 어린아이를 군적에 올리면 서리뿐만 아니라 수령(사또)까지도 처벌을 받았어요. 하지만 실제로 처벌이 되는 경우는 없었습니다.

또한 60세가 넘은 노인에게는 세금을 거두면 안 되지만 그들에게도 세금을 거둡니다. 심지어 이미 죽은 사람에게도 세금을 거두는 '백골징포(白骨徵布)'가 성행하기도 하는 등 사회에 비리가 만연해져요.

그런데 삶이 팍팍한 백성들을 더욱 괴롭히는 것이 있었으니, 그것은 바

---

1 전횡(專橫) : 권력이나 세력을 통해 제멋대로 하는 행동.

로 환곡의 고리대화입니다. 한마디로 환곡을 통해 관료들이 사채업을 한 거지요. 백성인 흥부는 봄에 국가로부터 곡식을 빌린 적이 없는데도 불구하고, 곡식을 10섬 빌렸으니 이자까지 더해 11섬을 관청에 내라고 통보받습니다. 옆집에 사는 놀부는 빌렸던 곡식이 차마 먹을 수 없는 불량상태였는데도, 불량곡식에 대한 원금과 이자까지 내야 했고요.

심지어 울며 겨자 먹기로 환곡을 갚고자 해도, 국가에서 곡식을 받지 않습니다. 왜 그런 것일까요? 이자에 이자를 더하기 위해서입니다. 이른바, 환곡을 통해 부패한 관리들이 돈놀이를 했던 거지요.

관리들의 부정부패가 만연했지만, 힘이 없는 철종은 안동 김씨의 권력 밑에서 자리만 겨우 보전할 뿐이었고요. 상황이 이렇다 보니, 애꿎은 백성들만 피눈물을 뚝뚝 흘려야 했어요.

1862년 임술농민봉기 – 민중은 울부짖는다

이처럼 조선후기 백성들의 삶은 극도로 어려워지기 시작해요. 또한 조선후기에는 농업생산력과 상품경제가 발달하면서 농민층이 분화되는데, 그 결과 농민들 사이에서도 부익부 빈익빈이 심화됩니다.

그중 가장 빈민층이던 농민들 사이에서 1862년 '임술농민봉기(진주민란)'가 일어납니다. 진주에서 시작된 농민봉기는 이윽고 전국으로 확대되고요.

농민들은 탐관오리에 대한 보복으로 멈추지 않고, 중앙 정부에서 파견된 안핵사에게 자신들의 어려움을 구체적으로 호소하며 요구사항을 주장해요.

당시 안핵사로 파견된 박규수는 농민들의 어려움과 민란의 원인은 삼정의 문란에 있다고 보았습니다. 이후 조선정부는 상황을 수습하기 위해 삼정이정청이라는 특별기구를 설치합니다. 또한 철종은 1862년 6월 10일 전국의 정치인과 지식인들에게 시험 문제를 내기를, 삼정 문제를 해결할 방안을 적어보라고 하지요.

하교하기를,

"삼정(三政)의 폐단을 바로잡기 위해 이정청(釐整廳)을 설치해 강구하는 일이 있기에 이르렀다. 그리하여 여러 신하들이 서로 의논해 교정(矯正)하고 있는데, 이는 조정에서 크게 새롭게 하는 것과 관계된 것이므로, 널리 묻고 널리 의견을 채집하여 사리(事理)에 꼭 맞도록 힘쓰지 않을 수 없다."

『철종실록』 14권, 13년(1862) 6월 10일

1863년 철종의 죽음

안동 김씨 세력에 의해 왕이 된 철종은 꼭두각시 임금이었습니다. 무능할 수밖에 없었고, 오직 술과 여자만이 삶의 희망이었지요. 결국 농사를 지으며 건장했던 그의 몸은 약 15년의 궁중 생활 동안 쇠약해지면서 33세라는 창창한 나이에 병으로 승하합니다.

안동 김씨에게 철종의 죽음은 한 나라의 왕을 잃어버린 백성의 슬픔이라기보다는 자신들의 꼭두각시가 사라진 황당함이었지요. 철종이 이렇게 빨리 승하할 거라곤 그들도 예상하지 못했던 겁니다.

결국 허둥지둥 당황하는 안동 김씨들을 노려보던 이가 있었으니, 그가 바로 잔뜩 몸을 웅크리고 있었던 왕족, 흥선대원군 이하응이었습니다.

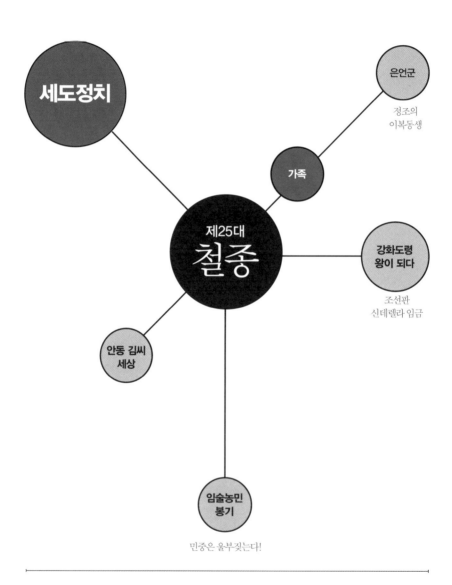

비운의 호랑이,
변혁과 침략의 시대에 서 있던 임금

- 고종의 아버지 흥선대원군의 10년간 섭정

- 개항 이후, 근대 변화의 바람이 불다

- 흔들리는 조선, 국호를 고쳐 새로운 변화를 꾀하지만…

고종은 어떤 인물이었나?

생애 1852~1919년

재위기간 1863~1907년

휘(諱) 이희(李熙)

묘호(廟號) 고종(高宗)

출생과 즉위 흥선대원군의 차남으로 조선의 제26대 왕이자 대한제국 제1대 황제로 즉위합니다. 철종이 후사 없이 승하하자 영조와 사도세자 후손들의 대가 완전히 끊기게 됐지요. 사실 고종의 할아버지인 남연군은 인조의 3남 인평대군의 직계 후손이자 인조의 8대손이었기 때문에 왕위 계승권이 없었어요. 하지만 남연군이 사도세자의 서자이자 정조의 이복동생이던 은신군의 양자가 되면서 그의 후손들이 왕의 계승권을 갖게 된 겁니다. 이때, 고종의 친부인 흥선대원군은 왕실 최고 어른이던 신정왕후 조씨와의 교섭을 통해 자신의 아들을 익종(효명세자)의 양자로 삼게 해요. 결국 남연군의 손자이자 익종(효명세자)의 양아들인 이명복이 조선의 제26대 왕으로 즉위하니, 그가 바로 고종입니다.

가족관계 왕비：1명, 후궁：6명, 자녀：6남 1녀

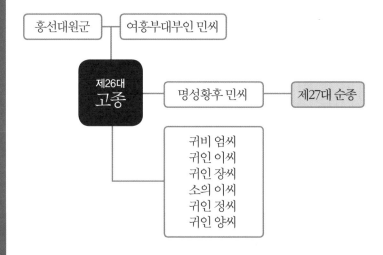

고종에 대해 말씀드리기에 앞서 잠시 짚고 넘어가야 할 부분이 있습니다. 사실 『고종실록』과 『순종실록』은 그 제작과정에서 일제의 간섭에 의해 왜곡되었을 가능성이 있어서 그 내용을 잘 활용하지 않습니다. 하지만 조선의 역사를 전반적으로 알기 위해 고종과 순종에 대해서도 간단히 얘기하려고 합니다.

조선의 제25대 임금인 철종이 후사 없이 세상을 떠났습니다. 세도정치 기간의 왕들은 모두 원만하게 후사를 얻지 못했으니, 결국 다음 왕위 계승자를 고르는 일은 당시 왕실의 큰 고민거리가 될 수밖에 없었지요.

더욱이 철종의 승하로 그 고민은 극에 달해요. 철종이야말로 영조-사도세자-정조로 이어지는 혈통의 마지막 인물이었으니까요.

▶흥선대원군 이하응(1820~1898) 영정. 운현궁에서 전해오던 것으로, 흥선대원군 이하응이 회갑을 맞은 해에 그린 초상화로 알려졌다. 문화재청 제공.

이처럼 조선후기에는 왕손이 매우 부족해져요. 조선 전기에는 왕비나 후궁들 사이에서 여러 아들을 낳았지만, 조선후기에는 왕비는 물론 후궁과의 사이에서도 아들을 얻기가 힘들었어요. 어쩌다 아들을 얻어도 귀한 외동에, 태어났어도 병으로 일찍 세상을 떠나는 경우가 대부분이었지요.

왕족의 혈통이 끊길 지경이니 어떻게 해야 할까요? 양자를 들여서라도 채워 넣어야 했지요. 이때 주목받는 인물이 바로 흥선대원군 이하응입니다. 대원군이란 왕의 아버지를 일컫는 말입니다. 왕족이지만 정작 자신은 왕위에 오를 수 없는 사람이며, 아들이 왕으로 올랐을 때는 그에 걸맞은 대우를 받았지요. 조선에는 총 3명의 대원군이 있습니다. 조선 14대 임금인 선조의 아버지인 덕흥대원군, 제25대 철종의 아버지인 전계대원군, 그리고 제26대 고종의 아버지인 흥선대원군입니다.

흥선대원군 이전의 대원군들은 아들이 왕위에 올랐을 때, 이미 사망한 후였지요. 하지만 흥선대원군은 달랐어요. 아들을 왕으로 세우고 어린 아들을 대신해 10년 동안 섭정을 합니다.

그런데 이상하지 않나요? 본인이 직접 왕위에 오르면 되지, 굳이 아들을 왕으로 만들고 자신이 대리 정치를 하니 말이에요. 그 이유는 흥선대원군과 철종이 같은 항렬이기 때문입니다. 조선은 예법을 중시하는 나라이니, 후대 왕의 항렬은 선대왕보다 낮아야 했지요. 따라서 흥선대원군은 자신의 차남이던 이명복을 왕으로 앉힌 겁니다. 그가 바로 고종이지요.

Q. 철종은 헌종보다 항렬이 높은데도 왕이 됐잖아요. 그런데 왜 흥선대원군은 그렇게 하지 않은 거예요?

■ **A.** 흥선대원군과 철종의 공통되는 조상을 찾으려면 인조까지 거슬러 올라가야 해요. 즉, 촌수가 멀어도 너무 먼 것이지요. 그나마 흥선대원군의 아버지 남연군이 정조의 이복동생인 은신군의 양자로 입적되면서 촌수가 다소 가까워진 것뿐이랍니다. 그 결과 흥선대원군과 철종은 같은 항렬이 되었고요. 게다가 1820년생이었던 흥선대원군은 1831년생인 철종보다 무려 11살이 많았어요. 철종이 세상을 떠났을 때, 당시 흥선대원군의 나이는 44세였거든요. 그러니 아무래도 직접 왕위에 오르기엔 상당히 부담스러웠을 거예요.

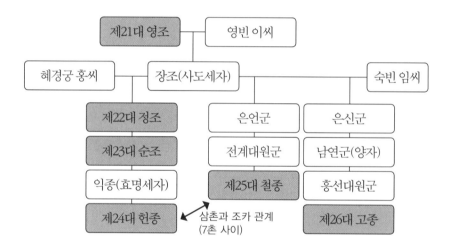

<table>
</table>

제21대 영조	영빈 이씨

혜경궁 홍씨 — 장조(사도세자) — 숙빈 임씨

제22대 정조 / 은언군 / 은신군
제23대 순조 / 전계대원군 / 남연군(양자)
익종(효명세자) / 제25대 철종 / 흥선대원군
제24대 헌종 ↔ 삼촌과 조카 관계 (7촌 사이) / 제26대 고종

1863~1873년 흥선대원군의 10년 정치

고종이 왕위에 올랐을 때의 나이는 12세로, 직접 정치를 하기에는 너무 어렸지요. 게다가 왕위 계승자 수업을 따로 받지 못했기 때문에 자연히 수렴청정할 수밖에 없었습니다.

▶운현궁. 서울특별시 종로구에 있는 사적 제257호 문화유산으로, 흥선대원군이 거주하고 생활하던 공간.

따라서 고종의 양어머니인 신정왕후가 수렴청정해야 했지요.

하지만 고종의 친아버지가 살아있었기 때문에 신정왕후의 수렴청정은 3년 정도밖에 되지 않았어요. 그리고 이를 이어 흥선대원군이 정치를 돌봐주는 섭정이 시작된 거지요.

사극을 보면 흥선대원군이 직접 조정의 회의에 나가서 회의를 진두지휘했을 것 같지만, 실상은 그렇지 않았어요. 3호선의 안국역 4번 출구 쪽에 운현궁이라는 곳이 있는데요, 이곳이 흥선대원군의 사저[1]이자 고종이 태어난 곳이지요. 흥선대원군은 바로 운현궁에서 주요 업무를 다루었답니다.

흥선대원군은 무려 10년간 섭정을 하는데요, 안으로는 왕권 강화를 꾀하고 밖으로는 통상수교 거부 정책을 단행해요. 흥선대원군이 권력을 잡았을 때는 안동 김씨와 풍양 조씨로 인한 세도정치의 폐단이 멈출 기미가 없었고, 이 때문에 왕의 권위는 땅으로 추락한 상황이었지요. 따라서 흥선대원군은 대대적인 인사를 단행해 안동 김씨 위주의 정치 구조를 뒤흔들었고, 국가 재정의 부족을 충당하기 위해 양반들에게 세금을 징수하는 '호포제'를 실시합니다. 그뿐만 아니라 붕당 대립의 근거지이며 운영에 경비

1 사저(私邸) : 개인 저택.

가 많이 들던 전국의 서원을 47개만 남기고 다 혁파해요.

이러한 그의 행보에 여기저기서 불만의 목소리가 높아질 수밖에 없었지요. 하지만 흥선대원군은 다음과 같이 말하며 강경한 태도를 고수해요.

"진실로 백성에게 해가 되는 것이 있다면, 설령 공자가 다시 살아난다 해도 용서하지 않겠다!"

또한 무너진 왕실의 권위를 높이기 위해 경복궁을 중건하기 시작하지요. 경복궁은 임진왜란 때 소실되어 조선후기 내내 폐허로 남아 있었는데요. 이것을 다시 복구하는 사업을 흥선대원군 시기에 시작한 겁니다. 오늘날 우리가 보고 있는 경복궁은 바로 흥선대원군 때 재건한 모습입니다. 하지만 경복궁을 짓기 위해서는 막대한 돈과 노동력이 들 수밖에 없었어요. 결국 흥선대원군은 당시 유통되던 상평통보보다 100배의 가치가 있는 당백전(當百錢)을 발행합니다. 이 때문에 엄청난 물가상승인 인플레이션이 일어나기도 하지요. 그리고 무리한 공사 부담 때문에 백성들의 반발이 심했고요.

또한 서양 국가들이 무역 거래를 요구하자 흥선대원군은 이를 거부합니다. 프랑스와는 병인양요(1866)를 미국과는 신미양요(1871)를 치르기도 하고요. 이후, 흥선대원군은 '오랑캐와 교류하는 것은 나라를 파는 행위'라고 새긴 척화비를 전국에 세워요.

이때에 종로(鐘路)거리와 각 도회지(都會地)에 척화비(斥和碑)를 세웠다.

그 비문에, '오랑캐들이 침범하니 싸우지 않으면 화친하는 것이요, 화친을 주장하는 것은 나라를 팔아먹는 것이다'라고 하였다.

『고종실록』 8권, 8년(1871) 4월 25일

▶척화비. 1871년(고종 8년) 흥선대원군이 서양 제국주의 세력의 침략을 막기 위해 전국 각지에 세웠던 비석.

Q. 병인양요와 신미양요가 일어난 구체적인 이유는 뭔가요?

A. 병인양요와 신미양요가 일어나게 된 배경을 알기 위해서는 19세기 국제정세에 대해 알아야 해요. 당시 서양은 산업혁명 이후, 경제가 크게 발전했고, 더 넓은 소비시장과 값싼 원료를 공급받기 위해 새로운 시장을 찾고 있었어요. 그 결과 동아시아 여러 국가에 교역을 요구합니다. 프랑스와 미국 역시 조선에 교역을 요구한 거지요. 하지만 서양과 일절 통상을 하지 않던 조선의 입장에서 갑자기 이들과 무역을 하는 게 쉽지 않았겠지요. 그 결과 전쟁이 발발했으니, 그것이 바로 병인년(1866)에 일어난 병인양요와 신미년(1871)에 발발한 신미양요입니다.

Q. 흥선대원군이 섭정을 잘한 걸까요? 아니면 잘하지 못한 걸까요?

A. 흥선대원군의 섭정은 세도정치로 약해진 왕권을 부활시켰다는 점에서 긍정적으로 평가할 수 있어요. 하지만 무리하게 경복궁을 조성한 점, 당시 변화하는 국제정세에 대처하지 못하고 통상수교를 거부해 우리나라

의 근대화를 지연시킨 점 등은 그의 한계점이지요.

1873~1907년　망국으로의 길

　　　　　　　　　　조선의 27명 임금 중에서 제일 무능한 왕으로 손꼽히는 두 사람이 있습니다. 임진왜란이 발발했을 때 자기 목숨만 보전하고자 도망쳤던 선조와 조선이 일본의 식민지로 전락한 시절 왕위에 있던 고종이지요.

　조선 왕조가 무너져가고 있을 때, 왕이 된 고종에 대한 평가는 망국의 군주였다는 게 지배적이지요. 그로 인해 결국 조선은 일본의 식민지가 되었으니까요. 하지만 최근에 고종이 대한제국을 세우며 조선왕조를 부흥시키려 했으며, 을사조약과 같은 외교침탈의 문서에 승낙하지 않았다는 점을 바탕으로 긍정적인 재평가가 이루어지고 있지요.

　고종에 대한 평가에 대해서는 앞으로도 다양한 이야기가 나올 거예요. 다만 확실한 건 고종이 재임하던 약 44년의 기간은 그 어떤 시기보다 충격과 변화가 많았다는 겁니다.

　첫 번째 큰 변화는 1876년 강화도 조약 체결로 인한 문호 개방이라고 볼 수 있어요. 원래 조선은 중국(명, 청)과 일본을 중심으로 조공 혹은 책봉이라는 전통적 외교 방식으로, 국경선 부근에서 문물을 교류했지요. 하지만 일본의 무력적인 공격 때문에 부산, 원산, 인천을 시작으로 상품이 더욱 활발하게 교류되기 시작합니다. 그리고 이러한 상품 교류는 나라 안으로 더욱 깊숙이 침투되고요.

즉 19세기부터 조선은 제국주의의 물결에 의해 상품 교역이 이루어진 겁니다. 하지만, 조선은 이에 대해 철저히 준비하지 못했고, 결국 치외법권을 인정하는 등 불평등한 조약을 체결할 수밖에 없었지요. 치외법권이란 일본 사람이 조선에서 폭행이나 절도 사건을 벌여도 조선 정부가 직접 처벌할 수 없는 것을 말해요.

1873년부터 친정[2]을 시작한 고종은 개항을 통해 많은 변화를 경험하게 됩니다. 그래서 1880년대부터 통리기무아문[3]을 설치하고 신식 군대인 별기군을 만들었으며 청과 일본에 영선사, 수신사를 각각 파견해 근대 문물을 익히도록 하지요.

하지만 1882년, 근대화의 변화에 반발하고 구식 군인에 대한 차별대우를 참지 못한 군인 반란인 임오군란이 발발하였습니다. 또한, 1884년에는 근대화의 방향을 청을 중심으로 삼을 것인가, 일본을 중심으로 삼을 것인가 하는 대립으로 갑신정변이 일어났고요.

이러한 정치 변동을 겪는 가운데, 청나라의 국내 정치에 대한 외압은 더욱 심해집니다. 더욱이 조선을 둘러싸고 청과 일본의 대립이 심해지면서 1894년에는 청일전쟁이 일어나고 말았습니다. 당시 전쟁은 청나라나 일본에서 치러진 것이 아니라, 바로 우리가 사는 한반도에서 일어난 겁니다. 즉, 강대국의 힘의 논리에 조선의 운명이 흔들리기 시작한 것이며 그 막대

---

2 친정(親政) : 왕이 직접 나라의 정사를 돌봄.
3 통리기무아문(統理機務衙門) : 조선 후기 군국기밀과 정치를 총관하던 관청.

▶흥선대원군은 아들 고종이 즉위하자 10년 동안 섭정을 하며, 안으로는 왕권강화를 밖으로는 통상 수교 거부 정책을 단행하였다.

▶조선 제26대 왕이자 대한제국
제1대 황제 고종(재위 1863~1907)
의 사진. 국립고궁박물관 제공.

한 피해는 고스란히 조선의 몫일 수밖에 없었지요.

이후, 을미사변(1895)으로 고종의 왕비인 명성황후가 일본 자객에 의해 피살되자, 고종은 러시아에 신변보호 요청을 합니다. 결국 한 나라의 임금이 러시아 공사관에서 머물러 지내기 시작합니다.

그리고 1년 뒤에 경운궁(지금의 덕수궁)으로 돌아온 고종은 흔들리는 조선의 국운 속에서 새로운 변화를 시도합니다. 나라 이름을 '대한제국'으로 고치고 황제국이라 선포한 거지요.

Q. 러시아 공사로 몸을 피한 고종이 1년 만에 덕수궁으로 돌아온 이유는 무엇인가요?

A. 당시 고종에 대한 여론이 좋지 않았어요. 한 나라의 국왕이 다른 나라 공사관에 머물러 있다니, 있을 수 없는 일이잖아요. 당시 독립협회에서 꾸준히 고종의 환궁을 요청합니다. 하지만 덕수궁으로 환궁한 뒤에도 고종은 여전히 러시아와의 친밀관계를 통해 일본 세력을 견제하고자 하지요.

하지만 1904년에 일본과 러시아는 또다시 조선을 둘러싼 전쟁을 했고, 결국 전쟁에서 승리한 일본은 노골적으로 조선에 대한 야욕을 드러내지요. 그들 입장에서는 조선을 치고 대륙을 정복하고자 했던 도요토미 히데요시의 꿈이 300년 만에 이뤄진 셈이니까요. 결국 조선은 바람 앞의 등불처럼 위태로운 길을 걸어야 했고요.

게다가 1905년에 일본이 을사늑약을 체결해 조선의 외교권을 박탈해요. 당시 일본의 부당함을 전 세계에 알리기 위해 고종은 이준, 이상설, 이위종을 만국평화 회의가 열리는 헤이그로 파견하지요. 그들이 바로 헤이그 특사입니다. 하지만 일본의 방해로 인해 고종의 헤이그 특사 사건은 물거품이 되었고, 결국 고종은 1907년 일본에 의해 강제퇴위 당합니다.

1919년 죽음을 둘러싼 미스터리

왕위에서 물러난 고종은 덕수궁에 머물며 살았습니다. 그러던 어느 날 평소와 마찬가지로 야참으로 식혜를 마시고 잠들어요. 이후 목이 마르다며 차를 마셨는데 그 뒤 복통을 호소하다 사망합니다. 그 날이 1919년 1월 21일이었어요. 갑작스러운 고종의 죽음에 대해 일본의 독살설이 제기되기 시작합니다. 일설에 의하면 독립운동을 지지하는 고종을 막기 위해 독살을 했다는 거지요.

현재까지도 고종이 독살을 당했는지에 대한 의견은 분분합니다. 다만 한 가지 확실한 건 고종의 승하가 조선 백성들이 똘똘 뭉치는 계기가 되었다는 겁니다. 이후 고종의 인산일(因山日, 장례일)을 맞이해 1919년 3월에 전국 각지에서 사람들이 모였고, 이를 바탕으로 1919년 3 · 1운동이 전국적으로 일어났으니까요.

486

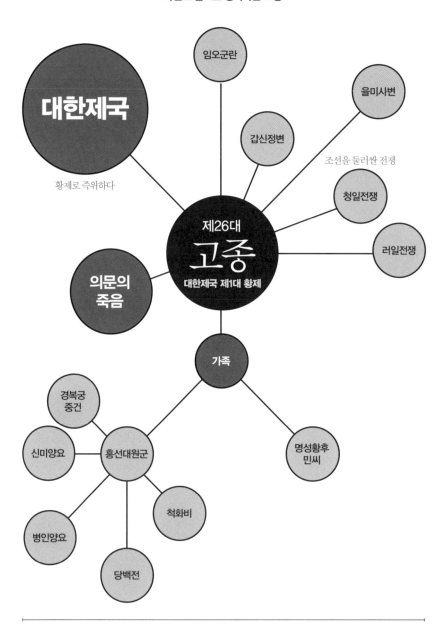

【 제27대 · 순종 · 대한제국 제2대 황제 】

나라 뺏긴 고양이.
병약했던 마지막 임금

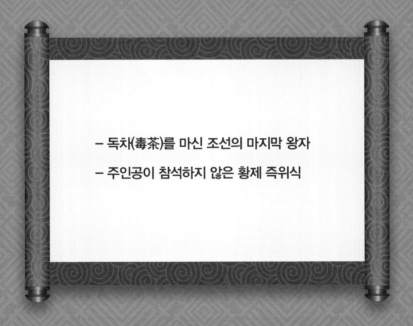

- 독차(毒茶)를 마신 조선의 마지막 왕자

- 주인공이 참석하지 않은 황제 즉위식

순종은 어떤 인물이었나?

생애 1874~1926년

재위기간 1907~1910년

휘(諱) 이척(李坧)

묘호(廟號) 순종(純宗)

출생과 즉위 조선의 제26대 왕 고종과 명성황후 사이에서 태어난 적장자입니다. 명성황후가 낳은 아이 중 유일하게 성년까지 성장한 귀한 아들이었지만 건강이 매우 좋지 않았지요. 이후 1907년 아버지 고종이 일본에 의해 강제 퇴위 당하면서 강제 즉위해 조선의 마지막 군주가 됩니다.

가족관계 왕비:2명, 후궁:없음, 자녀:없음

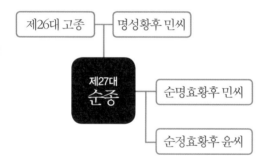

1874~1907년 병약한 조선의 마지막 황태자

순종은 명성황후가 낳은 아들입니다. 실로 오랜만에 왕실에서 적장자가 탄생한 거지요. 헌종 이후로 40여 년간 조선왕조는 후궁이나 방계 출신이 왕위에 올랐으니까요. 게다가 순종은 명성황후가 낳은 여러 아이 중에서 유일하게 성년으로 성장합니다. 하지만 건강이 좋지 않아 왕실의 걱정이 컸지요. 이 때문에 어머니 명성황후가 무당을 불러 굿을 자주 합니다. 한마디로 순종의 건강을 기원하는 행사에 엄청난 돈이 쓰인 셈이지요.

게다가 1898년에 러시아 역관 김홍륙이 고종을 독살하기 위해 고종이 즐겨 마시던 커피에 독약을 넣어요. 당시 커피 맛이 이상하다고 느낀 고종은 바로 뱉어버렸지만, 순종은 이 사실을 알지 못한 채 끝까지 마십니다. 아마도 커피광이었던 아버지 고종은 커피 맛의 변화를 금세 눈치를 챘지만, 순종은 그렇지 못했던 것 같아요.

김홍륙의 독차사건으로 순종은 이가 다 빠져 틀니를 끼고 살아야 했고, 혈변을 자

▶조선 제27대 왕이자 대한제국 제2대 황제 순종(재위 1907~1910)의 사진. 국립고궁박물관 제공.

주 누는 등 몸이 극도로 안 좋아져요. 결국 이 때문에 순종의 몸과 정신이 온전치 못했다는 이야기가 전해지고 있고요.

❙ Q. 김홍륙은 왜 고종을 독살하려고 했어요?

❙ A. 김홍륙은 역관으로 특히 러시아어를 통역했지요. 당시 고종의 각별한 총애를 받으며 권세를 누렸어요. 하지만, 러시아와의 통상에서 김홍륙이 엄청난 돈을 빼돌린 사실이 발각되었고, 그 결과 전라남도 흑산도로 유배를 가게 됩니다. 이에 불만을 느낀 김홍륙이 고종이 즐겨 마신 커피에 독약을 넣었다고 해요. 하지만 당시 김홍륙의 독살 행위가 단지 개인의 반발심인 건지 아니면 특정 세력에 의해 이루어진 건지는 아직까지 불분명합니다.

1907년~1910년 | **비운의 마지막 군주**

아버지 고종이 1907년 헤이그 특사 사건으로 강제 퇴위당하자 이를 대신해 순종이 즉위합니다. 하지만 고종과 순종은 당시 상황에 대한 반발로 양위식에 나타나지 않아요. 식을 거행해야 하는데, 주인공인 두 사람이 등장하지 않은 거지요. 결국 다른 두 사람이 대리로 양위식을 하는 어이없는 상황이 발생합니다.

순종이 왕이 된 1907년부터 일본은 조선에 대한 침략을 더욱 노골적으로 단행해요. 조선의 입법권, 관리 임명권, 경찰권, 사법권 등을 야금야금 일본의 것으로 바꾸더니 결국 1910년 8월 29일에는 조선의 주권을 아예 그들이 차지하는 한일병합조약을 발표하지요. 이로써 1392년 태조 이성계가 세운 500여 년 동안 유지되어 온 조선왕조는 1910년 8월 29일! 경술국치로 인해 역사의 뒤안길로 사라지고 맙니다. 그렇다면 조선왕조실록의 가장 마지막 장인 순종실록은 어떻게 끝나는지 아시나요? 바로 한일병합조약의 내용으로 마무리됩니다. 너무나 가슴 아픈 일이 아닐 수 없습니다.

Q. 한일병합조약 체결 후 순종은 어디서 어떻게 지냈어요?

A. 한일병합조약 이후, 순종은 창덕궁에 거주합니다. 망국의 군주였던 순종의 별명이 '창덕궁 전하'가 될 정도였지요. 게다가 순종의 이복동생인 영친왕과 덕혜옹주는 일본으로 끌려가 일본식 교육을 받아야 했으며 일본인과 강제로 정략결혼을 합니다. '조선과 일본은 하나'라는 일본의 내선일체(內鮮一體)를 몸소 실천하기 위해서 말입니다.

─── **마인드 맵으로 정리하는 순종** ───

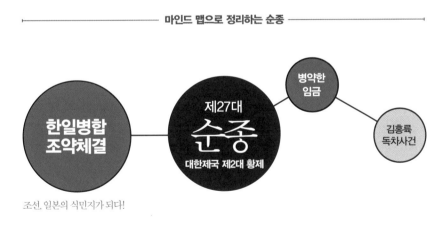

조선, 일본의 식민지가 되다!

|에|필|로|그|

역사를 아는 당신, 현재가 다르게 보입니다

　자, 지금까지 우리는 518년(1392~1910)동안 조선을 이끈 27명의 임금들을 만나보았습니다. 재미 삼아 그들을 네 글자로 정리해보니 다음과 같네요.

1	태조	개국군주	15	광해군	중립외교
2	정종	허수아비	16	인조	병자호란
3	태종	왕권강화	17	효종	북벌정책
4	세종	애민군주	18	현종	예송논쟁
5	문종	미인박명	19	숙종	환국군주
6	단종	소년군주	20	경종	유약군주
7	세조	독재군주	21	영조	탕평군주
8	예종	요절군주	22	정조	애민군주
9	성종	경국대전	23	순조	세도정치
10	연산군	흥청망청	24	헌종	세도정치
11	중종	기묘사화	25	철종	세도정치
12	인종	단명군주	26	고종	망국군주
13	명종	을사사화	27	순종	조선멸망
14	선조	임진왜란			

각각의 왕마다 우리 후손들에게 주는 교훈과 감동이 달랐지요. 조선의 역사는 찬란하게 빛나기도 했지만 처참하게 일그러지기도 했습니다. 우리가 역사를 바로 알아야 하는 건 그런 것들을 배우고 반면교사 삼아 지금을 잘 살아내기 위함입니다.

임금이란, 국가의 존망(存亡)이 달린 순간에 나라의 운명을 결정할 수 있는 존재였지요. 그런 점에서 고종은 근대화로 나아가야 할 결정적 순간에 제대로 된 리더십을 발휘하지 못했다는 점에서 아쉬움이 남습니다.

물론 국권을 빼앗긴 1910년 이후 35년간 일제의 식민 지배를 받은 게 모두 고종 탓은 아니겠지요. 하지만 한 나라의 리더인 고종의 책임이 전혀 없다고도 할 수 없습니다. 그만큼 임금의 존재는 무거운 지존(至尊)의 자리인 겁니다.

그런데 문제는 조선은 백성들이 직접 왕을 뽑을 권리가 없던 시대라는 거지요. 모든 왕의 성이 이씨인 것만을 보아도 알 수 있듯, 조선은 '태조 이성계의 후손들'만이 계승할 수 있었으니까요. 결국 백성들의 입장에서는 운 좋게 애민군주를 만나면 천만다행인 것이고 운 나쁘게 무능한 왕을 만나면 외척들이 판을 치는 세상에서 일생이 고달플 수밖에 없었습니다.

조선의 관리 역시 백성의 손으로 직접 뽑는 것이 아닌, '과거(科擧)'라는 시험제도를 통해 뽑았잖아요. 그러니 조선의 관리들이 공부를 잘했을지 몰라도 그들 모두가 백성을 사랑하고 좋은 정치를 펼치는 것은 아니었던 겁니다.

年年歲歲花相似 歲歲年年人不同

매년마다 꽃은 비슷하나 매년마다 사람들은 다르다

－당나라 시인, 유희이(劉希夷)

21세기 대한민국에서는 당나라 시인 유희이(劉希夷)의 말처럼, 그냥 사람들이 달라지지는 않습니다. 이제 우리에게는 세종과 같은 어진 리더, 참된 일꾼을 대통령으로 뽑을 수 있는 소중한 투표권이 있으니까요. 그렇다면 어떻게 사람들을 다르게 만들까요? 그건 바로 우리 모두가 사회에 대한 끊임없는 관심과 애정을 가져야 가능한 일일 겁니다. 우리 손으로 직접 세종을 선택할 수도 있고, 연산군을 선택할 수도 있는 것입니다.

| 조 선 을 배 경 으 로 한 영 화 목 록 |

순수의 시대 　　　　　　　　　| 관련왕 : **태조**

개봉일 2015.03 감독 안상훈

출연자 신하균 · 김민재 / 장혁 · 이방원(태종)
강하늘 · 진 / 손병호 · 이성계(태조) / 이재용 · 정도전

신기전 　　　　　　　　　　　| 관련왕 : **세종**

개봉일 2008.09 감독 김유진

출연자 정재영 · 설주 / 한은정 · 홍리
허준호 · 창강(호위무사) / 안성기 · 이도(세종)

나는 왕이로소이다 　　　　　　| 관련왕 : **태종~세종**

개봉일 2012.08 감독 장규성

출연자 주지훈 · 이도(충녕대군/세종) / 백윤식 · 황희
변희봉 · 신익 / 박영규 · 이방원(태종)

관상 　　　　　　　　　　　　| 관련왕 : **문종~세조**

개봉일 2013.09 감독 한재림

출연자 송강호 · 내경 / 이정재 · 이유(수양대군/세조)
백윤식 · 김종서 / 조정석 · 팽헌 / 이종석 · 진형 / 채상우 · 이홍위(단종)
김혜수 · 연홍 / 김의성 · 한명회 / 정규수 · 박첨지

왕의 남자 　　　　　　　　　　| 관련왕 : **연산군**

개봉일 2005.12 감독 이준익

출연자 감우성 · 장생 / 정진영 · 이융(연산군) / 강성연 · 장녹수
이준기 · 공길 / 장항선 · 처선

간신

관련왕 : **연산군**

개봉일 2015.05 감독 민규동

출연자 주지훈 · 임숭재 / 김강우 · 이융(연산군)
천호진 · 임사홍 / 이유영 · 설중매 / 차지연 · 장녹수

구르믈 버서난 달처럼

관련왕 : **선조**

개봉일 2010.04 감독 이준익

출연자 황정민 · 황정학 / 차승원 · 이몽학 / 김창완 · 이균(선조)

광해, 왕이 된 남자

관련왕 : **광해군**

개봉일 2012.09 감독 추창민

출연자 이병헌 · 이혼(광해군) / 류승룡 · 허균
한효주 · 중전 유씨 / 김인권 · 도부장 / 장광 · 조내관

사도

관련왕 : **영조, 사도세자**

개봉일 2015.09 감독 이준익

출연자 송강호 · 이금(영조) / 유아인 · 사도세자 / 문근영 · 혜경궁 홍씨
전혜진 · 영빈 / 김해숙 · 인원왕후 / 진지희 · 화완옹주 / 서예지 · 정순왕후

역린

관련왕 : **정조**

개봉일 2014.04 감독 이재규

출연자 현빈 · 이산(정조) / 정재영 · 갑수 / 조정석 · 을수 / 조재현 · 광백
한지민 · 정순왕후 / 김성령 · 혜경궁 홍씨 / 박성웅 · 홍국영

가비

관련왕 : **고종**

개봉일 2012.03 감독 장윤현

출연자 주진모 · 일리치 / 김소연 · 따냐 / 박희순 · 이명복(고종) / 조승연 · 민영환

정도전(KBS)

관련왕: 태조

방영시기 2014.01.04~2014.06.29

출연자 조재현 · 정도전 / 유동근 · 이성계(태조)
박영규 · 이인임 / 서인석 · 최영 / 임호 · 정몽주 · 안재모 · 이방원(태종)
박병호 · 무학대사 · 고나은 · 원경왕후 민씨

육룡이 나르샤(SBS)

관련왕: 태조~태종

방영시기 2015.10.05~2016.03.22

출연자 유아인 · 이방원(태종) / 신세경 · 분이 / 변요한 · 땅새
윤균상 · 무휼 / 천호진 · 이성계(태조) / 서동원 · 이방과(정종) / 최종원 · 이인겸
전국환 · 최영 / 김의성 · 정몽주 / 이승효 · 이방우 · 강신효 · 이방간

대왕세종(KBS)

관련왕: 세종

방영시기 2008.01.05~2008.11.16

출연자 김상경 · 이도(세종) / 이윤지 · 소헌왕후 / 김갑수 · 황희 / 이천희 · 장영실
정동환 · 조말생 / 김영철 · 이방원(태종) / 최명길 · 원경왕후 민씨 / 박상민 · 양녕대군
김갑수 · 맹사성 / 이진우 · 정인지 / 이성민 · 최만리 / 이병욱 · 김종서 · 최상훈 · 심온

뿌리깊은 나무(SBS)

관련왕: 세종

방영시기 2011.10.05~2011.12.22

출연자 한석규 · 이도(세종) / 송중기 · 젊은세종(이도) / 장혁 · 강채윤 / 신세경 · 소이 / 윤제문 · 정기준
조진웅 · 무휼 / 백윤식 · 이방원(태종) / 박혁권 · 정인지 / 현우 · 성삼문 / 김기범 · 박팽년
장지은 · 소헌왕후 / 이재용 · 조말생 / 안석환 · 이신적 / 권태원 · 최만리 / 전성환 · 황희

공주의 남자(KBS)

관련왕: 단종, 세조

방영시기 2011.07.20~2011.10.06

출연자 박시후 · 김승유 / 문채원 · 이세령 / 홍수현 · 경혜공주 / 이민우 · 정종
이순재 · 김종서 / 김영철 · 이유(수양대군/세조) / 이주석 · 안평대군
정동환 · 이향(문종) / 노태엽 · 이홍위(단종) / 이효정 · 신숙주 / 이희도 · 한명회

인수대비(JTBC) | 관련왕 : **단종, 세조, 성종**

방영시기 2011.12.03~2012.06.24

출연자 채시라 · 인수대비 / 김미숙 · 정희왕후 / 김영호 · 이유(수양대군/세조)
백성현 · 도원군(의경세자), 이혈(성종) / 손병호 · 한명회 / 채상우 · 이홍위(단종)
전혜빈 · 폐비윤씨 / 이광기 · 안평대군 / 진태현 · 연산군 / 전소민 · 장녹수

왕과 나(SBS) | 관련왕 : **성종, 연산군**

방영시기 2007.08.27~2008.04.01

출연자 오만석 · 김처선 / 구혜선 · 폐비윤씨 / 고주원 · 이혈(성종)
정태우 · 이융(연산군) / 전광렬 · 조치겸 / 이진 · 정현왕후 / 전인화 · 인수대비
양미경 · 정희왕후 / 유동혁 · 이광(예종)

여인천하(SBS) | 관련왕 : **중종, 인종**

방영시기 2001.02.05~2002.07.22

출연자 강수연 · 정난정 / 전인화 · 문정왕후 / 이덕화 · 윤원형
최종환 · 이역(중종) / 도지원 · 경빈 박씨 / 정태우 · 이호(인종)

불의 여신 정이(MBC) | 관련왕 : **선조, 광해군**

방영시기 2013.07.01~2013.10.22

출연자 문근영 · 유정 / 이상윤 · 이혼(광해군) / 정보석 · 이균(선조)
한고은 · 인빈 김씨 / 이광수 · 임해군 / 장광 · 이평익

왕의 얼굴(KBS 2) | 관련왕 : **선조, 광해군**

방영시기 2014.11.19~2015.02.05

출연자 서인국 · (이혼)광해군 / 이성재 · (이균)선조 / 김규리 · 귀인 김씨
임지규 · 허균 / 박주형 · 임해군 / 임지은 · 의인왕후 박씨 / 이청 · 유자신
조원희 · 김두서 / 원덕현 · 신성군 / 서현석 · 정원군 / 최철호 · 정여립

징비록(KBS) | 관련왕 : **선조, 광해군**

방영시기 2015.02.14~2015.08.02

출연자 김상중 · 류성룡 / 김태우 · 이균(선조) / 임동진 · 윤두수 / 이산해 · 이재용
김혜은 · 귀인김씨 / 김규철 · 도요토미 히데요시 / 남성진 · 이덕형 / 최철호 · 이항복
노영학 · 이혼(광해군) · 선동혁 · 송강 정철 / 윤홍빈 · 임해군 / 김석훈 · 이순신 / 김영기 · 권율

화정(MBC)

| 관련왕 : **광해군, 인조**

방영시기 2015.04.13~2015.09.29

출연자 차승원 · 이훈(광해군) / 이연희 · 정명공주 / 김재원 · 이종(인조)
서강준 · 홍주원 / 신은정 · 인목대비 / 전진서 · 영창대군 / 최종환 · 임해군
장승조 · 정원군 / 백성현 · 소현세자 / 이민호 · 봉림대군 / 안내상 · 허균

장희빈(SBS)

| 관련왕 : **숙종**

방영시기 2002.11.06~2003.10.23

출연자 김혜수 · 장희빈 / 전광렬 · 이순(숙종) / 박선영 · 인현왕후
정성모 · 장희재 / 박예진 · 숙빈최씨 / 조여정 · 귀인김씨

동이(MBC)

| 관련왕 : **숙종**

방영시기 2010.03.22~2010.10.12

출연자 한효주 · 동이(숙빈최씨) / 지진희 · 이순(숙종) / 이소연 · 희빈장씨(장희빈)
박하선 · 인현왕후 / 신국 · 도승지 / 박정수 · 명성대비 / 오연서 · 인원왕후

장옥정, 사랑에 살다(SBS)

| 관련왕 : **숙종**

방영시기 2013.04.08~2013.06.25

출연자 김태희 · 장옥정(희빈 장씨/장희빈) / 유아인 · 이순(숙종)
홍수현 · 인현왕후 / 한승연 · 숙빈최씨 / 성동일 · 장현 / 이효정 · 민유중

비밀의 문(SBS)

| 관련왕 : **영조, 사도세자**

방영시기 2014.09.22~2014.12.09

출연자 한석규 · 이금(영조) / 이제훈 · 이선(사도세자)
박은빈 · 혜경궁 홍씨 / 이원종 · 박문수

이산(MBC)

| 관련왕 : **정조**

방영시기 2007.09.17~2008.06.16

출연자 이서진 · 이산(정조) / 한지민 · 의빈 성씨 / 이순재 · 이금(영조)
김여진 · 정순왕후 / 성현아 · 화완옹주 / 견미리 · 혜경궁 홍씨
이창훈 · 사도세자 / 한상진 · 홍국영 / 송창의 · 정약용 / 정제곤 · 박제가

정조 암살 미스터리 : 8일(채널CGV) | 관련왕 : **정조**

방영시기 2007.11.17~2007.12.16

출연자 김상중 · 이산(정조) / 박정철 · 정약용 / 정애리 · 혜경궁 홍씨

바람의 화원(SBS) | 관련왕 : **정조**

방영시기 2008.09.24~2008.12.04

출연자 박신양 · 김홍도 / 문근영 · 신윤복 / 류승룡 · 김조년
배수빈 · 이산(정조) / 문채원 · 정향 / 임지은 · 정순왕후

성균관스캔들(KBS 2) | 관련왕 : **정조**

방영시기 2010.08.30~2010.11.02

출연자 조성하 · 이산(정조) / 안내상 · 정약용

명성황후(KBS 2) | 관련왕 : **고종**

방영시기 2001.05.09~2002.07.18

출연자 최명길 · 명성황후 / 이미연 · 명성황후(젊은시절)
유동근 · 흥선대원군 / 이진우 · 고종 / 정선경 · 영보당 이씨 / 김효원 · 민승호

1	태조	이빨빠진 호랑이
2	정종	무늬만 호랑이
3	태종	진짜 호랑이
4	세종	위대한 호랑이
5	문종	피곤한 호랑이
6	단종	어린 호랑이
7	세조	무서운 호랑이
8	예종	단명한 호랑이
9	성종	모범생 호랑이
10	연산군	미친 호랑이
11	중종	변덕쟁이 호랑이
12	인종	9개월만 호랑이
13	명종	엄마가 호랑이
14	선조	도망간 고양이
15	광해군	억울한 호랑이
16	인조	무릎꿇은 호랑이
17	효종	와신상담 호랑이
18	현종	힘없는 호랑이
19	숙종	금수저 호랑이
20	경종	병약한 호랑이
21	영조	최장수 호랑이
22	정조	완벽한 호랑이
23	순조	무능한 호랑이
24	헌종	최연소 호랑이
25	철종	신데렐라 호랑이
26	고종	비운의 호랑이
27	순종	나라뺏긴 고양이

호랑이로
표현한
조선의
임금들

"18년 동안
호랑이(虎)를 탔으니,
또한 이미 족하다."

－『태종실록』 36권,
18년(1418) 8월 8일

조선왕조 최대 최소

'왕의 재위기간'
누가 가장 길고 짧을까?

1위
영조
약 52년

2위
숙종
약 46년

3위
고종
약 44년

↓

26위
예종
약 1년

27위
인종
9개월

'왕의 아내'
누가 가장 많고 적을까?

성종
12명
왕비 3명(폐비포함)/후궁 9명

중종
12명
왕비 3명/후궁 9명

↓

단종
1명
16세의 나이로 왕위에서 쫓겨남

현종
1명
명성왕후 김씨가 무서워

'나이 차이'가
가장 많이 나는 왕과 세자

영조
↕
사도세자
41세에 얻은 늦둥이!

'나이 차이'가
가장 많이 나는 왕과 왕비

영조
66세
↕
정순왕후
15세
무려 51살 차이!

백성을 위해
한글을 창제했지~
세종

백성의 고혈을 짜내는
방납 폐단을 막기 위해
대동법을 시행했지~
광해군

백성들을 생각하며
검소한 삶을 강조했지~
영조

격쟁을 열어
백성들의 억울한
사연을 들었지~
정조

조선 최고의 백성 사랑꾼

'왕의 뒤엔 그가 있었다?!' 왕의 2인자 ───────────

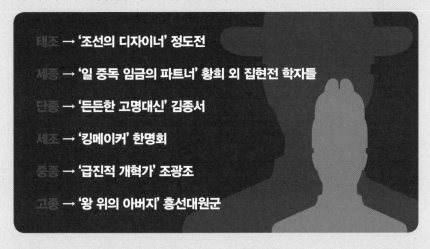

태조 → **'조선의 디자이너' 정도전**

세종 → **'일 중독 임금의 파트너' 황희 외 집현전 학자들**

단종 → **'든든한 고명대신' 김종서**

세조 → **'킹메이커' 한명회**

중종 → **'급진적 개혁가' 조광조**

고종 → **'왕 위의 아버지' 흥선대원군**

조선왕들이 격하게 애정하는 것들 ───────────

격구	고기	술	춤	담배	커피
정종	세종	세조	연산군	정조	고종

───────────────────

장희빈
실록에 언급된 절세미녀

장녹수
천하의 폭군도 쥐락펴락한 여인

문정왕후
아들을 왕으로 만든 여인

신정왕후
세도정치의 폐단을 일으킨 여인

시대를
풍미한
왕의
여자들

한눈으로 보는 인포그래픽

대한민국이 선택한 역사 이야기
설민석의 조선왕조실록

초판 1쇄 발행 2016년 7월 20일
초판 46쇄 발행 2024년 8월 1일

지은이   설민석
펴낸이   최동혁
디자인   design co∙kkiri
일러스트   최준석
구성기획   정다영

펴낸곳 ㈜세계사컨텐츠그룹
주소 06168 서울시 강남구 테헤란로 507 WeWork빌딩 8층
문의 plan@segyesa.co.kr
홈페이지 www.segyesa.co.kr
출판등록 1988년 12월 7일(제406-2004-003호)
인쇄·제본 예림

ISBN 978-89-338-7069-3 03910

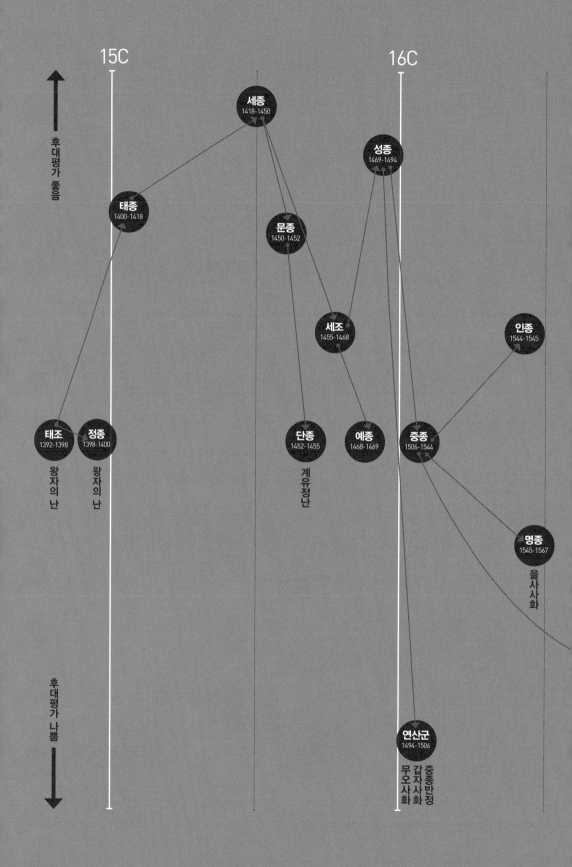

15C   16C

후대평가 좋음

후대평가 나쁨

세종 1418-1450

성종 1469-1494

태종 1400-1418

문종 1450-1452

세조 1455-1468

인종 1544-1545

태조 1392-1398

정종 1398-1400

단종 1452-1455

예종 1468-1469

중종 1506-1544

왕자의 난

왕자의 난

계유정난

명종 1545-1567

을사사화

연산군 1494-1506

무오사화

갑자사화

중종반정